中央大学政策文化総合研究所研究叢書　10

地球社会の変容とガバナンス

内田孟男 編著

中央大学出版部

まえがき

——地球社会の変容とガバナンス——

1　グローバリゼーションとガバナンス

二〇〇〇年の国連ミレニアム総会にアナン事務総長は『われら人民：二一世紀における国連の役割』と題する報告書を提出した。この報告書では「恐怖からの自由」、「欠乏からの自由」そして「環境を次世代に」という三つの主要課題を提示し、そのためのグローバル・レベルでの政策提言を行った。報告書は二一世紀が直面するこのような挑戦の根底には「グローバリゼーション」があり、その「ガバナンス」をいかにするかについての問題意識がある。それから約一〇年を経た現在、グローバリゼーションとガバナンスの問題は研究者、実務家、そして市民社会の活動家、メデアの専門家によって様々な角度から論じられてきた。一九九〇年代半ばからの潮流を継承し、二一世紀に入ってからもグローバリゼーションとガバナンスに関する膨大な学術書が刊行され、国連機関による数々の報告書もその活動をガバナンス問題に焦点を絞ってきていることを裏付けている。

確かにグローバリゼーションについては多様な定義があり、その使用も研究者、実務家、メデア専門家、市民社会の活動家によって異なった視点から論じられている。しかしながら、次の諸点に関してはかなりの合意がみられると思われる。

まず、現在進行形のグローバリゼーションは冷戦終結以後の一九九〇年代に入ってから真に地球規模のプロセスとなり、二〇世紀初頭の経済のグローバリゼーションとは質的にも異なっている新しい現象であること。イデオロギーの対立に象徴される冷戦とは対照的に、政治的にかつてなかった程に世界が一体化してきたことが通底にある。政治的対立の後退によって世界経済の一体化は政治のそれを上回る勢いで席捲している。科学技術の進歩、特に情報・コミュニケーション技術の発展と普及はグローバル化を加速させてきた。グローバリゼーションの影響は政治と経済の分野を超えて、社会・文化的側面においても顕著であり、その功罪が論じられている。

グローバリゼーションに伴って地球的規模の諸問題にも人々の意識が高まり、その解決策として「地球公共財」の供給と発展についても次第に合意が形成されつつあるといえる。ミレニアム総会で採択された「ミレニアム宣言」はグローバリゼーションについて次のように指摘している。

「今日我々が直面する主たる課題は、グローバリゼーションが世界の全ての人々にとり前向きの力となることを確保することである。というのも、グローバリゼーションは大きな機会を提供する一方、現時点ではその恩恵は極めて不均等に配分され、そのコストは不均等に配分されている。我々は開発途上国及び経済が移行期にある諸国がこの主たる課題に対応する上で特別の困難に直面していることを認識する。したがって、我々に共通な多様な人間性に基づく、共通の未来を創るための広範かつ持続的な努力を通じてのみ、グローバリゼーションは包括的かつ衡平なものとなりえる。これらの努力は、開発途上国及び移行期にある経済のニーズに対応し、これら諸国の効果的な参加により形成され実施される、世界レベルでの政策や手段を含まねばならない。」

グローバリゼーションの恩恵とコストが不均等に配分されていること、その解決には「世界レベルでの政策や手段」を取る必要を政府間レベルで確認していることの意義は大きい。宣言は二一世紀の国際関係に不可欠な基本的価値として、自由、平等、団結、寛容、自然の尊重、責任の共有を挙げている。これらの価値に基づいた二一世紀の世界秩序は構築されなくてはならないとの決意を表明している。この宣言を単なるレトリックとしないためにはまさに「世界レベルでの政策や手段」が実現されなくてはならない。ミレニアム開発目標の設定とその達成に向けた協力は開発分野における地球社会の対応といえる。平和と安全保障分野においては、頻発する国内紛争解決の手段として平和維持活動は二〇〇九年五月の時点で一六箇所に展開し、一一万人を超える要員を配置し、その年間費用は七一億ドルにのぼっている。加えて、二〇〇五年に平和構築のための組織委員会が設置され、ブルンジ、シエラレオーネ、中央アフリカ共和国、ギニア・ビソの四カ国において活動中である。環境に関しては地球温暖化が優先課題として注目を集め、京都議定書に替わる二〇一三年以降の二酸化炭素削減方式について協議中である。

グローバリゼーションは国家の役割をも変化させている。グローバル・イッシューと呼ばれる、紛争・安全保障、貧困・開発、地球環境、人権は国家の枠を超えた枠組みでのみ解決可能であり、国際・地域機構、市民社会や民間セクターの参画がますます重要となってきている。冷戦の終焉によって、公共空間は拡大し、そこには多様な非国家アクターが活動の場を見出している。

2　本書の構成と概要

本書はこのように二一世紀に入って大きく変容する世界に多様なアクターがどのように対応しているのか、またその限界について考察した一〇編の論文を収録している。論文はグローバル化の政治、安全保障、経済、法律、海洋ガバナンス、移民、そして国連の役割について考察している。またグローバル化と地域化、そしてガバナンスの概念と理論についても特定されたテーマとの関係で論じられている。本書は「経済と安全保障」、「政策とガバナンス」そして「国連の役割」の三部より構成されている。本書の一〇の章は一〇名の研究者によってそれぞれ執筆されており、章と章との関連は必ずしも明確ではないかも知れない。それはグローバリゼーションという複雑なプロセスとさらにガバナンスという比較的新しい概念と理論を扱っているので、ある程度は不可避なのかも知れない。以下、それぞれの章の概要を述べ、その主要な論点が地球社会の変容とガバナンスの今日的課題に光を当てている点を証明したい。

「経済と安全保障」

グローバル化は経済のグローバル化が先導してきたといえる。本書の最初の二論文は経済のグローバル化ないし地域化がどのように進展してきたかを、東アジアにおける経済リージョナリズムと先進工業国の対内直接投資問題を考察している。

第一章の滝田論文「グローバリゼーションと東アジアの経済リージョナリズム」は、グローバリゼーションとリージョナリズムに関する主要な論点を整理し、その理論的認識のもとに東アジアにおける経済を中心とするリージョナリズムを分析し、その展望を論じている。A・G・マグルーはグローバリゼーションが「階層性と不均等性という概念を体現し、地球的規模の階層化の過程であるため、単一の地球社会を想定したものではない」と指摘しているが、東アジアの南であるASEANと北にある中国、日本、韓国との関係にもそのような関係がみられ、さらには世界各地域とグローバリゼーションとの関係においても、「階層性と不均等性」は重要な特性を示しているといえる。リージョナリズムがグローバル化への反発と対応として促進されてきている現状を理解するうえでこの指摘は重要といえる。滝田はグローバリゼーションの「発生」は冷戦終結後とし、その根拠として情報技術の進歩と普及、そして世界市場の統合化への動きを挙げている。「新リージョナリズム」が冷戦後の「多元的な状況」の中で台頭したことを考えると、滝田のグローバリゼーションとリージョナリゼーションの関係分析は整合的で説得力がある。

東アジアのリージョナリズムも外発的要因と内発的要因が極めて密接に「絡み合う」形で発展してきている。ASEANにおいては冷戦終結に伴うグローバル化と一九九七年のアジア通貨危機という外的要因と、植民地としての歴史・体験と、日中という域内大国への警戒感が地域内の連帯感を強化したことは明らかであろう。筆者はこの間の状況を論じた後に、具体的なリージョナリズムの制度として、チェンマイ・イニシアティブ、ASEAN自由貿易地域（AFTA）、そして東アジアのFTAの発展の軌跡を論じている。経済統合の段階でみれば、東アジアにおけるリージョナリズムはいまだ端緒についたばかりで、ASEANにおいてすら「自由貿易地域」の段階にあり、東アジアの「北」である日本・中国・韓国はその前の段階であるとする。滝田はより長期的観点から東アジアのリージョナリズムの進展を展望すると、経済リージョナリズムを生産・流通・金融の三つのレベルでいかにして発展させていくか、それを環境・保健衛生・自然災害への緊急行動へ連結していくか、さらにこれらの機能的分野を安全保障共同体構築にどのような形で結び付けるかという課題に直面していると考察している。

第二章の高木論文「金融のグローバル化と国家安全保障」はグローバル化に伴う資本自由化の過程を先進国の対応の比較検討をとおして、国家安全保障と対内直接投資の関係を検証している。筆者は金融のグローバル化を、初期段階（一九七〇―八〇年代）、拡大段階（一九九〇年代）、進化段階（二〇〇一年以降）を概観し、初期段階に焦点を置いて検証している。経済協力開発機構（OECD）が一九九〇年代に試みた「多国間投資協定」はいくつかの加盟国における政権交代、非政府組織の反対、途上国からの批判、そしてアジア通貨危機などによって、結局結実しなかった。基本的には国家にとって海外からの投資は、経済発展に資すると同時に、国家主権の侵害や環境や労働条件の劣悪化といったネガティブな側面もある。国家の対応に関する仮説としてライシュやカツェンシュタインのものがある。

高木論文は、このような先行研究をもとに米国、英国、ドイツ、フランス、日本の五カ国の比較を検証する。安全保障上の理由から投資に厳しい規制を設けているのはフランスと日本で、比較的自由な対応を取っているのは英国とドイツであり、米国がその中間にあるという。しかしながらすべての国で、国家の安全保障上の観点からは銀行、航空輸送、海上輸送については厳しい規制があり、電力、原子力、漁業、土地、農業、鉱業については程度の差はあるものの、一定の規制がある方が普通である。ドイツは規制分野では最も制限的である。筆者は「金融のグローバル化が国家にもたらした役割は、対内直接投資のポジティブな面を促進させるべき経済政策の策定と、ネガティブな面を管理するための規制政策という二つの任務であった」と結論する。対内投資の経済的次元においては国内の多様なアクターの利益を勘考した政策が取られるので、国別の対応に差があるが、公共財としての安全保障については「国家による一元的な管理」が必要であるから国による大きな差はみられないのではないかと考えられる。

グローバル化は安全保障概念と戦略をも大きく変えたといえる。冷戦中の国家安全保障に加えて、「人間の安全保障」という人間個人の安全問題が注目を浴びたのは、冷戦終結後の紛争がほとんどの場合国内紛争であり、そのような紛争下にある人々の安全を守る意志や能力のない政府に替わって国際社会がどのような対応をすべきかが議論され、国際社会において一定の合意を見ている。

第三章の北村論文「保護する責任と介入の正義」は現在の世界政治の倫理的問題を論じている。一九九〇年代からのグローバル・ガバナンス論では「国家主権よりも国際正義や人権のほうが優先される」と指摘し、その代表例として「保護する責任」の議論を紹介し、それが二〇〇五年の国連サミットで採択された成果文書において支持されたことを、国際社会の安全保障概念の変化を証明する事例としている。北村は保護する責任の思想的基盤としての「介入の正義」は「人道的危機の防止という最善の帰結をもたらす行為を」正しい介入とし、「世界市民主義」と「共同体主義」という二つの立場からの「人道的介入論」について考察する。前者に関してはハーバーマスに依拠して、国際人道法を国家権力による大量犯罪が起こり、他に手段のない場合に国際法的に正当化される緊急援助と位置づける。後者についてはウォルツアーの「正しい戦争」が内戦や民族紛争の頻発する状況に鑑み、民族浄化やジェノサイドなどの大規模な人権侵害を阻止するためには許容されるとする。両者の見解は国家主権は人道的介入の前に制限されるとする点で同様であり、具体例に関する評価でも重複している。

北村は「正しい介入」は三つの要件を満たしていなくてはならないとして次のものを挙げている。すなわち：①介入の開始にあたって、正当な理由、正当な権限、正当な意図、最後の手段といった要件を満たすこと、②介入の方法として、戦闘員と非戦闘員との区別、活動の正統性と整合性、③介入後の結果責任である。これらの多くは「保護する責任」でも論じられた点でもある。介入の実例として、北村論文はソマリアとボスニア・コソボを検証し、正しい介入のすべての条件が満たされていないことを指摘する。介入が選択的になされている点も問題であるとする。筆者は「介入理由の恣意性を回避し、各国の政治的思惑に翻弄されることなく、目的の倫理性と政策の現実性の両面から正当性を確保するためにも、NGOと協議しながら国連による包括的な授権のもとで人道的介入が行われるべきである」と結論する。

第四章の上原論文「ヨーロッパにおける中立政策と安全保障のジレンマ」は、欧州連合（EU）の加盟国となった中立国オーストリア、スウェーデンそしてノールウェイが抱える安全保障問題を論じている。冷戦終結後の安全保障は単に国家安全保障に限定されず、より広い概念と政策から議論されていることは前章でも思想と倫理の視点から論じたが、ここではオーストリアの外交安全保障政策に焦点を当てて考察している。冷戦後の安全保障の対象は組織犯罪、環境破壊、国際テロ、人権をも含む包括的なものとなり、軍事的安全保障の枠を超えていることがまず指摘される。非軍事的な、またはソフトな安全保障に関しては中立国といえどもEU地域の安全保障に参画し貢献することは特に問題とはならなかった。一九九五年にオーストリアがEUに加盟した後、特に二〇〇一年の九・一一事件以後、EUは共通安全防衛政策を強化し、加盟の中小国に統合のジレンマをもたらしたといえる。中立を憲法で明記し、国民の圧倒的支持を確保し続けるオーストリアの中立政策はEUが北大西洋条約機構（NATO）との協力を強化するにつれてフリーライダーとの批判にさらされることになる。オーストリアもNATOおよび欧州安保防衛政策には関与する姿勢をみせているが「軍事的非同盟」との立場は堅持している。自国の安全保障とEUの安全保障とをいかに達成するかが課題である。

オーストリアがEUに加盟した後に具体的な軍事協力のケースとして、一九九九年春のNATO軍のユーゴ空爆の際、中立を根拠に自国の基地の利用を断ったことがある。その後、コソボ支援には参加するなど、地域の安全保障には貢献する姿勢をみせ、さらには国連の平和維持活動には加盟前から積極的に参加してきている。国内政権の交代による政策の変化はみられるものの、「現状ではオーストリアの世論は中立を維持した形でのヨーロッパの枠組みでの安全保障を推進していくべきである」と集約できると筆者は結論している。

「政策とガバナンス」

グローバル化は経済と安全保障を超えて環境、社会、文化といった次元でも大きなインパクトを与えてきた。第五章の星野論文「グローバル化と法制化」はグローバル化によって引き起こされる多様な紛争解決の手段としての「法制化」について考察している。筆者は国内の法律化、官僚制化、司法化の発展段階をヨーロッパにおける歴史的展開を概観したのち、国際政治と法制化をネオ・リベラル制度論の視点から論じている。「法制化が制度化の特定の形態であり、三つの構成要素、すなわち義務、精密、委任という要素を法制化の特徴とする」との枠組みから、現行の法制化の程度を評価した研究を紹介し論述している。また法制化はグローバル・ガバナンスの主要な側面であり、そこには多様なアクターが参画し、グローバルな公共悪はますます「グローバルな法制化によって処理される」方向に向かいつつあることを指摘している。グローバルなレベルでの司法的手続きは、その権利主体の普遍性、裁判官の独立、義務的管轄権によって政治的手続きとは区別されるとして、現行の司法的制度を検証している。

国際関係における法制化の一層の発展形態としての「立憲化」は基本的価値と一貫性を備えなくてはならないとし、欧州連合を例外とすれば、立憲化は地球レベルでは将来の目標といえよう。法制化そのものは極めて複雑な過程であることは確かで、「単一の理論的枠組みで捉えることは困難である」。国際的な法制化のプロセスは次の諸側面が指摘されている。すなわち、①国際法の持続的進化、②トランスナショナル法の領域での世界貿易機関の貿易紛争にかかわるような新しい法的協定の出現、③国内法システムが国際法の規範の義務的承認を超えて国際化している、そして④国際政治関係における不正化の増大である。

今日グローバルな法制化の領域は「安全保障、経済、人権、女性権利、知的所有権、環境」など広範囲に及んでいる。星野は「グローバルな法制化の強まりは、将来的には、国際立法、国際司法、国際行政の面でますます制度化を促す可能性が高い」とEUの事例を想起しつつ結論する。

第六章の磯村論文「EU移民政策の共通化とグローバル・ガバナンス」は、移民問題をグローバルなレベルとEU地域レベルでのガバナンスを連携するNGOの役割を論じている。筆者はグローバル・ガバナンスと地域ガバナンスの現状と問題点を概観し、グローバル・レベルでの国連諸機関、国際移住機関、世界貿易機関が移民問題にいかなる議論をし、策定しているかを検証し、政府間機関であることから、「国際移民のグローバル・ガバナンスは、国家主権への侵害」とみなされてきた傾向を指摘する。移民問題は筆者によると一九九九年から二〇〇四年にかけて、世界の注目を集めるようになり、「国際移民に関するグローバル委員会」が国連によって設置され、この委員会へは地域公聴会が開催され、さらに市民社会の意見を取り入れるために二〇〇四年にはジュネーブにおいてNGO諮問委員会も開催されている。この公聴会では移民と庇護の問題、移民に関する用語法の問題が提起されている。グローバルそして地域レベルでのNGOを含む非政府主体の参加形態は「諮問・協議であったり、対話あるいは情報提供であり、特定の政策決定権を直接行使するものではない」のは同様である。

磯村論文はEUの移民問題と政策についての調査に加え、事例研究として「送還指令二〇〇八」を取り上げ、その策定にNGOがいかに関与していたかを考察している。ヨーロパ反人種主義ネットワーク、ステイトウオッチ(Statewatch)、ヨーロッパ難民・亡命者評議会の三団体が欧州委員会の原案に対し、人権、公正さ、人間性の最小基準の保障、より具体的には勾留期間が長すぎる点、自発的出国の原則の保障、ノンルフルマン原則との関係での入国禁止問題に関して批判し改善を求めた。グローバルそして地域レベルでの移民に関するガバナンスの検証に基づき、筆者は「決定の多層性と部分的な有効性を備えたグローバル・ガバナンスが形成途上にあり、その条件を支えているものの一つが」「トランスナショナルなNGOや市民社会といった非政府主体」ではないかと考えている。

第七章の都留論文「問われる海洋ガバナンス」は深海底遺伝資源をめぐる法的そして政策論について論じている。深海底遺伝資源という耳慣れない用語はごく最近数年間に使われ、依然として未解決の問題である。海洋に関しては、一九八二年に採択され一九九四年に発効した国連海洋法条約が海洋ガバナンスの最重要な枠組みとして機能しているが、その制度が十分にまた効率的に機能しているかは検証の対象であることが指摘される。同条約が採択された当時には深海底遺伝資源は想定外であり、生物多様性条約（一九九二年に署名、一九九三年発効）は遺伝資源に言及があり、「その利用から生じる利益の構成かつ衡平な配分」の原則が明記された。しかしながら深海底にはいずれの国家も主権または主権的権利を主張し、行使してはならない領域であることが、議論を紛糾させている。海洋法条約で深海底とその鉱物資源を「人類共同の財産」とすることに合意をみたが、同条約は領域的アプローチを取り海洋全般を扱っているが、遺伝資源については交渉時には認識さえされていなかったという。一方、生物多様性条約は「生物資源の問題に特化し、遺伝資源としての生物資源を念頭にその原産国に主権的権利を認め、バイオテクノロジーの移転や知的財産権から生じる利益配分の問題」にも踏み込んでいるが国家管轄権外を適用範囲としていない」。したがって、深海底遺伝資源は両制度から「零れ落ちている」問題であると筆者は論じている。

この二つの条約それぞれの立場から深海底遺伝資源をどう取り扱うべきかについては議論がなされてきているが、合意に至るまでには困難が山積していると考えられる。それの根底には先進国と途上国との対立構造がある。開発技術のないＧ77と中国は深海的遺伝資源を人類共同の財産として利益の恩恵を得ることが可能となる深海底レジームを主張し、先進国は、公海自由の原則の適用を主張している。都留は、新たな資源として注目を集める深海底遺伝資源は既存の二つの条約による「海洋ガバナンスの呪縛」に陥っているのではないかと述べ、新たな制度を構築するのではなく、改変していくことの難しさを指摘し、現行の海洋ガバナンスがこの問題にどう取り組むのか、その真価が問われていると結んでいる。

「国連の役割」

第八章の望月論文「国際機構によるガバナンス（統治）の諸相」はグローバル・ガバナンスにおける国連の役割を暫定統治機構の事例研究をもとに検証することを試みている。グローバル・ガバナンスをめぐる議論を①分析的アプローチと②規範的アプローチの二つの方向から考察し、前者ではレジーム論との関係を中心に、後者ではグローバル・ガバナンス委員会の報告書を検討の俎上に載せている。次に、国際機構とガバナンスについての論考では、立法、行政、司法の三分野で国連は既に一定の役割を果たしていることを確認したうえで、コソボ国連暫定統治機構と東チモール暫定行政機構の機能について概観している。コソボでは国連本体が民生行政、国連難民高等弁務官事務所が人道問題、欧州安全協力機構が制度構築、ＥＵが復興と、四者がそれぞれの分野で活動した。東ティモールでは国連が全域において安全の提供と法と秩序の回復、効果的な行政市民・社会サービス、人道支援、社会統合、開発支援、能力開発支援と、必要なすべての措置を取った。

このような暫定統治は歴史的文脈では委任統治・信託統治などの一連の活動として位置づけられるとし、主権国家の統治とに比して限定的である点から「国際的な領域管理」とされることを指摘する。同時に「国際機構の拡大された権限」を勘考するとき、暫定統治の広範囲な役割と影響は「統治」と捉え考察することも有用とであると述べている。また暫定統治機構は自ら法を制定し、公布し、修正し、廃棄する権限が与えられており、平和維持活動とは区別される。機能的特徴としては上記の権限は事実上の主権に相当し、良い統治を志向し、国際社会の規範を現地に定着させるという役割を有している。このように、「ガバナンスをめぐり国際機構は様々な諸相において機能し、またその活動において国際社会における共通の規範を実施する役割を多面的に担うのである。」

第九章の庄司論文「グローバル化と国連規範の現代的展開」はグローバル・コンパクト（ＧＣ）を事例に、非国家アクターによる国際的規範形成と実施について考察する。国連事務総長によって提案され、二〇〇〇年に発足したGCは国際的に承認されている人権、労働、環境そして腐敗防止の一〇原則を順守して活動することを誓約したアクター（企業）とステークホールダー（自治体、NGO、CSO、学術団体）のネットワークであり、国連GC事務局が運営にあたっている。二〇〇八年一一月現在で参加者は六、二〇〇を超え、そのうちアクターたる企業は一二〇カ国から四、七〇〇を数えるほどに発展してきている。

庄司はこのGCを規範論、主体論、責任論の三つの分析視角から検討し、グローバル化する今日、国家のみが国際法の主体ではなく、少なくともますます重要性を帯びている多様な非国家アクターも規範形成に貢献していると論じている。「国連GCは国家間の法である国際法と比較して、多様な行為主体を包摂するトランスナショナルな規範である」と評価する。主体論からは受動的主体と能動的主体の両面において、GCは主体であり、さらに「グローバル・デモクラシー」を認識する場でもあるとする。責任論の見地からは、GCはトランスペアレンシーとアカウンタビリティーを有し、参加者の報告義務、義務違反者に対する制裁（除名）といったメカニズムを備えているので、十分に主体としての責任体制も確立しているという。グローバル化の時代にその時代にあった規範を形成し実施する主体は主権国家に限定されてなく、非国家アクターの果たす役割の重要性を具体的に検証している。

最後の第一〇章の内田論文「国連事務局の改革」はグローバル・アクターとしての国連の中で、最もグローバルな主要な「機関」としての国連事務局の改革の潮流が国際公務員制度の進化なのか、または退化なのかを問うている。筆者はまず国際連盟における国際公務員制度の誕生から、国連になってからの国際公務員制度への挑戦を冷戦期とその後について概観する。次に事務局が次第に新たな任務を課される経緯、職員の構成、処遇やキャリアー制度の抱える問題が考察され、事務局改革の具体案が事務総長そして有識者のパネルによって提案されているが、それらの提案を分析し問題点を指摘している。論文では「改革」が極めて政治的であることを指摘し、米国の態度と途上国の期待と懸念について検証している。

グローバル化が加速し、深化し、地球的規模の問題が山積する現代、国際公務員制度の使命と役割はますます不可欠となっているが、国連憲章に謳われている真に独立した国際公務員制度はいくつもの課題を抱えている。事務総長の提示した改革案もかなり技術的な「効率化」を念頭に置いたものであり、根本的な制度の理念へのコミットメントが希薄といわざるを得ない。筆者は国連職員の改革案に対する抵抗と反対はすべてを是認できなくとも、国際公務員制度の将来への展望と政策を求めることは自然であろうと述べている。加盟国の多くが必ずしも独立した国際公務員制度を望んでいない現状において、事務総長のリーダーシップが死活的であるが、事務総長自身が加盟国の期待との調和を図らなくてはならない立場にあり、このジレンマを克服するにはグローバル・ガバナンスにおける国連の役割の認識、その中での事務局の使命に関する広範囲な合意形成から始めることしか方法はないのかもしれない。ただ、現在の事務局改革の方向としては、国際公務員制度は進化しているというよりは、むしろ退化していると結論せざるを得ない。

このように本書ではグローバリゼーションによる世界の変容が政治、経済、社会等のすべての分野に大きなインパクトを及ぼしており、国家、国際機構、市民社会、といった多様なアクターがいかに対応しているかを検証している。また地域としては東アジアと欧州連合が経済と移民問題とどのように対処しようとしているかをも考察対象としている。

本書の論文をとおして、変容する地球社会の様相が浮き彫りになり、人類の共通の価値と倫理に基づいた「地球レベルでの政策と手段」が一刻も早く取られることが望まれるし、必要なことであることが理解されれば、執筆者一同の望外の喜びである。

内田孟男

目次

第二章　金融のグローバル化と国家安全保障
――対内直接投資がもたらした国家の新たな役割――

高木　綾　31

第二部　政策とガバナンス

第七章　問われる海洋ガバナンス
――深海底遺伝資源問題の新動向――

第三部　国連の役割

第一〇章　国連事務局の改革
――国際公務員制度の進化か、退化か？――

内田孟男

第一部

経済と安全保障

第一章　グローバリゼーションと東アジアの経済リージョナリズム

――通貨協力と自由貿易協定を中心として――

滝田賢治

はじめに

二〇〇八年七月末、現代グローバリズムの象徴であるWTOの多角的貿易交渉ドーハ・ラウンド[1]が最終段階で決裂し、世界経済でリーダーシップを発揮してきたアメリカに中国・インドなど新興国が対抗する構図が明確になってきた。ほぼ時を同じくして発生したアメリカ発の金融危機を背景に開かれた一一月中旬の金融サミット（ワシントンDC）はG8ではなく中印を含むG20[2]として開催され、IMFと世界銀行を中心とする既存の国際金融の枠組みが再確認されたものの、アメリカの最大の盟友であるイギリス首相ブラウンは「新たなブレトンウッズ体制」創設の可能性にまで言及した。この金融サミットに際し、日本は通貨不安に陥っている新興国に対しIMFが行う緊急融資制度を支えるために、日本の外貨準備一兆ドル（約一〇〇兆円）の中から一、〇〇〇億ドル（約一〇兆円）を緊急融資する方針を固め、一一月一四日に当時の麻生首相が会議の席で発表した。

その直後に開催されたAPEC首脳会議（ペルー・リマ）は、グローバル化する資本市場と金融商品の売買に対する新たな規制・監視の枠組みを構築するための金融市場改革を謳った先のG20の宣言・行動計画を支持するリマ声明を発表した。リマ声明は「自由市場の原則と開放的な貿易・投資こそ、世界の成長と雇用、貧困削減に役立つ」と自由貿易体制を堅持していく決意を表明し、今後一年間は各国が保護主義的措置を控えることを約束した。しかし現実には、世界同時不況が深刻化しつつあるため、農業分野を中心に保護主義的傾向が強まりつつある。事実アメリカはビッグ・スリーへの巨額融資を決定して国内産業保護の方向を打ち出したばかりでなく、民主党の強固な支持基盤である労働組合がNAFTAの見直しを主張している。ロシアは突如、中古車を含め自動車関税を大幅に引き上げ、インドは鉄鋼製品を中心に一二品目について関税率引き上げを発表し、中国も輸出業者に対する輸出還付税を引き上げた。また先進国を中心に通貨切り下げの効果も持つ利下げ競争が激化してきているばかりか、アメリカをはじめゼロ金利（公定歩合・政策金利）を決定する国も現れている。

さらに貿易・投資をめぐって地域内や二国間での交渉が加速化していくことは否定できない。いわば世界は、グローバリズムからリージョナリズム、さらには経済ナショナリズムの傾向を強めつつある。

こうした中で一二月一五日、ASEAN首脳会議（タイ・チェンマイ）は、ASEAN憲章(3)の発効を確認した。人権保護の実施に関するメカニズムも盛り込まれておらず、ミャンマーでは軍事独裁が続いており、タイとカンボジアは国境紛争を抱えており、経済的にも単一市場とはとてもいえないが、「アジアのミニ国連」（スリン事務局長）を目指す地域機構の最高規範が発効したことにより、東南アジアで共同体的枠組みが法制化（リーガライゼーション）しつつある。ASEANがコラボレーションの段階から法制化の段階に入ったことにより、この地域では経済的には初歩的段階にあるものの総体的に見るとリージョナリズムが定着しつつあることは確かである。

一方、東北アジアの日中韓の間には、感染症の拡大阻止や緊急融資など機能的な分野でのコラボレーションの実績は蓄積されてきてはいるものの、歴史問題、領土問題、北朝鮮問題のために法制化は進んでいない。北朝鮮の非核化を目指す六者協議が成功すればハイポリティックス・レベルでの法制化が一挙に進展するとの期待もあるが、当分の間は実現しそうにない。ASEAN＋3（APT）と表現されることの多い東アジア地域では、法制化の進んだ「南」と、いまだに緊張を孕みながらコラボレーションの段階にある「北」との間の「南北問題」が存在しているといえよう。

本章は、以上の認識を踏まえ、グローバリゼーションが進展と後退を交錯させる中で、この「南北問題」を抱えた東アジアにおけるリージョナリズムを経済を中心に分析しようとするものである。グローバリゼーションとグローバリズム、リージョナライゼーションとリージョナリズムの概念と、それぞれ二つの関係を検討したうえで、グローバリゼーションとリージョナリズムの関係をまず考察する。その上で、東アジアにおける経済リージョナリズムの実態を、チェンマイ・イニシアティブ、ASEAN自由貿易協定（AFTA）、そして東アジア全体に関る自由貿易協定（FTA）を中心に分析する。東アジアの経済リージョナリズムを対象とする場合、生産、流通（貿易・直接投資）、金融（通貨・債券・為替・間接投資など）の三要素を考察することが必要であるが、紙幅の制約から本章では、グローバリゼーションの影響が最も強く東アジアに現れた現象として通貨協力と自由貿易協定を中心に考察する。

一　グローバリゼーションとリージョナリズム

グローバリゼーションをめぐる議論は百家争鳴的状況にあり、広く受け入れられている統一的な定義があるわけではない。Ａ・Ｇ・マグルーは「グローバリゼーションとは世界的規模での結合過程が拡大・進化・加速化すること」と定義したうえで、相互依存概念が国家間の対称的な力関係を前提にしているのに対し、グローバリゼーションは階層性と不均等性という概念を体現し、地球的規模での階層化の過程であるため、単一の地球社会を想定したものではないと考える。そして増大する相互関連性は、共通の恐怖心や根深い憎悪を生み出すばかりか、協力よりも激しい紛争を生み出す源泉となる可能性を指摘している。[4] Ａ・ギデンスは、グローバリゼーションの特徴として「時間の圧縮」を強調した上で、グローバリゼーションを「互いに遠く隔たった地域を結び付ける世界的規模での社会関係のつながりの強化」と定義している。[5] Ｄ・ヘルドもＡ・マグルーとの共著の中で、グローバリゼーションを「社会関係や取引のための組織で生じる変容を具体化し、大陸間・地域間における活動・相互作用・パワーの流れとネットワークを生み出す過程」と定義している。[6]

これら論者のグローバリゼーション概念に共通しているのは、①時空構造が圧縮されていったため、②遠隔の地相互の社会関係が政治・経済・文化・環境などすべてのレベルで連関性を強め、③世界のある地点の出来事が、世界中の人々にほぼ同時に認識されるようになり、ただちに反応が起こるようになったという指摘である。過去の世界史、とりわけ資本主義が発生した以降の世界史はグローバリゼーションの過程であったといえるが、問題はリージョナリズムと関係づけられる現代グローバリゼーションはいつ頃発生したのかという点である（傍点は筆者）。アメリカが主導的役割を果たした国連体制とＩＭＦ・ＧＡＴＴ体制の創設以降という見方も可能であろうが、現実の世界は米ソ冷戦によって分断されていた——非同盟諸国が存在していたが——ため、ソ連崩壊による冷戦の最終的終結にその発生を求めるのが説得的である。

第一に、冷戦期、アメリカが軍事用に独占使用していたインターネット、暗号技術、通信衛星、ＧＰＳなどのハイテク技術が、冷戦終結により商業用に開放されたため、情報の世界的同時化・即時化を引き起こした。第二に、ソ連解体により旧ソ連勢力圏で民主化と市場化が加速し、分断されていた世界市場の統合化の動きを加速させるとともに資本主義間競争を激化させ、生産・流通・金融が世界的規模で短時間で連関・結合することになったのである。しかしその連関・結合はマグルーが指摘するように階層的なものであったため、反グローバリゼーション運動やリージョナライゼーション・リージョナリズム――グローバリゼーションだけがその要因とは限らないが――の動きを生み出したのである[7]。冷戦終結後は、ハイテク技術によりまずグローバリゼーションの過程が急速に進行し、これを支持する主張や、加速させるネオリベラルな政策としてのグローバリズムが現れたと見るべきであろう。

国際関係にこのような効果を与えたグローバリゼーションを支持しさらに加速させる主張、あるいはそれを具体化するための組織やメカニズムをグローバリズムと理解すべきであろう。第二次大戦後はこれとは逆に、アメリカが国連体制とＩＭＦ・ＧＡＴＴ体制を構築しようとする思想と政策を主張し、グローバルにこれらの体制を実現しようとするこのグローバリズムを推進した結果――冷戦という現実はあったものの――これら二つの体制がグローバルな広がりを持っていった過程はグローバリゼーションといえる。グローバリズムがグローバリゼーションを引き起こす場合と、逆に運輸・通信技術の発展により価値中立的に現実に展開しつつあるグローバリゼーションを肯定的に捉えるグローバリズムの思想・政策が生まれる場合があるといえよう（傍点は筆者）。

同じことはリージョナリゼーションとリージョナリズムにもいえる。運輸・通信技術の発展により、一定地域内での事象の連関・結合が密になるリージョナライゼーションがまず進展し――現代においてはグローバリゼーションがリージョナライゼーションを引き起こしたり、あるいは両者が同時並行的に発生するが、歴史的に見ればグローバルな動きとは無関係に特定の地域内でリージョナリズムが発生する場合もある――これを支持する主張や政策、その結果、制度や枠組みが具体化したリージョナリズムが生まれる場合もある。逆に、対内的・対外的要因により一定の地域での協力を推進するべきであるという主張や政策、そのための制度や枠組みとしてのリージョナリズムが生まれたためにリージョナライゼーションが進展する場合もある。

ここで問題となるのがグローバリゼーションとリージョナライゼーション・リージョナリズムの関係である。グローバリゼーションの進展が、即、一定地域に刺激を与えてその反応としてのリージョナリズムを引き起こしたり、国内的再編を余儀なくする場合もあれば、グローバリゼーションがまずリージョナライゼーションを引き起こし、その結果、一定地域の協力を強化すべきであるとする主張や政策が生まれ、その結果、一定地域に制度や枠組みが成立するリージョナリズムが生成する場合もある。

逆にリージョナライゼーションやリージョナリズムがグローバリゼーションを生み出すこともあるのであろうか。ヒゴットはその可能性について次のように指摘している。「リージョナリズムはグローバリゼーションへの対応であるとともに同時にグローバリゼーションの背後にある原動力でもあり、両者は対立するプロセスではなく相互に強化しあい、ともに構成しあうプロセスである（傍点は筆者）。リージョナル・レジームはグローバリゼーションの妨害物ではなく、むしろ中間的存在である。リージョナル・プロジェクトはグローバリゼーションの一部であり、促進物である」[8]。ヒゴットのいうリージョナル・レジームが経済に関するものである場合、排他的なブロック化に陥る可能性も否定できないことは過去の歴史が証明しており、それへの警戒感からオープン・リージョナリズムが強調されるのである。

二　リージョナリズムをめぐる議論

グローバリゼーションだけが、その唯一の要因であったわけではないもののリージョナリズムと、その生成の背景をどのように理解すべきであろうか。ヒゴットはリージョナリズムを「政府間の対話と条約の結果生まれる国家主導の協力のためのプロジェクト」であり、リージョナライゼーションは「中央政府や地方政府が予め決定した計画（に沿ったプロセス）というよりも、市場、民間の貿易や投資のフロー、民間企業の政策・決定から生じる統合のプロセス」と定義している[9]。

ジョセフ・A・カミレリは、リージョナリズムを「相互作用の標準を設定し、監視し、実施する様々な制度・メカニズムを発展させることにより、地域内の相互作用によって生み出される利益を、地域と地域の構成要素が保持し拡大する傾向」と定義し、リージョナリズムとは地域的多国間主義（傍点は筆者）の別名とまでいい切っている。国家が基本的単位となって地域的制度とメカニズムを創設し強化するうえで中心的な役割を果たすとはいえ、リージョナリズムは必ずしも国家が中心でないことにも注意を向けている。一方、リージョナライゼーションを「一定の地域を構成する諸要素を結び付ける、経済的・技術的・社会文化的な、多様なフローとプロセス」であると定義している[10]。

吉松秀孝は、リージョナリズムを「多様に定義できる摑まえ所のない概念」としながらも、「国家と非国家アクター双方によって行われる相互利益を目指す地域的試み」と定義し、これとの対比でリージョナライゼーションをハレル——そしておそらくは多分にヒゴットも——を引用しながら「市場、民間の貿易・投資のフロー、民間企業の政策・決定によって生じる、意図的でなく方向性の明確でないプロセス」であると指摘している[11]。

これに対し、デイヴィッド・カムローはアイデンティティを重視して、リージョナリズムを「国境横断的にアイデンティティ形成が進んでいく状態」、リージョナライゼーションを「市場の動きと政府の政策の間に一致点を見出そうとするプロセス」と定義し、ナショナリズムがミクロ・レベルで国家建設に対応するのと同様に、リージョナリズムは国際関係の中間レベルでリージョナライゼーションに対応して概念化されたことに注目している。そしてアチャーヤを引用しつつ、（リージョナリズムの核である）アイデンティティ形成と規範創出は、このリージョナライゼーションのプロセスと密接な関係にあることを強調している[12]。

世界各地域のリージョナリズムを比較分析して大部な研究成果を出版したビヨルン・ヘトネ達と、彼らの研究成果を踏まえたノーマン・パルマーは、リージョナリズムを旧リージョナリズムと新リージョナリズムに分類して比較政治学的なアプローチを試みている。旧リージョナリズムは冷戦期の二極構造の中で形成（傍点は筆者）されたのに対し、新リージョナリズムは冷戦後のはるかに多元的な状況の中で生成（傍点は筆者）したため（世界各地で）ほぼ同じ時期に発展したことにヘトネは注目する[13]。これを踏まえつつも、ヨーロッパと東南アジアのリージョナリズムの間の質的相違に着目して、パルマーは（ヨーロッパにみられる）旧リージョナリズムは統合、連邦主義、国家主権の減退に向かう傾向によって特徴づけられるが、一方、新リージョナリズムはナショナリズムと相互依存関係によって推進されると観察した[14]。

吉松は、東南アジアのリージョナリズムはヨーロッパのそれと比較して「質的」には確かに異なっていて、東南アジアではヨーロッパよりも「異なった経路に沿って」発展してきていることは認める。しかし吉松は、両地域のリージョナリズムは両地域に共通する分断化と統合化を促す諸力によって形成されてきたのであり、両地域で異なるのは、それぞれの地域の特殊性ばかりか両地域に共通する分断化と統合化を促す圧力の強度であることを強調し、パルマーの新リージョナリズムに異を唱えている。

そもそもリージョナリズムを旧リージョナリズムと新リージョナリズムに分類する学説が登場したのは、EC・EUがリージョナリズムの基本的モデルとして広く認識され、これを基準とした場合、ASEANや広域経済統合体としてのAPECはリージョナリズムとしてははるかに未発達であるとの批判が広がったことへの対応としてであった。グローバリズムとナショナリズムの間の中間的概念としてのリージョナリズムを使う効果は、グローバルな協働行動を通じて平和と安定を確保することの困難さと、ナショナルな単位で行動することの危険性の両方を止揚し、中範囲の平和と安定を相対的に確保してグローバルなその実現に寄与し、かつ一国家単独では得られない利益を保障することであったはずである。リージョナリズムをめぐる議論を建設的なものにするためには、以上みてきた理論的考察の成果も取り入れつつ、対象とする地域における様々な分野での協力の実態を分析して、当該地域の平和と安定をもたらす具体的方法を考察することであろう。

三　東アジアのリージョナリズムの背景

東アジアに限らず世界各地域のリージョナリズム生成の背景には、外発的要因と内発的要因の二つが認められるが、常に両者が明確に分かれているわけではなく、絡み合っている場合もある。周知のように、ヨーロッパが米ソ冷戦の戦場となるのを阻止するためであったことはヨーロッパ統合の外発的要因であり、近現代において独仏が三度の戦争をしたことへの深刻な反省とヨーロッパの復権を図ろうとする指導者達の強い意志が働いたことは統合の内発的要因といえる。

東アジア、とりわけ「南」のＡＳＥＡＮに具現化したリージョナリズムにも両方の要因が存在するが、東アジア全体をみた場合には両者が絡み合う場合が多い。植民地としての歴史・体験と日中という域内大国への警戒感を共有するという内発的要因を背景に、一九七〇年代の米中接近と国交樹立、そして冷戦終結を一大契機とする現代グローバリゼーションの展開、一九九七年のアジア通貨危機という外発的要因によってリージョナリズムが促進されたのである。米ソ冷戦期に反共同盟としてアメリカの影響の下に設立されたＡＳＥＡＮは、米中接近・国交樹立により「冷戦のアジア戦線」――米中間の「アジアの冷戦」という表現・認識があるが、冷戦はあくまでも米ソ間の対立であったので、これは不適切である――は解体し、ＡＳＥＡＮは地域協力機構に変容し、徐々に地域統合を進めることになった。冷戦後の現代グローバリゼーションはこの地域統合を加速することになり、ＡＳＥＡＮ加盟国は一九九二年一月ＡＦＴＡ（ＡＳＥＡＮ自由貿易地域）設立に合意し（発効二〇〇二年一月）、一九九四年七月には地域の安全保障対話のための枠組みであるＡＲＦ（ASEAN Regional Forum）を発足させ、翌年一二月には東南アジア非核地帯条約を締結した。一九九七年アジア通貨危機も、金融グローバリゼーションによって引き起こされたという意味では東アジアのリージョナリズム推進のまさに外発的要因であり、これを契機に「形を変えたＡＭＦ（アジア通貨基金）」といわれるチェンマイ・イニシアティブを成立させたのである。

こうした内外要因を背景に東アジアにはＡＳＥＡＮ、ＡＦＴＡ、ＡＳＥＡＮ＋３、ＡＲＦ、ＡＰＥＣ、ＡＳＥＭ、さらには東アジア・サミットなど多様な多国間枠組みが重層的に存在しているが、経済に関して制度化したものはＡＳＥＡＮ内部のＡＦＴＡとＡＰＥＣさらにチェンマイ・イニシアティブであり、共通通貨（ＡＣＵ）や通貨バスケットについては議論の段階に留まっている。ＡＰＥＣは冷戦終結をうけて環太平洋地域の広域経済統合体として設立されたため、東アジアのリージョナリズムというよりもグローバリズムの色彩が濃厚で、その上、東アジアのリージョナリズムを抑制しようというアメリカの意図も読み取れるものであり[15]、東アジアの経済リージョナリズムとはいいがたい。むしろ東アジア諸国が関与するいくつかのＦＴＡ――経済ナショナリズムの側面もあるが――の方が、この地域の経済リージョナリズムを補強するものとみなすことができる。

以上を前提に、まず貿易・投資を中心に東アジア経済の構造実態を確認したうえで、チェンマイ・イニシアティブ、ＡＦＴＡ（ＡＳＥＡＮ自由貿易協定）、東アジアに関るＡＦＴＡについて考察し、東アジアにおける経済リージョナリズムの実態を明らかにする。

周知のように第二次大戦後の東南アジア――本章では東アジアの「南」――は、巨大なアメリカ市場と日本からの資本財輸入に依存しながら経済成長を図らざるを得なかったという意味で、域外大国に従属した脆弱な地域であった。しかし一九七〇年代の米中接近・国交樹立による「冷戦のアジア戦線」の解体により、東アジアでの政治的・軍事的緊張が大幅に低下し、アメリカや日本など域外大国から東南アジアへの投資と技術が移転し始め、さらに改革・開放政策を打ち出した中国にも同様の移転が進み、「東アジアの奇跡」が起こったのである。米中接近による東アジアの緊張緩和は経済データにも如実に表れている。

東アジアが世界のＧＤＰに占める比率は[16]、一九七〇年に一一・五％であったのが一九八五年には一七・五％となり、一九九五年には二五・三％と世界のＧＤＰの四分の一を占めるに至った。しかし一九九七年のアジア通貨危機によりその比率を下げ二〇〇五年には二〇・三％となっている。二〇〇五年におけるアメリカの世界のＧＤＰに占める比率は二八％、ＥＵのそれは二九％と、それぞれのピーク時――アメリカは二〇〇二年に三三・三％、ＥＵは一九八〇年に三二・五％を記録している――からの減少率が東アジアに比べて小さいことは、グローバリゼーションの負の効果としてのアジア通貨危機に対して脆弱であった東アジアにおける経済統合の発展を促しているともいえる。世界に占める東アジアのＧＤＰ比率の減少にもかかわらず、この時期における東アジアが世界貿易に占める比率がほぼ横ばいであるという事実は、アメリカとＥＵがともに輸出入貿易の比率を大きく低下させていることを考慮にいれると、東アジアが域内貿易を増加させていることを示すものである。[17]　事実、一九八五年に東アジア域内貿易依存度は三六・二％であったが、一九九七年アジア通貨危機があったものの二〇〇一年には五〇・八％にまで上昇し、[18]　六一・九％のＥＵには及ばないものの四六・三％のＮＡＦＴＡを超えていた。[19]

また一九八五年から二〇〇一年までの同じ七年間のＡＳＥＡＮ地域に対する投資額はアジアＮＩＥＳが九七八億ドル、日本が九〇三億ドル、アメリカが四三〇億ドルで日本とＮＩＥＳ合計は一、八八一億ドルでアメリカのそれの四倍強であった。また東アジア地域における対内直接投資は一九八〇年から二〇〇二年までの二二年間で約二六倍と急拡大しており、同じ時期の国内総生産（ＧＤＰ）の伸びが四倍強であることからみると域内経済にとって貿易と投資の重要性が大きいことがわかる。また同じ時期、中国に対する対外直接投資額三、九二四億ドルのうち、六二・八％に当たる二、四六六億ドルが域内のＮＩＥＳからのものであった。[20]

しかし二一世紀の幕開けは、東アジアの経済リージョナリズムにとって転換点となった。二〇〇〇年五月にはチェンマイ・イニシアティブ（通貨スワップ協定）が合意され、二〇〇一年一二月に中国がＧＡＴＴ申請から一五年をかけＷＴＯへの加盟を実現し、台湾――台湾・澎湖・金門・馬祖独立関税地域――も二〇〇二年一月に加盟を実現させた。さらに同月、一九九二年一月に設立合意が成り立っていたＡＦＴＡ条約が発効したからである。

四　チェンマイ・イニシアティブ（CMI）
――グローバリゼーションへの対応としてのリージョナリズム

一九九七年七月発生したアジア通貨危機は、東アジアにおけるリージョナリズムの制度化を加速させた[21]という意味でこの地域のリージョナリズム「発展」にとって極めて重要である。それはすでに法制化の進んだ「南」＝ASEAN地域と、コラボレーションの段階にある「北」＝日中韓との協力関係を緊密にさせる一大契機となったのである。第一に、この地域内外の強い反対をうけながらもチェンマイ・イニシアティブが成立したこと、第二に、ASEAN＋3（APT）という東アジアの「南北」をリンクさせる枠組みが形成されたこと、第三に、中国や韓国も日本とともに東アジア共同体構想への関心を強めたこと、である。

アジア通貨危機は、アジア特有の「クローニー資本主義」のためか金融グローバリゼーションによる「狂った資金（'mad money'）」（＝短期資本あるいはホットマネー）のためかをめぐって議論が展開されてきたが[22]、今日では「二一世紀型通貨危機」あるいは「経常収支危機ではなく資本収支危機」であるというのが共通の認識となっている。すなわち、ある国家の放漫な財政政策運営によりインフレが高進し、国際競争力が減退することによって、経常収支赤字が外貨準備の枯渇を招き、遂には通貨の暴落を余儀なくされるという従来型の経常収支危機とは異なり、グローバル化した国際経済、とりわけ大量かつ瞬時の国際資本移動の中で、アジアに流入していた過剰な外貨資金が突然逆流に転じ、外貨流動性不足に陥って発生した資本収支危機であるというのが共通認識となっている。危機前年には五四二億ドルの外国資本の流入があったタイ・インドネシア・韓国の三カ国から、一九九七年には二五二億ドルが流出し、七八四億ドルものスウィングが生じ、外国為替市場への甚大な衝撃を与えたのである。[23]

この危機に対して、一九九七年九月、日本の大蔵省（現、財務省）は榊原英資が中心となってアジア通貨基金（AMF）構想を発表し、ASEANと日本が協力して約一、〇〇〇億ドルの地域基金を創設することを発表した。宮澤喜一蔵相はサミット直前のG7で、この通貨危機について「巨大な国際資本が投機的に動いた」ために発生したとの認識を示したが、同時に国際貿易におけるドル依存から脱却し、国際決済通貨としての日本円の役割を強化しようという日本の強い意図があったことは今日では広く認識されている。アメリカは日本のこの意図を見透かしたかのように、その機能がIMFと重複することを理由に強く反対したが、同時にアジアが一つにまとまることに本能的に反発したとの観測もあった。[24] IMF自体もAMFはIMFと機能が重複するばかりか、IMFより緩い貸付条件（コンディショナリティー）を前提としておりモラルハザッドを引き起こすという理由で強く反対した。中国もアジアの通貨問題で日本が主導権を握る可能性が高まることを危惧し、反対した。事実、一一月に開催されたAPEC財政相・中央銀行総裁代理会合は、マニラ・フレームワークに合意し、IMFが国際金融システムにおいて中心的機能を果たすべきであることを確認し、アジアにおける金融協力の枠組みはあくまでもIMFの機能を補完するものと定義したのである。

しかしこの国際的な動きと平行してASEANは一九九七年一二月、日中韓三カ国を招待し第一回ASEAN＋3首脳会議（マレーシア・クアラルンプール）を開催した。アメリカやIMFの強い反対を受けながらも、日本は一九九八年一〇月に新宮澤イニシアテティブを発表して、アジアの六カ国のために通貨スワップと長期基金による三〇〇億ドルの財政援助を行う用意があることを明らかにした。一九九九年一一月のASEAN＋3非公式首脳会議（マニラ）が発表した「東アジアの協力に関する共同声明」を基礎にASEAN＋3財務大臣会議（一九九九年四月に開始）は、二〇〇〇年五月、ASEANと日中韓の間での通貨スワップを行うチェンマイ・イニシアテティブに合意したと発表した。アメリカとＩＭＦの批判を踏まえ、通貨スワップに際してはＩＭＦの緊急援助融資の条件（コンディショナリティ）を受け入れ、加盟国の中の二国間で通貨スワップ協定を個別に締結し、通貨危機に際して支援国が被支援国の通貨を対価にしてドルや円などの外貨流動性を短期間供給し、外貨準備を補強することになった。これにより、すでに一九七七年ＡＳＥＡＮ主要五カ国の間で締結されていた通貨スワップ協定がＡＳＥＡＮ全加盟国（一〇カ国）に拡大され、金額も二億ドルから一〇億ドル（その後二〇億ドル）に拡大し、ＡＳＥＡＮ＋３相互間のＣＭＩに基づくスワップの規模は八三〇億ドルとなった（図1参照）。

しかしＣＭＩは成立当初から、その限界が指摘されていた。第一に、ＣＭＩ協定は多国間のものでなくあくまで二国間のもので発動には二国間ごとの協議が必要で時間がかかり、参加国が共同で資金を提供することはできず、資金額も限定的であり、地域金融協力の枠組みとしては極めて問題のあるものである。第二に、援助国の自主的判断で融資できるのは、取り決め額の一〇％までであり、それ以上の部分についてはＩＭＦのコンディショナリティに従うことになる。いずれにしてもアジア通貨危機とＣＭＩ成立の経緯を総括してみると、次の三点を指摘できるであろう。

第一に、ＡＰＥＣもＡＳＥＡＮも単独ではこの危機に対しリーダーシップを発揮できず、その存在意義を著しく低下させたが、[25] 同時にそれは「南」のＡＳＥＡＮ諸国が「北」の日中韓三カ国との緊密化を促す結果となったのである。一方、ＡＰＥＣは環太平洋地域を包摂する実に広域な「経済統合体」であり、その多様性の度合いの大きさのためにこの危機に対しては機能しなかった。最初の提唱者であるオーストラリアに代わりこれを主導するかにみえたアメリカがＮＡＦＴＡを重視したこともその機能不全化の背景にあり、世界同時不況が深まりをみせる中で北米リージョナリズムとしてのＮＡＦＴＡそのものの見直し論もアメリカ国内で噴出しているため、部分的にせよＡＰＥＣが東アジアのリージョナリズムの機能を強化する可能性は中期的には低いといわざるを得ない。

図1　チェンマイ・イニシアティブ（CMI）の枠組みにおける二国間通貨スワップ取極めの現状（単位・米ドル）
（日タイ第3次スワップ取極発効後を想定）

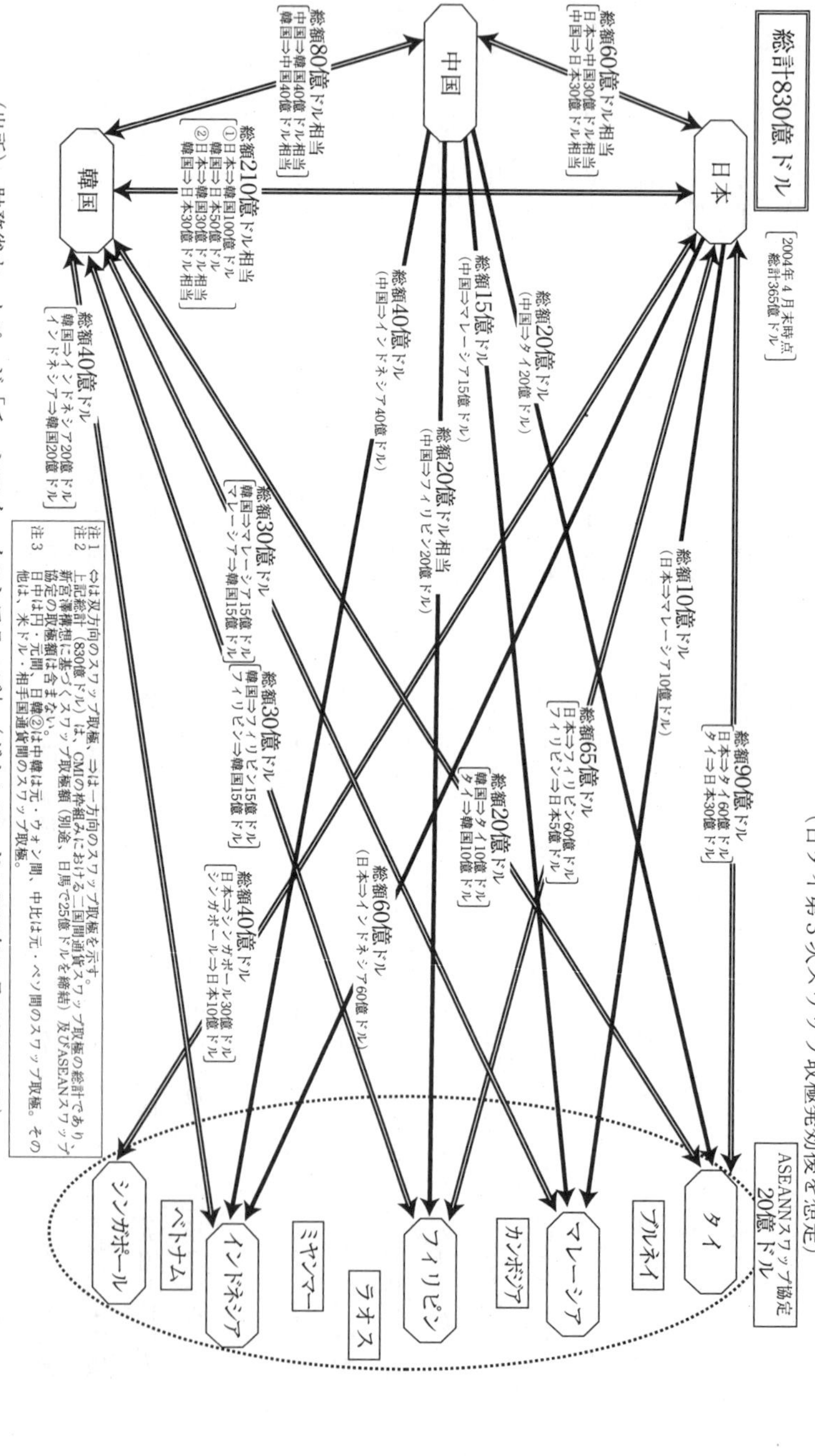

注1　⇔は双方向のスワップ取極、⇒は一方向のスワップ取極を示す。
注2　上記総計（830億ドル）は、CMIの枠組みにおける二国間通貨スワップ取極の総計であり、新宮澤構想に基づくスワップ取極額（別途、日馬で25億ドルを締結）及びASEANスワップ協定の取極額は含まない。
注3　日中は円・元間、日韓②は中韓は元・ウォン間、中比は元・ペソ間のスワップ取極。その他は、米ドル・相手国通貨間のスワップ取極。

（出所）　財務省ホームページ「チェンマイ・イニシアティブ」（ダウンロード：2009年1月12日13：05）

第二に、中国と韓国がこの過程で、東アジアの地域協力への姿勢を積極化させた。中国は日本主導の金融協力枠組みが強化されることを危惧し、特に二一世紀初頭から東アジア共同体構想の実現に意欲をみせ始めた。それは「平和台頭論」に基づく二一世紀前半における中国の外交戦略とも呼応するものである。韓国は日中の間に埋没することを恐れ、「東アジア・ヴィジョン・グループ（ＥＡＶＧ）」（一九九八年一二月ＡＳＥＡＮ＋３首脳会議）や「東アジア・スタディー・グループ（ＥＡＳＧ）」（二〇〇〇年一一月ＡＳＥＡＮ＋３首脳会議）の設置を提案し、東アジアにおける地域協力枠組み形成に影響力を発揮しようとしたのである。[26]

第三に、アジア通貨危機がこの地域の制度化・法制化を促進する一大契機となったことは明らかであるが、[27]先述したＣＭＩの「技術的」な限界性以上の大きな問題が存在する。

二〇〇八年秋以降の世界的金融危機に際して、日中はそれぞれウォン安に苦しむ韓国に対してそれぞれのスワップ協定に基づいて緊急融資を行い、ＣＭＩのメカニズムを一定程度、機能させたとはいえるが、いまだモニタリングとサーベイランスのメカニズムを欠いたままであり、より根本的にＣＭＩの究極的な目的が何であるかが不明確のままである。すなわちＣＭＩは、東アジア金融リージョナリズムの台頭過程の中核的プロジェクトなのか、それとも加盟国が流動性を融通しあうためだけの限定的プロジェクトなのかという問題である。[28]

五　ＡＳＥＡＮ自由貿易協定（ＡＦＴＡ）

一九九〇年代にＡＳＥＡＮの経済統合への動きが加速していったが、それにはいくつかの要因が考えられる。第一に、一九九二年のＥＣ単一市場の形成や、一九九四年のＮＡＦＴＡの発効など、世界的に地域経済統合への動きが強まったこと、第二に、グローバリゼーションへの対応に迫られたこと、第三に外国直接投資の対中シフトに対する危機感があったこと、第四にASEAN経済が比較的順調であったこと、が考えられる。(29) 第一と第二の要因は外発的なものであり、第三と第四の要因は内発的なものといえよう。

このような内発的要因と外発的要因を背景に、ASEANは一九九二年一月にAFTA設立に合意し、アジア通貨危機が進行中の一九九七年一二月、安全保障、経済、社会・文化の三つの共同体からなるASEAN共同体を二〇二〇年に実現させる決意を示したASEANヴィジョンを発表した。一九九二年のAFTA設立合意に基づき、一九九三年にはASEAN先発国（インドネシア、シンガポール、マレーシア、タイ、フィリピンの原加盟国にブルネイを加えた六カ国＝ASEAN6）は、域内関税引き下げを開始した。当初は二〇〇八年までの一五年間で関税を引き下げる計画であったが、二度の前倒しにより計画より六年早く二〇〇二年（一部品目は二〇〇三年）に、共通有効特恵関税（Common Effective Preferential Tariff＝CEPT）という関税引き下げスキームにより後発四カ国（カンボジア、ラオス、ミャンマー、ベトナム＝CLMV）を除き域内関税を〇～五％以下に引き下げた。(30) ASEAN6は二〇一〇年には関税率をゼロとし、数量制限と非関税障壁も撤廃して文字通り自由貿易地域（FTA）となることを目指し、CLMVも二〇一五年には実現することになっているが、政治・経済情勢から多くの困難が予想されている。(31)

二〇〇五年六月時点でのASEAN6の実施状況は、共通有効特恵関税適用品目が全関税品目の九八・四％にのぼり、関税率が五％以下の品目が全品目に占める割合は九七・五％で、ほぼAFTAが完成しているといえる。一方、後発四カ国の適用品目が全体に占める割合は八六・九％で、五％以下の品目が全体に占める割合は七〇・七％であり、ASEAN6の三〇％近い違いがある。(32) 東アジア全体で見た場合、法制化・制度化の進んだ「南＝ASEAN」とコラボレーションの段階にある「北＝日中韓」の間の「南北問題」が存在しているが、当の「南」にも経済格差を背景とした貿易の自由化度での「南北問題」も存在している。いわば東アジアでは経済的にみて二重の「南北問題」がビルトインされているのである。

このような問題点はあるものの、ＡＳＥＡＮの中でも先発国はＡＦＴＡのＣＥＰＴを利用して域内貿易を急拡大させており、ＡＳＥＡＮに進出した多国籍企業は、ＡＦＴＡを利用して生産体制を再構築しつつある。またＡＦＴＡは、ＡＳＥＡＮと日中韓それぞれとの三つの「ＡＳＥＡＮ＋１」ＦＴＡを基礎に東アジアＦＴＡ形成へのハブとしての期待を高めている。たとえハブ―スポーク構造であるにせよ東アジアＦＴＡが形成されれば、通貨協力での制度化と相俟って「北」の日中韓の間での貿易面での制度化が進むことが期待され、「南北問題」が緩和するばかりでなく、圧倒的な経済力を有する日中韓がこの東アジアＦＴＡを通して後発のＣＬＭＶに経済的効果を与えることも期待できる。

問題を抱えながらも発展してきたＡＦＴＡは、ＡＳＥＡＮの経済統合のプロジェクトの一里塚であり、その成果を踏まえ、ＡＳＥＡＮ経済閣僚会議は二〇〇三年にＡＳＥＡＮ経済共同体を形成することで合意し、さらにＡＳＥＡＮ首脳会議は二〇〇七年一一月、ＡＳＥＡＮ経済共同体ブループリントを採択し経済共同体の概要を明らかにした。ここにおける経済共同体とは「財、サービス、投資、熟練労働が自由に移動し、資本がより自由に移動する、単一の市場かつ生産拠点」と定義され、この五つの項目ごとに行動計画を明らかにしている。第一の財の自由移動に関する行動は、すでに検討したＡＦＴＡのさらなる発展を想定したものである。第二のサービスの自由移動に関しては、ＷＴＯが規定しているサービスのほぼ全てを対象としているが、二〇一〇年までには航空輸送、e-ＡＳＥＡＮ、保健、観光に関しては全ての障壁を撤廃する方針を打ち出している。第三の投資（直接投資）については、すでにＡＳＥＡＮ投資地域（ASEAN Investment Area＝ＡＩＡ）というスキームが存在し、域内の投資家に対しては二〇一〇年までに、域外を含む全ての投資家に対しては二〇二〇年までに、加盟各国が内国民待遇を与えることを確認している。第四の資本（海外の債券・株式の購入である証券投資、ポートフォリオ投資）のより自由な移動については、債券市場の育成計画は進めているものの他の分野の自由化と比べるとはるかにそのテンポは遅い。第五の熟練労働の自由移動に関してASEANは意欲的であるが、非熟練労働についてはほとんど議論されてない(33)。このようにみてくると、ASEAN経済共同体形成の中心的駆動力はやはりAFTAであり、これによって財の自由な移動が進んでいく過程で、ブループリントで確認された他の分野の自由化が徐々に進展していくのではないか。

六　東アジアのFTA

一九九〇年前後の冷戦終結以降、急激に展開し始めた現代グローバリゼーションを経済的に支えた制度的枠組みはGATT・WTOであったが、WTO加盟国は一五一カ国に達し、複雑に錯綜する各国の利害を多角的な交渉で調整しながら、貿易と投資の自由化を推進することは容易ではなかった。その結果、皮肉なことにグローバリゼーションの進展と同時に、AFTAを含むFTA（自由貿易協定）が激増して来たのである（図2参照）。なぜ皮肉なことなのかといえば、グローバリゼーションに対応するグローバリズムとしてのWTOのメカニズムにより、新たに農業、政府調達、金融、IPR、環境分野も加えて、よりグローバルな自由化を推進しようとしたにもかかわらず、一九九七年アジア通貨危機やWTOドーハ・ラウンドの停滞も要因となって、リージョナリズムさらには経済ナショナリズムとすら解釈できるFTAやより包括的なEPAが激増したからである。

FTAは国家間あるいは国家と地域間で、商品貿易に対する関税を低減もしくは撤廃したり、サービス貿易の障壁を除去することに中心が置かれているのに対し、EPA（経済連携協定）は、FTAの目的に加えて、投資規制撤廃、

図2　世界のFTAの増大

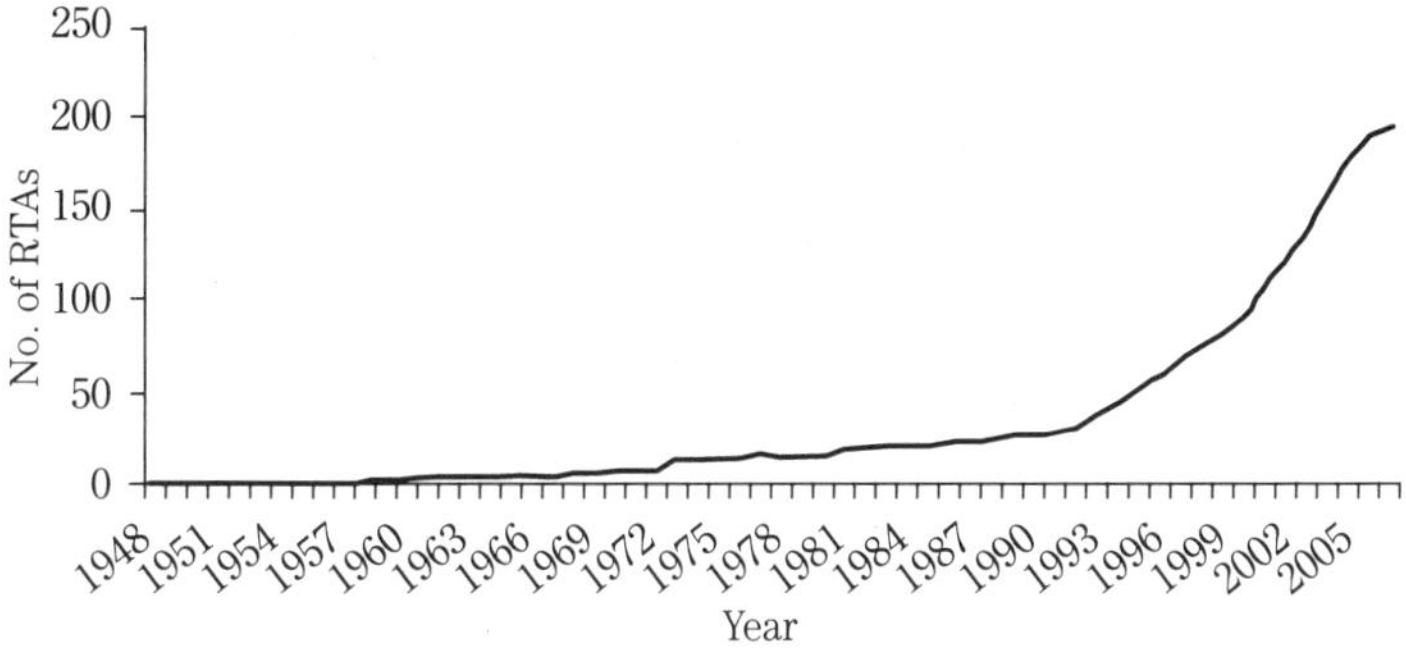

（出所）　Heribert Dieter ed. "The Evolution of Regionalism in Asia", p. 105. Routledge, 2007.

表1　東アジア域内のFTA

名　称	発効日	種　類	根拠条文
ラオス・タイ	1991年6月20日	特恵協定	授権条項
ASEAN自由貿易地域（AFTA）	1992年1月28日	特恵協定	授権条項
日本・シンガポール	2002年11月30日	自由貿易協定	GATT 24条
ASEAN・中国（枠組み協定）	2003年7月1日	特恵協定	授権条項
中国・マカオ	2004年1月1日	自由貿易協定	GATT 24条
中国・香港	2004年1月1日	自由貿易協定	GATT 24条
韓国・シンガポール	2006年3月2日	自由貿易協定	GATT 24条
日本・マレーシア	2006年7月13日	自由貿易協定	GATT 24条
ASEAN・韓国	2007年6月1日		
日本・タイ	2007年11月1日	自由貿易協定	GATT 24条
日本・インドネシア	2008年7月1日	自由貿易協定	GATT 24条
日本・ブルネイ	2008年7月31日		
ASEAN・日本（包括的経済連携協定）	2008年12月1日		
【参考：東アジア諸国と近隣地域とのFTA】			
シンガポール・ニュージーランド	2001年1月1日	自由貿易協定	GATT 24条
シンガポール・オーストラリア	2003年7月28日	自由貿易協定	GATT 24条
タイ・インド	2004年9月1日		
タイ・オーストラリア	2005年1月1日	自由貿易協定	GATT 24条
タイ・ニュージーランド	2005年7月1日	自由貿易協定	GATT 24条
シンガポール・インド	2005年8月1日	自由貿易協定	GATT 24条
中国・パキスタン	2007年7月1日	自由貿易協定	GATT 24条
マレーシア・パキスタン	2008年1月1日	自由貿易協定	授権条項

（出所）　"WTO/FTA Column" Vol. 51, 2008/8/8及び経済産業省対外経済政策総合サイトを基に作成。

人的交流の拡大、知的財産制度の調和など、より広い分野にわたって協力するための協定であり、日本の場合はＦＴＡという場合でも実際にはＥＰＡである。

グローバリズムと緊張関係を引き起こしかねないＦＴＡやＥＰＡが激増したのはドーハ・ラウンドの停滞ばかりでなく、総合利益を比較的容易に実現できる近接する国々相互の経済連携に自由化の活路を求めたためである[34]。この総合利益を保障する要素が、ＦＴＡを締結しようとする関係国の経済の構造的補完性であり、相互に遠隔の二カ国または複数国がＦＴＡを締結する場合もあるが、ＥＵやＮＡＦＴＡあるいはＡＦＴＡのように地理的に近接する地域での多国間でのＦＴＡや二国間のＦＴＡの方が多いのも事実である。二〇〇八年八月現在、世界には一四八のＦＴＡが存在するが地域横断的なＦＴＡは二四であり、地理的に近接した地域でのＦＴＡが圧倒的に多い。経済共同体の形成を目指す多国間のＡＦＴＡ加盟国でありながら、同時に単独で「北」の日中韓や、東アジア域外の国家とＦＴＡや、より広汎なＥＰＡ（経済連携協定）を締結するＡＳＥＡＮ加盟国も現れている（表１）。東アジアの経済リージョナリズムの観点からみると、ＡＳＥＡＮと日中韓それぞれのＦＴＡ、すなわち三つのＡＳＥＡＮ＋１が特に重要なものである。

おわりに

東アジア地域では、ＡＳＥＡＮが「ハブ」となったＡＳＥＡＮ・中国、ＡＳＥＡＮ・韓国、ＡＳＥＡＮ・日本の三つのＡＳＥＡＮ＋１が形成され、コラボレーション段階にある「北」が法制化の進んだＡＳＥＡＮとの結合を強めつつあり、通貨協力の枠組みも制約はあるものの二〇〇八年金融危機に際してその存在意義を発揮している。

しかし自由貿易地域、関税同盟、共同市場、経済統合、完全統合というバラッサの経済統合五段階分類に従えば、経済統合のレベルで先行している東アジアの「南」のASEANですら自由貿易地域の段階に留まっている。「北」の日中韓には二カ国間FTAは成立しておらず、ましてやこれら三カ国間には自由貿易地域は形成されていない。これら諸国の間には歴史認識問題、領土問題、二一世紀東アジアのヘゲモニーなどをめぐる認識の断絶が存在しており、北東アジアにおいて短中期的に自由貿易地域が形成される可能性は少ない。

とはいえ、グローバリゼーションという巨大な外発的要因と、東アジア諸国の域内大国・日中への警戒感とともに期待感という内発的要因により東アジアのリージョナリズムは、チェンマイ・イニシアティブ、AFTAを含む東アジア域内でのFTA／EPAのネットワーク構築を中心とした経済リージョナリズムとして紆余曲折を経ながらも発展してきたというべきであろう。今後の問題は、第一に東アジアの経済リージョナリズムを生産・流通・金融三レベルでどのように発展させていくか、第二に経済リージョナリズムを環境・保健衛生・自然災害への緊急行動などの機能的分野における協力体制構築とどう結びつけていくか、逆にこの機能的分野での実務的協力による相互の信頼醸成の成果を、経済リージョナリズムの発展にどのように利用できるか、第三に、これら経済リージョナリズムと機能的分野での協力体制構築による相乗効果を、東アジア地域における安全保障共同体構築にどのように結びつけていくかという課題に答えることである。

冷戦終結を一大契機として発生した現代グローバリゼーションは、必ずしも世界全域にそのプラス・マイナスの効果を表したわけではなく、一定程度のガバナンスが確保されている地域や国家に現象化したのであり、「東アジアの奇跡」(世界銀行)を実現していた東アジア地域ではリージョナル・ガバナンスを強化しようという動きが「南」のASEANを中心に始まった。安全保障対話のプラットフォームとしてのARFの枠組みも形成されたが、法制化のレベルには程遠く、経済的リージョナリズムが中心となった。一九九七年のアジア通貨危機は東アジア経済に打撃を与えたが、同時に経済的リージョナリズムを強化する効果も持ったのである。「北」と「南」の経済的リンケージを促進するとともに、機能的分野での協力体制構築に貢献し、さらには中国の東アジア・リージョナリズムへの関心を強め、二〇〇五年一二月の東アジア・サミットを実現したのである。

しかしヒゴットの指摘するようにリージョナリズムを「政府間の対話と条約の結果生まれる国家主導の協力のためのプロジェクト」と定義するならば、東アジアの経済リージョナリズムは定着しつつあるものの初歩段階にあるといわざるを得ない。

(1) ドーハ・ラウンドは、貿易拡大により発展途上国の経済成長を促すことを最大の目標として二〇〇一年一一月カタールの首都ドーハでの閣僚会議で開始された。過去七年間の交渉で決裂は七回目となった。今回のラウンドは、その正式名称「ドーハ開発アジェンダ」が示すように、先進国への輸出拡大で途上国の経済開発を促進するとともに、食料・原油価格などが暴騰する中で、関税引き下げにより途上国の国民が安価な食料や製品を購入できるようにすることを主目的として開始された。

(2) G20参加国：アメリカ、カナダ、イギリス、フランス、ドイツ、イタリア、EU、オーストラリア、日本、韓国、中国、ロシア、インド、インドネシア、サウジアラビア、トルコ、南アフリカ、ブラジル、アルゼンチン、メキシコ。

(3) ASEANは設立条約がなく、これまで各種宣言や協定の積み重ねで運営されてきたが、この憲章はASEANに法人格を与え国際機関であることを明確にした。憲章は前文と十三章五十五条からなる。憲章前文では、加盟国が主権、内政不干渉、コンセンサスの基本的重要性を尊重し、民主主義、法の支配、人権などの原則を遵守し、安全保障、経済、社会・文化の共同体を形成するために憲章により、法的・制度的枠組みを確立する決意が述べられている。憲章で特筆すべきは、事務局および事務局長の権限強化を打ち出したことであり、事務局長に協定遵守を監視する権限を与えている。事務局の置かれたインドネシアのジャカルタには加盟国が大使級の代表を常駐させ、アメリカや日本などのパートナーも担当大使を任命することになっている。

（4）Anthony McGrew, 'The Globalization Debate : Putting the Advanced Capitalist State in its Place', "Global Society", Vol. 12, No. 3 (September 1998) pp. 300－302.

（5）Anthony Giddens, "Consequences of Modernity", pp. 18－19. Polity Press.

（6）David Held, Anthony McGrew et. al. "Global Transformations", Polity Press, 1999. 邦訳、古城・臼井・滝田・星野他訳『グローバル・トランスフォーメーションズ』中央大学出版部、二〇〇六年。

（7）グローバリゼーションとグローバリズム、リージョナライゼーションとリージョナリズムを同一視する立場もあるが、概念の混乱を避けるためには区別すべきである。特に現代グローバリゼーションは、冷戦終結を一大契機として、世界各地の出来事が即時的・短時間で連関・結合していく――ヒト・モノ・カネ・情報・サービスがより大量に・より短時間で国境を越えて移動しあう――過程あるいは現象であるのに対し、グローバリズムはこのグローバリゼーションという現象を進めるべきであるという主張や政策あるいはそれを具現化した組織・機関ということになる。「グローバリズムは国家と各種の非国家アクターがその活動を国境を越えて全世界に拡大しようとする思想であり運動であり、グローバリゼーションは、そのような意図や行動を意識しない現象であるといえる。同じことが地域主義と地域化にも該当し、前者はアクターの意図的行動であり、後者はその結果としての現象であるといえる」と内田孟男はアクターを中心に定義している（内田孟男「東アジアにおける地域ガヴァナンスの課題と展望」三六頁、滝田賢治編『東アジア共同体への道』中央大学出版部、二〇〇六年）。

（8）Richard Higgott, 'The theory and practice of region', p. 22. Bertrand Fort and Douglas Webber ed., "Regional Integration in East Asia and Europe : Convergence or divergence ?", Routledge, 2006.

（9）Higgott, op. cit., p. 24.

（10）Joseph A. Camilleri, "Regionalism in the New Asia-Pacific Order : The Political Economy of the Asia-Pacific Region, Vol. II", p. 12. Edward Elgar, 2003.

（11）Hidetaka Yoshimatsu, "The Political Economy of Regionalism in East Asia", pp. 6–7, Palgrave MacMillan, 2008.

（12）David Camroux, 'Asia, whose Asia ? Evolving conceptions of an Asian Community from the 1920s till today', pp. 11–12. Heribert Dieter,ed. "The Evolution of Regionalism in Asia : Economic and security issues", Routeledge, 2007.

（13）Bjorn Hettne, "The New Regionalism : Implications for Development and Peace". pp. 1–2. UNU World Institute for Development Economics Research, 1994.

（14）Norman Palmer, "The New Regionalism in Asia and the Pacific", p.99. Lexington Books. 1990.

（15）Higgott. *op. cit.*, p. 22.

（16）ここでいう東アジアとはＡＳＥＡＮ（シンガポールを除く）、ＮＩＥＳ（シンガポール・香港・台湾・韓国）、中国、日本である。

（17）青木健「中国の台頭と東アジア貿易構造の変化」馬田啓一・木村福成編著『憲章・東アジアの地域主義と日本』文眞堂、二〇〇八年、二〇頁。

（18）ここでいう東アジアとはタイ・マレーシア・インドネシア・フィリピン・シンガポール・中国・香港・台湾・韓国・日本の一〇カ国である。

（19）渡辺利夫「東アジアのダイナミズムと経済統合」（『問題と研究』二〇〇三年一一月号）問題と研究出版、二〇〇三年、四―五頁。

（20）渡辺、同論文、六頁。

（21）Andrew Staples, 'Response to regionalism', Heribert Dieter, ed., "The Evolution of Regionalism in Asia : Economic and security issues", Routeledge, 2007. p. 103.

（22）*Ibid.*, p. 102.

（23）中条誠一「東アジアの通貨・金融協力の現状と展望」九二―九三頁。馬田啓一・木村福成編著、前掲書。

（24）一九九〇年一二月にマレーシア首相マハティールが東アジア経済協議体構想（ＥＡＥＧ）を発表した際、アメリカのベーカー国務長官が「太平洋に線を引くものだ」と強く批判し、一時的に立ち消えになった経緯がある。エリベルト・ディーターは、このアメリカやＩＭＦの批判を、「経済合理性によるというよりも、外交的考慮に基づくものである」と評している（Heribert Dieter, 'The future of monetary regionalism in Asia,' p. 129. Heribert Dieter, ed. "The Evolution of Regionalism in Asia", Routeledge, 2007）。スティグリッツも、アメリカやＩＭＦが日本主導のアジア通貨基金（ＡＭＦ）構想に必死になって抵抗したのは、彼らの権威が損なわれるばかりか、東アジアでの影響力が減退することを危惧したからであると認識していた（Joseph E. Stiglitz, 'Globalization and its Discontents", p. 112. New York, Norton, 2002）。

（25）Mark Beeson, "Regionalism and Globalization in East Asia", pp. 229–230. Palgrave, MacMillan, 2007.

（26）拙稿「東アジア共同体構想の背景と課題」滝田賢治編『東アジア共同体への道』中央大学出版部、二〇〇六年、四頁および三〇頁。

（27）二〇〇八年秋以降、深刻化した世界的金融危機の中で一九九七年以来の大幅なウォン安に見舞われた韓国に対し、日中がそれぞれ韓国と締結しているスワップ協定により、一二月中旬、緊急融資を決定できたのもコラボレーションの段階にある東アジアの「北」で法制化が徐々に進展してきた結果である。二〇〇八年一二月一三日、日中韓首脳会談が緊急に開催され、この席上、日本はウォンと引き換えに円やドルを融通するスワップ協定の枠を一三〇億ドルから三〇〇億ドルに拡大する方針を韓国に伝えたが、中国も二国間協定の枠を拡大する意向を固めた。日韓のスワップ協定は、中央銀行間で常時ウォンと引き換えに円を融通する協定と、ＩＭＦが緊急融資を発動する危機的状況でドルを供給する協定の二種類があり、前者は円が三〇億ドル分、後者がドルで一〇〇億ドル分の合計一三〇億ドルであるが、これを二・三倍に拡大しようとするものである。

（28）Dieter, ibid.

（29）向山英彦「経済連携の時代に入る東アジア」渡辺利夫編『東アジア経済連携の時代』東洋経済新報社、二〇〇四年、一九頁。

（30）Yoshimatsu, *op. cit.*, p. 30. また文化財など一般的除外品目と米など一部の農産物は例外品目として扱われる。

(31) 石川幸一「東アジアの地域統合をリードするASEAN」『季刊　国際貿易と投資』二〇〇六年、夏号、No.64。石川幸一「ASEAN経済共同体形成の課題」二〇三—二〇五頁、馬田・木村編著　前掲書。
(32) 同論文。
(33) 吉野文雄「東アジア共同体の可能性」馬田・木村編著、前掲書、一〇八—一八一頁。
(34) 渡辺利夫「序章　アジア化するアジア」渡辺利夫編、前掲書、四頁。

第二章　金融のグローバル化と国家安全保障

――対内直接投資がもたらした国家の新たな役割――

髙木　綾

はじめに

グローバリゼーションの進展を特徴づける事象の一つに、グローバルな資本移動の自由化が挙げられる。戦前の自由化された資本移動による金融恐慌がもたらした一連の惨事を繰り返さぬよう、戦後の国際秩序構築に際して、各国は資本の移動を規制するようなルールを形成した。しかしながら、一九七〇年代に再び資本移動の自由化が始められると、徐々にその勢いは強まり、現在では当時の何倍もの資本取引が行われる状況にある。この趨勢は、一九九四年のメキシコにおけるペソ暴落や、一九九七―九八年のアジア通貨危機、二〇〇一年の米国同時多発テロ（九・一一事件）をそれぞれ経験した後も衰えることがなかった。このグローバルな資本取引は、世界経済の成長にとって不可欠なものとなってきている。

ところで、一九七〇年代に資本移動の自由化が始められた後、各国は新たな対応を迫られた。すなわち、海外から国内に流入する資本のうち、望ましくないものを規制する要請である。経済協力開発機構（ＯＥＣＤ）の「資本移動の自由化に関する規約」は、基本的に投資規制の自由化を促すものであるが、これには留保規定があり、自由化を行うかどうかは各国の裁量に任せられる。この留保規定とは、加盟国が自由化義務を一般的には承認するものの、ある特定項目について自由化が困難であると判断するときには、ＯＥＣＤに通告してこれを行うことができるというものである。また留保規定のほかにも、国家安全保障上の理由から、自由化に適さない項目については、自由化義務が免除される規定がある。武器、原子力、航空機、宇宙開発などの各産業は、どの国においても自由に投資を受け入れることが困難であるからである。

このＯＥＣＤの規約に従って、各国は国家安全保障の観点から、それぞれの資本受け入れに規制を設けた。すなわち、グローバリゼーションの進展によって、国家には新たな役割が付せられたのである。その対応策を検討することによって、何を守るべきかという各国の国家安全保障概念、あるいはその経済とのかかわりが見えてくるはずである。グローバリゼーションは、国家にどのような役割を与えたのか、また国家安全保障概念をどのように定義させたのかを明らかにすることが、本章の目的である。

一　金融のグローバル化——資本移動の自由化

1　資本移動の管理から自由化へ

金融のグローバル化が始まったのは、一九七一年のニクソン・ショックと呼ばれる金ドル兌換停止と、一九七四年の米国金利平衡税の撤廃が直接の契機とされる。なぜこれによって金融のグローバル化が始まるのか。マンデル＝フレミング・モデルを援用した「国際金融のトリレンマ」によってこれを説明することができる。[1] 国際金融のトリレンマとは、「固定相場制度」「各国の裁量的金融政策」「自由な資本移動」の三つのうち、同時には二つしか成立し得ないという論理である。たとえば、「固定相場制度」を維持し、「各国の裁量的金融政策」を採用しようとする場合、為替リスクがないために高い金利を設ける国への「自由な資本移動」が始まる。すると、受入国の方の為替が高くなり、「固定相場制」を維持することが困難となる。そのため、「自由な資本移動」を制限することによってしか、前二者を成立させることができないということになるのである。

一九二〇年代に登場した経済の自由放任思想によって資本移動は自由化されたが、一九二九年の世界恐慌を経験した反動により、急速に資本移動を管理する方向へ修正がなされた。たとえば一九三〇年代の米国において、フランクリン・ローズベルト大統領はニューディール政策により、資本移動の管理を始めた。第二次世界大戦中の一九四四年には早くも戦後秩序が話し合われたが、経済の分野に関してはブレトン・ウッズ体制が打ち出された。これは貿易を自由化するものの、資本移動についてはこれを規制するもので、資本にとっての国境強化の意味を持つものであった。つまり、前述の「国際金融のトリレンマ」に照らせば、戦後は「固定相場制度」と「各国独自の金融政策」を成立させるために、「資本移動の自由」を制限した時期であったということになる。そのためこの時期は、国際的な資本の移動がなかったわけではないが、その多くは政府の管理下で行われていた。そしてその類型は、公的援助と直接投資とからなっていた。

こうした資本管理政策が再び転換期を迎えるのは、一九七〇年代である。一九七一年に、ニクソン・ショックによって金ドル兌換停止が決定され、一九七三年に変動相場制へ移行すると、資本移動の自由化が再開された。つまり、「固定相場制度」と入れ替えに、「資本移動の自由化」が「各国独自の金融政策」とともに成立することになる。[2] すなわち、この時点を金融のグローバル化の始点ということができるのである。その後、たとえば米国では、ドル防衛を目的として一九六三年に設けられた金利平衡税が一九七四年に撤廃され、また英国では、一九八六年にビッグ・バン政策が採択されるなどして、金融の自由化がさらに促進されることになった。

さらに九〇年代になると、すべての金融市場のオフ・ショア化がなされ、国内体制の脆弱な新興市場経済国までもが世界大の金融ネットワークに参加するようになった。これによって、貿易の延長線上に投資があった世界から、投資によって国際分業が決定される世界が作り出されたのである(3)。

2　国際資本移動の類型

国際資本移動は、大きく三つの形態に分けて論じられる(4)。まず第一は、海外直接投資（ＦＤＩ）である。ＦＤＩとは、これを行う海外直接投資企業が、海外事業を長期的、実質的に遂行するための、つまり海外現地法人を実効支配するための投資であり、海外現地法人の株式一〇％以上の取得、同法人に対する長期貸付および同法人による再投資を指す。このＦＤＩには、あるＡ国から他国に対して投資を行う対外直接投資と、あるＡ国が他国からの投資を受け入れる対内直接投資とがある。第二は、証券投資である。証券投資とは、いわゆる間接投資、ポートフォリオ投資（ＦＰＩ）のことで、直接投資以外の株式取得や外債購入といった形態をとる。第三は、銀行貸付である。

本章では、このうち第一に挙げた海外直接投資を対象とし、これを金融のグローバル化の一形態として、グローバルなレベルおよび国家のレベルで、どのようなガバナンスが行われているのかを検討する。特に国家のレベルでは、対内直接投資に焦点を当て、国家安全保障との関係について分析する。

3　海外直接投資の過去と現在

海外直接投資の変遷は、金融のグローバル化の初期段階である一九七〇―八〇年代（第一期）、投資対象国の拡大段階である九〇年代（第二期）、二〇〇一年の同時多発テロ以後の深化段階（第三期）の三つの時期に分類することができる。特に対内直接投資の推移を金額ベースで概観すると、八〇年代から漸増していた投資額は、九〇年代後半に急増し、二〇〇〇年にピークに達した後、二〇〇三年までの三年間は激減し、再び二〇〇四年から増加傾向を取り戻している[5]（図1参照）。以下では、それぞれの時期の特徴を把握する。

第一期には前述の通り、国際金融市場が急速に拡大し、また多国籍企業の数が激増した時期である。このような発展により、国家が資本移動の管理を行うことに対する有効性は大いに減少した。こうした変化の背景には、国家が資本移動に対する規制を緩和したことのほか、多国籍企業が国際金融市場から自由に資本提供を受けられることになったことも影響を及ぼしていた[6]。

第二期の九〇年代には、先進国による投資の形態における間接投資の比重が増大していったことが特徴である。また、発展途上国では、対内投資が急激に増加したが、その形態としては直接投資の比重が大きかっ

図1　対内直接投資の変遷（1980-2005年）

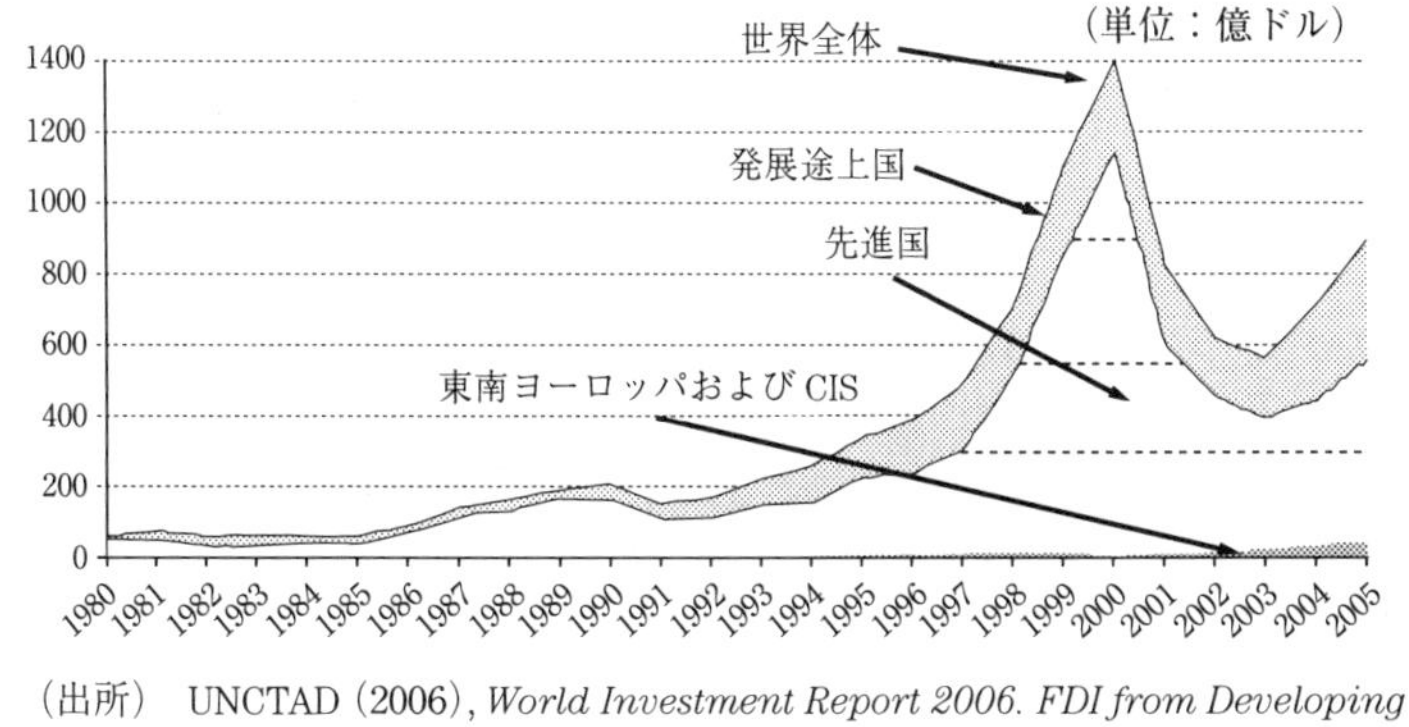

（出所）　UNCTAD (2006), *World Investment Report 2006. FDI from Developing and Transition Economies : Implications for Development*, p. 4, Figure I. 1.

表1　国家による規制の変遷（1992－2007年）

	92	93	94	95	96	97	98	99	00	01	02	03	04	05	06	07
政策変更した国数	43	56	49	63	66	76	60	65	70	71	72	82	103	92	91	58
政策変更数	77	100	110	112	114	150	145	139	150	207	246	242	270	203	177	98
好意的変更	77	99	108	106	98	134	136	130	147	193	234	218	234	162	142	74
非好意的変更	0	1	2	6	16	16	9	9	3	14	12	24	36	41	35	24

（出所）　UNCTAD, *World Investment Report 2008: Transnational Corporations and the Infrastructure Challenge*, Overview, p. 8, table 5.

た。国別の特徴としては、日本、米国、英国、フランス、ドイツとも、対外・対内直接投資ともに拡大したことが挙げられるが、特に九〇年代後半には対外直接投資が急激に増加した[7]。これは、特にクロス・ボーダーM&Aの加速度的な増加に裏づけられたものであった[8]。つまり情報・通信分野でもグローバル化が進んだため、企業は技術革新に絶えず追いついた状態でいる必要があり、このような研究開発の能力や成果を即効的にかつ割安に入手する手段として、こうしたM&Aを用いるためである[9]。

第三期には、二〇〇一年九月一一日の世界同時多発テロの影響により、その直後の資本移動は四〇%も減少した。これは、一九九一年以来初めての減少であり、下落率は過去三〇年で最大であった[10]。再び二〇〇四年には資本取引も回復し、九〇年代から続いていた米国への資金流入の増加と、米国による多額の対外投資が行われるようになっていたものの、二〇〇七年に起こったサブ・プライム・ローン問題やそれに続く米金融機関の破綻によって経済状況が悪化したため、二〇〇八年第二四半期には対外投資および資金流入が再び激減し、米国と世界との資金循環のパターンが激変した[11]。

他方で、資本移動に関する規制緩和は継続しているものの、二〇〇五年にはEUおよび米国の双方で、国家安全保障上の懸念から、海外からの買収の動きに対する懸念が生じた。この時期に規制が設けられ始めたのは、石油やインフラといった戦略的な分野に関する直接投資に対してである。ラテンアメリカではいくつかの国が天然資源関連分野を保護する規制を設け、たとえばボリビアは二〇〇六年に石油およびガス産業を国有化するなどの決定を行った。

このような各国が新たに設けた投資に非好意的な規制は、二〇〇一年以降増加傾向にある[12]（表1参照）。二〇〇七年頃からは政府系ファンド（SWF）による投資が増加し、国家安全保障上の理由から、これに対する規制を設ける動きも出始めた[13]。現在、IMFやOECDといった国際機関も、SWFによる投資に関する原則やガイドラインの策定過程にある。

二　海外直接投資へのグローバルな対応

では、このような金融のグローバル化――ここでは直接投資――に対し、グローバル・レベルでは、どのようなガバナンスを実現しているのであろうか。

実際のところ、国際的な投資に関する包括的な国際規範は、いまだに存在していない。たとえばOECDでは、一九六一年の発足時に「資本移動の自由化に関する規約」というものを設けているが、これは基本的には各国に資本移動の自由化を促すものの、産業によっては自由化を留保することも承認するものである。この規約の第三条には、「公の秩序および国家安全保障の要請上必要な場合には、加盟国は資本移動の自由化をする義務はない」とある。このため、各国の裁量ベースで自由化あるいは規制を行うことができるようになっている。これは各国の国内事情が大きくかかわる問題であることの表れであるといえる。

このように海外投資が各国の利害の大きくかかわる分野であることは、九〇年代にOECDによる「多国間投資協定（ＭＡＩ）構想」が挫折したことにも明らかである。[14] ＭＡＩとは、高い水準の投資の保護あるいは自由化、効果的な紛争解決手続き、労働・環境基準の緩和の禁止などの規定を含む交渉のことで、一九九五年にＯＥＣＤ閣僚理事会において、その開始が決定された。しかしながら、加盟国間で精力的な交渉が行われたにもかかわらず、立場の違いが収斂されることはなく、一九九七年には閣僚理事会において交渉期限が一年間延長され、その後一九九八年閣僚理事会においては明示的期限を定めずに交渉を継続することが決定された。最終的には、一九九八年一〇月にフランスのジョスパン首相より、ＭＡＩ交渉への参加を取りやめる声明が出され、同年一二月の非公式ＭＡＩ協議において、その交渉の打ち切りが決定されたのである。

このように交渉を難航させたのは、投資の自由化に関する諸規定がＭＡＩに盛り込まれることに懸念が表明されたからであり、各国は安全保障、公序、地域統合組織、文化、補助金、政府調達などに関する例外規定の検討を重ねていた。特にフランスは、文化に関する例外、米国法の域外適用、欧州統合プロセス、労働および環境についての規定などに不満を示し、交渉プロセスから脱退したのである。それ以外にも、ＭＡＩ不成立に影響を及ぼしたいくつかの点が指摘されている。まず第一は、この交渉期間中にいくつかのＯＥＣＤ加盟国において中道左派政権が誕生し、グローバル化の象徴と受け止められたＭＡＩに対する支持が失われたこと。第二は、不十分な労働者保護・環境保護、大企業の優遇、投資家対国家の紛争解決手続き、グローバル化そのもの、といった事柄への批判を表明するＮＧＯが活発に活動したこと。第三は交渉に途上国の意見が反映されないことへの批判が高まったこと。第四は、交渉途中から先進国の産業界の関心が、特に税を協定対象としないことが決定されたことによって低下したこと。最後に、一九九七―九八年のアジア通貨危機により、資本移動の自由化に対する支持が低下したこと、が挙げられている。[15]

それゆえ、この海外投資の問題は、グローバルな対応を行うよりむしろ、ナショナルなレベルで、すなわち各国の国内制度による対応を続けることとなった[16]。次節では、各国の国内制度によって海外投資をどのように規制しているのかを検討したい。

三　国家による対応——国家間比較分析

国家にとって外国からの直接投資とは、諸刃の剣となりうる。市場原理の視点からポジティブな面に着目すれば、投資は経済厚生を増進させ、雇用の機会を与え、国内の市場競争を革新することができ、経済発展を促進する[17]。これに対し、対内直接投資受け入れをネガティブな側面から評価すれば、国家主権の侵害、環境や労働条件の劣悪化、外国資本の急速な逃避への懸念といった問題が挙げられる[18]。このネガティブな側面には、経済的理由による反対と、国家の自律性という狭義の安全保障的理由による反対がある。当然のことながら、このネガティブな側面に対応しようとするとき、規制政策が生まれる。外からの資本流入に対して、国内の企業、経済・雇用慣行、環境を守り、また国内産業の自律性を守ろうとするのである。それは、国家にとって安全保障政策に新たな要素が追加されるという意味をもつのである。

これまでも国家の役割とは、時代とともに変遷してきた。その時々の国際環境の変化に対し、国家は政策的適応を余儀なくされてきた。近代国家は、一八世紀頃まで、軍事行動遂行のための税徴収者としての役割を果たしてきた。それが一九世紀以来、国民経済の保護者および産業化の担い手としての役割を、また二〇世紀になると、社会的市民権の拡大を通じた「国民」の建設者としての役割を付与された。このような変遷を遂げてきた国家の役割は、新旧のそれを交換するのではなく、古い役割に新たな役割を追加したり積み重ねたりして重層的に作られてきたのである[19]。

七〇年代の金融のグローバル化もまた、国家に新たな役割を要請することとなった。

グローバル化が国家の自律性を侵蝕するといった議論は枚挙に暇がない[20]。その真偽の程を見定める意味でも、ここでは外国からの対内直接投資を事例として、国家安全保障の観点からとられる諸国家の外国投資への対応を概観することで、グローバル化した経済と国家安全保障との関係を分析したい。特に七〇年代に資本移動の自由化が再開された時点で、各国がこれをどのように捉え、対処するべきものと考えていたのかを探るため、対内直接投資を規制する制度に焦点を当てたい。扱う時期は、一九七〇年代から冷戦終結までとする。このおよそ二〇年は、大まかに金融のグローバル化に対する最初の反応がとられた時期（「第一期」）と位置づけることができる[21]。

1　仮　説

まず、国家の対応に違いがみられるのか、あるいは国家は一様に同じような対応をとるのか、という論点が挙げられる。国際政治場裡における国家は、それを超越する権力機構がないことから、その存続（生存）を第一義的に定義して行動することになるため、どのような国家も機能的には同質であるとする議論がある[22]。他方で、国家にはそれぞれ固有の歴史的文脈や文化的背景があり、国家間の政策には相違が生じるとする議論もある。この収斂か多様化かという問題は、まず検討するべき最初の仮説となろう。

そのうえで、国家による対応に違いが生じるのであれば、それはどのような要因によるものといえるのであろうか。先行研究がいくつかの仮説を提示している。まず、自由経済思想がその要因として挙げられる[23]。ライシュは、自動車産業の多国籍企業を受け入れる政策が各国で異なることを説明する際、その国で主流となっているイデオロギー原則という要因を用いる。この要因はさらに、①外国企業に対してその国家がアクセスを認める度合（(A) 制限付きアクセスか、（B）無制限のアクセスか）および②その国家が国内の企業に与える支援のタイプ（（C）差別的支援あるいは（D）無差別的支援）に分けられ、それぞれ西ドイツ（B–C）、フランス（A–C）、英国（B–D）、米国（一九八一年までA–D、八一—八九年はB–D）の政策を説明した。この仮説が、本章の対象とする外国投資への規制政策全般にもあてはまるならば、これら四カ国がそれぞれ異なる対応をとっていることになるはずである。また、ライシュの論文では取り上げられなかった日本についても、その自由経済思想に対する態度をフランスと同じカテゴリーに分類することができるため、フランスと類似の政策をとっていることになるはずである。ただし、ライシュは純粋に経済的現象の説明を試みており、安全保障上の観点からの規制を分析対象とはしていない。

次に、国家・社会関係という要因によって、各国の政策の相違を説明することもある。(24) カッツェンシュタインほかは、一九七三年に起こった石油ショック後の各国の対外経済政策を分析し、これらの政策がそれぞれ異なるのは、①国家の凝集性（（A）高いか（B）低いか）、および②社会の集中度（（C）高いか（D）低いか）によるものであることを示した。これによって、日本（A–C）、西ドイツおよびイタリア（B–C）、フランスおよび英国（A–D）、米国（B–D）がそれぞれ異なる対応をとった原因が明らかとなった。米国や英国は分散的な権力構造により「弱い国家」と分類され、フランスや日本は逆に中央集権的でエリートにより運営される官僚制を持ち、民間の選好を拒否したり変更させることのできる「強い国家」と分類される。本章でもこのような説明要因によって、外国投資規制の各国の対応の相違を説明できるのかもしれない。

また、各国の対応が一つの様式に収斂していくのか、多様性を維持していくのかという視点から、この問題を検討することもできる。ボイヤーは、新古典派制度論者の主張とは異なり、各国が政治闘争や構造の危機によってそれぞれの経済の制度を設計するのは、それが政治的および社会的文脈から切り離せないこと、またそれぞれの制度の起源によって異なることが原因となることを主張する。[25]

以上のように、グローバル化に直面した国家が一様に同じような適応行動をとるのか、あるいは各国ごとに異なる行動をとるのであればそれはなぜなのかを説明する仮説が揃ったところで、実証に移りたい。取り上げる国家は、七〇年代にＯＥＣＤ加盟国であった国の中から、米国、英国、ドイツ、フランス、日本の五カ国を選択した。八〇年代に飛躍的に増加した海外直接投資の内訳をみると、ほとんどが先進国間での資本移動であったことが分かる。[26]これに続く九〇年代においても、世界の直接投資は七倍にも増加するが、その八割以上が先進国間で相互に吸収されているのである。[27]それゆえ本章では、資本移動による経済のグローバリゼーションに対処せざるを得なくなった国家として先進国を対象とすることとする。五カ国の対応を概観すると、安全保障上の理由から投資に厳しい規制を設けているのはフランスと日本、特に投資を審査する機関を設けず比較的自由な対応をとっているのは英国とドイツで、米国がその中間に位置する。[28]以下では、金融のグローバル化が国家に付与した新たな役割を確認するため、まずこれら五カ国の対内直接投資規制に関する制度および規制対象となる産業を概観したい。[29]加えて、各国が七〇年代にＯＥＣＤに提出した「資本移動の自由化に関する規約」に対する立場についても触れておきたい。その次に、金融のグローバル化に対する国家の対応が収斂するのか多様化を維持するのかを検討するため、各国の対内直接投資受入額の変遷と、各国が規制を設けた産業についてみていきたい。

2　実　証——一九七〇—八〇年代の各国の反応

（1）制度的対応

①　日　本

日本はOECDの規約に対しては「制限された留保」という立場である。日本では一九四九年の外国為替および外国貿易法（「外為法」）が外国からの投資を規制しており、外国からの投資を政府に事前通知することが義務化されている。申請があったのち、これを審査するのは大蔵省および該当する産業を管轄する省ということになっていた。審査の目的は、国家安全保障、公益、公衆の安全、および経済的考慮とされた。金融のグローバル化が始まった後の一九七九年には、この外為法の大改正が行われ、対内直接投資に関しても、外為法第二七条第一項第一号において、「国の安全を損ない、公の秩序を妨げ、また公衆の安全の保護に支障をきたすことになること」という事由がある場合に規制を認める、国家安全保障条項の導入がなされた(30)。七〇年代に規制対象となっていた産業は、農業・林業および漁業に関連する第一次産業、鉱業、石油産業、皮革および皮革製品製造業の四分野であった。この四分野を除き、外国企業の対日直接投資は基本的には自由で、「有事規制」の形をとっている。たとえば通信分野では、電波法、放送法、NTT法が、また天然資源分野では、鉱業法などがある。また、企業への買収を含む投資に関しては、当該企業の同意が得られると同時に自動的に承認されるとされていた。

八〇年代後半、日本は為替管理を停止し、またそれまですべての対内直接投資に事前承認の取得を要求していたのを改め、事前通告のみを要求するようになった(31)。一九九二年一月一日付で改正された外為法では、上記の四分野のほかに、国家安全保障または関連する国益にかかわる航空宇宙および発電の分野が追加された。またこの時点で、政府による何らかの措置を必要とする分野は、銀行および証券、保険、放送、電気通信、電力、航空輸送、海上輸送、土地、農業・林業および水産業、漁業、鉱業（金属鉱業、非金属鉱業、石炭および褐炭採掘など）、石油産業（石油および天然ガス採掘、石油精製、石油小売業など）、航空宇宙産業、皮革および皮革製品製造業となった。

②　フランス

フランスのＯＥＣＤ規約に対する立場は「留保なし」であった。七〇年代のフランスでは、原則として対内直接投資の受け入れに規制を設けていなかったが、経済省による事前の許可が必要とされていた。ただし、フランスの国益に例外的に悪影響を及ぼすような取引に関しては、当局が状況を調査する権利を行使するとされていた。

八〇年代になると、非居住者あるいは外国資本の経営によるフランス企業の資本出資額あるいは議決権が三三・三三パーセントを超えるものに関しては規制に従うこととなった。規制の対象は、公の秩序・健康・安全、公共機能、武器・弾薬・爆発装置の調査・製造あるいは貿易となっている。審査機関は経済省および金融省が、産業省および国防省との討議のもとで行うことになっている。また欧州共同体（ＥＣ）の加盟国からの投資とそれ以外の国からの投資とを分けて対応するようになった。

政府による措置を必要とする分野は、銀行、保険、出版、ラジオおよびテレビ放送、文化活動、原子力産業、石油、社会保護および保険医療、輸送、小売および工芸品貿易、農業・農業製品、カジノ、国防、軍事産業、航空機建設であった。

③　米　国

米国は、内国民待遇および無差別の原則に基づく自由で透明性の高い政策を守ってきた。七〇年代初めには、米国は外国からの直接投資を受け入れるにあたり、特別な機関を設けていなかった。対内直接投資の受け入れは、基本的には自由であった。ただし、ＯＥＣＤの資本移動の自由化規約に対しては、「制限付き留保」の立場であったように、投資が禁止されていた分野もあった。それらは、外航海運、国内ラジオ放送、電報およびテレビ放送、国内航空輸送の四分野であった。また、完全な禁止ではないものの、条件をつけることによって投資をある程度制限している分野としては、内航海運、連邦政府所有地における鉱業、水力発電、原子力の利用または製造、コミュニケーション衛星協力といったものがあった。

投資の自由化を率先してきた米国は、多くのＯＥＣＤ諸国がそれに続いて自由化の方向へ動き始めた頃、それまでとは逆に対内直接投資を規制する動きに向かった(32)。一九七五年にフォード大統領は、「対米外国投資委員会（ＣＦＩＵＳ The Committee on Foreign Investment in the United States）」を設置し、対内直接投資の審査を行うことを可能にした。この委員会が設置された背景には、当時石油輸出国機構（ＯＰＥＣ）からの投資に対する政治的な関心があった。それゆえ、経済的な動機による審査ではなく、安全保障上の観点からの審査が行われることがその目的とされている。二〇〇六年にアラブ首長国連邦の国営港湾会社のドバイ・ポーツ・ワールド社が米国の港湾管理権を持つ英国企業を買収した際、米議会では、安全保障上の懸念から、この委員会の運用についての見直しを求める法案が噴出した。

この委員会のほかには、一九八八年包括的通商法に設けられた「エクソン・フロリオ条項」が投資の管理をしている。この条項はもともと国防生産法の第七二一条として設けられ、その後一九八八年に包括通商・競争力法の第五〇二一条として制定されたものである。これによって大統領は、提出され承認待ちの状態にある外国からの買収を、国家安全保障上の理由から阻止する権限を与えられることとなった。そしてこの条項は、ＣＦＩＵＳを根本的に改変するものであった。この条項が法案として提出されたのは、一九八七年に日本の富士通がフランスの Shlumberger Ltd. から米国の Fairchild Semiconductor Co. を買収しようとした際に米国議会側の強い反対が表明されたことが背景にあった。米議会や国防総省は、国防産業が外国企業に依存することへの反対を表明していた。また、国際経済における米国の地位が低下していた時期だったことも、議論に拍車をかけた。結局、レーガン大統領は商務長官や国防長官の説得に反して、これを禁止することはなかったが、富士通とShlumbergerの側が自主的に申請を取り下げた。この動きを受けて、議会側で「エクソン・フロリオ条項」法案を作成することになったのである。

八〇年代を終えるにあたり、何らかの投資受け入れを規制する分野は、銀行、放送および電気通信、電力、原子力、海洋熱エネルギー、航空輸送、海上輸送、深海港湾、漁業および水産加工、工業、連邦大陸棚、深海底採鉱、地熱蒸気および関連資源、関税仲買業務となった。

④　英　国

英国では、一九七九年一〇月二三日に廃止されるまで、一九四七年為替管理法により投資の管理を行っていた。それまでは、対内直接投資は歓迎するが、国家経済にとって死活的である英国企業の買収や管理についてはこれを歓迎しないという態度であった。これと前後して一九七五年の産業法が、英国の国益に反する取引を禁止する権限を政府に付与している。ＯＥＣＤ規約に対する立場は、「留保なし」であった。

八〇年代に政府の措置を必要とする分野は、銀行および金融サービス、旅行業、航空輸送、海上輸送、漁業、製造業、国防となっていた。

⑤　ド　イ　ツ

ドイツはＯＥＣＤ規約に対して「留保なし」の立場であった。一九六一年四月二八日発効の外国貿易および決済法では、国際的な資本移動は原則自由で、対内直接投資に対する認可は必要ないとされている。そのため、実際に監視・審査・追跡・規制を行うような、政府による管理、審査を行う機関、あるいは実践といったものは設けられていなかった。

そのため、八〇年代に何らかの措置を必要とする産業は、銀行、航空輸送、海上輸送の三分野と、極めて少ない設定になっていた。

以上、五カ国の対内直接投資規制制度、規制対象となる産業、OECD規約に対する態度を概観してきた。ドイツを例外として、日本、フランス、米国、英国はどれも、金融のグローバル化が開始された一九七〇年以降に何らかの制度改正を行い、対内直接投資受入れの条件を設けることとなった。望まない資本流入から自国を守るという役割が新たに付与されたといえるであろう。(33)

(2) 実体的反応——対内直接投資受入額の変遷と規制対象産業の各国比較

では次に、金融のグローバル化に対する国家の対応は収斂あるいは多様化のいずれの傾向を有するのか、対内直接投資受入額と規制対象産業を比較することによって検討したい。ここで対内直接投資受入額とは、純粋に経済的取引を表し、規制を受けなかった投資の結果であるとみることができる。このため、この受入額を経済的理由による投資と定義することができる。また、次に検討する規制対象産業は、安全保障上の考慮から規制を設けるため、安全保障的理由による投資（規制）政策と定義することができる。この定義に対し、産業保護としての産業政策という側面を考慮していないとの異論が出されることも想定できるが、今回取り上げた五カ国はいずれも七〇年代にはすでに先進国として分類される国ばかりであり、また対象となる産業のリストには、いわゆる先端技術などの国家による優先政策分野を担当する産業や、当時でいうところの幼稚産業が含まれていないため、これら規制は経済的考慮を反映した産業保護というよりも、むしろ他国によるこれら産業の保有を自国の自律性への脅威とみる安全保障上の考慮をより強く反映したものであると考えることとしたい。

図2　対内直接投資受入額

（単位：100万ドル）

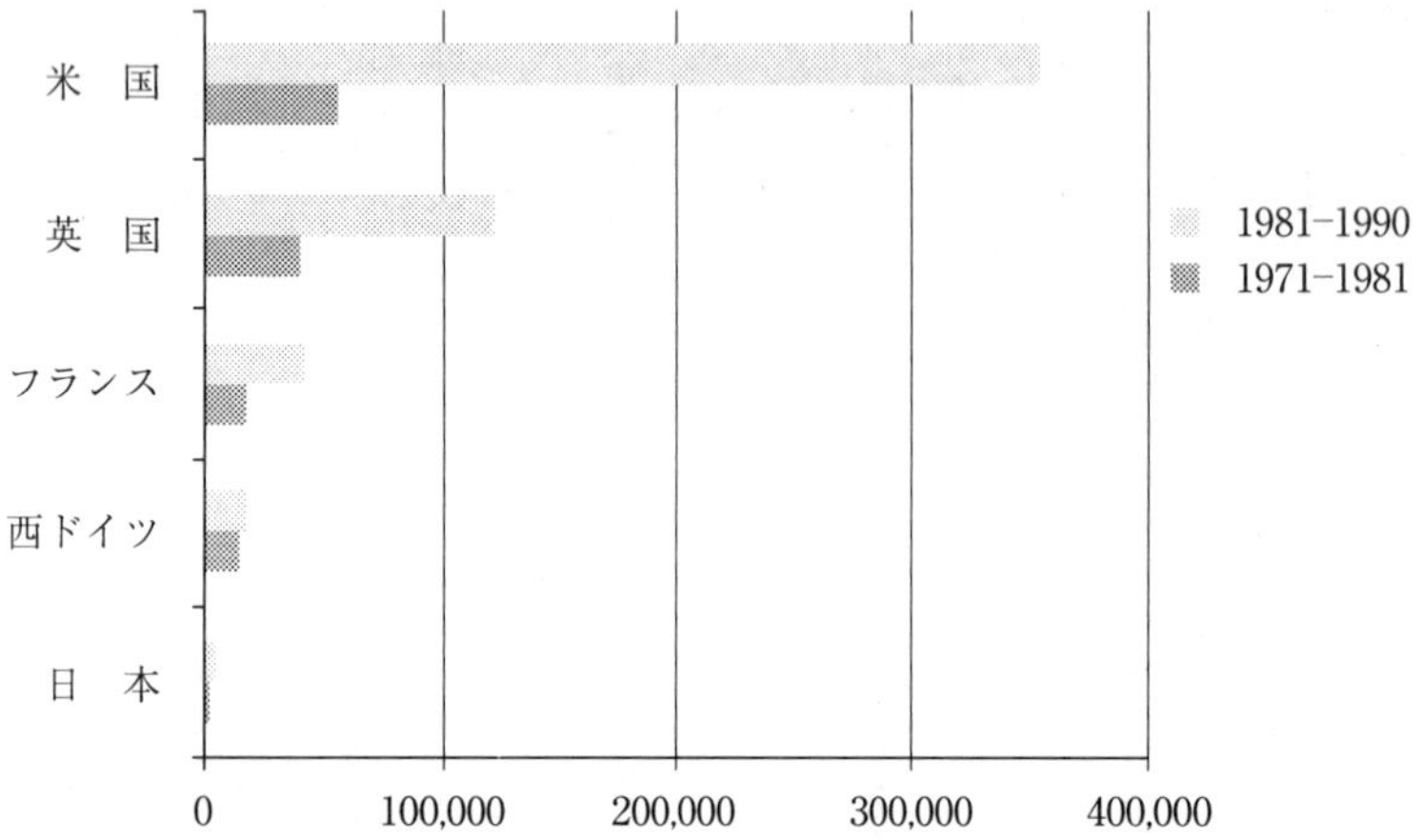

（出所）　OECD（1992）, *International Direct Investment : Policies and Trends in the 1980s*, p. 17, Table. 3より筆者作成。

表2　対内直接投資受入額及びOECD規約に対する態度

（単位：100万ドル）

国　名	1971－1981	1981－1990	1979年時点での規約遵守
日　　本	1,424	3,281	限定された留保
西ドイツ	13,957	17,678	留保なし
フランス	16,908	43,385	留保なし
英　　国	40,503	122,255	留保なし
米　　国	56,276	354,712	限定された留保

（出所）　OECD（1992）, p. 17, Table. 3より筆者作成。

五カ国の対内直接投資受入額をみてみると、各国で大きく異なることが明らかである（図2参照）。この結果、先行研究が示す通り、自由主義思想が浸透した米国や英国でより多額の投資を受け入れていることが立証された。この二国は、早期に産業化された自由主義国家で、国民国家として世界システムに参加した時点ではほとんど競争相手がおらず、高度な技術も要求されていなかった。そのため、伝統的に市場主導で消費中心の発展を追求することになった。他方、極端に

表3　産業別規制政策

		フランス	日　本	米　国	英　国	ドイツ
1	銀行（含・金融サービス）	LR	LR	R	R	LR
2	保　　険	LR	L	R*	R	
3	ラジオ放送及びテレビ	L	L	L	L	L
4	郵便及び電信	L	L	L	L	L
5	陸上輸送	R				C
6	鉄道輸送	C	L	C*	C	C
7	航空輸送	L	L	L	L	LR
8	海上輸送	L	L	L	L	L*
9	鉱　　業	L	C	L	L	
10	石油及び／またはガス	R	C			
11	漁業及び水産加工	L*	L	L	L	
12	不　動　産			R*		
13	旅　行　業	R			L	
14	視聴覚著作物（含・映画配給）	R				
15	出　版　業	LR				
16	公益事業（含・エネルギー、水、ガス及び電気配給）	L	L	L*	C	
17	賭博、カジノ、ナンバーくじ及び宝くじなど	L				C

L＝制限、R＝互恵、C＝閉鎖／＊＝準国家レベルで対応

（出所）　OECD (1992), *International Direct Investment : Policies and Trends in the 1980s*, p. 38, Table. 2より筆者作成。

受入額が少ない日本については、基本的に債権国であるということに加え、遅れて産業化したため、強要された発展のペースや安全保障と技術のギャップから生じるプレッシャーがあり、より国家調整型で製造中心の発展パターンをとることになったのである[34]。また前節で概観した、OECD規約遵守に対する各国の態度が、対内直接投資受入額に必ずしも反映されていないことは興味深い（表2参照）。「留保なし」と回答した英国、フランス、西ドイツよりも、「限定された留保」と回答した米国の方が投資受入額が多く、また同様に「限定された留保」と回答した日本は、米国と同じ立場をとっているとはいえ受入額の差は歴然としている。以上から、経済的理由による投資と定義されたこの対内直接投資の受入額は、多様化の傾向が強いことが明らかとなった。

　では次に、規制対象となる産業の各国比較を行いたい（表3参照）。一七産業に関する五カ国の対応を比較した結果、ほぼすべての国で投資の受け入れを

表4　規制の程度と産業の数

	フランス	日　本	米　国	英　国	ドイツ
L	8	8	7	7	3
R	4	0	3	2	0
LR	3	1	0	0	2
C	1	2	1	2	3

（出所）　表2より筆者作成。

閉鎖しているのは「鉄道輸送」の分野であった。鉄道輸送は電信とともに、情報を運ぶという意味で画期的な発明物として登場し、一八六一―六五年の米国における南北戦争では極めて重要な役割を果たしたといわれている(35)。一九七〇年代に至ってもなお、各国は兵站や情報輸送の面で、安全保障利益にかかわる産業としてこれを重視していることがわかる。また「ラジオ放送およびテレビ」「郵便および電信」「航空輸送」「海上輸送」でも、五カ国が受け入れに制限を設けている。程度の差こそあれ、「銀行（含・金融サービス）」についても同様に、各国は何らかの制限なり互恵政策を要求している(36)。これらをさらにまとめたのが表4である。一見して明らかなのは、制限を設けている産業の数は、ドイツ以外の各国でほぼ同数であるということである。以上のことから、安全保障的理由による投資政策と定義された規制対象産業の設定には、各国間で収斂がみられたということができるであろう。

四　金融のグローバル化と国家の新たな役割

資本移動の自由化によって金融のグローバル化が始まり、原則的には無制限の資本流入が可能となった。しかし国家にとって、無制限の資本流入は必ずしも国益と合致するものではなかった。それは、資本流入が国家の安全保障利益を侵蝕する恐れがあるためであり、これを脅威として捉えることとなったためである。この新たな脅威に対応するため、国家は望まない資本流入を規制することになった。その規制政策とは、安全保障利益にかかわる産業に対する投資を制限するものとなった。つまるところ、金融のグローバル化が国家にもたらした役割は、対内直接投資のポジティブな面を促進させるべき経済政策の策定と、ネガティブな面を管理するための規制政策の策定という二つの任務であった。そして前者は各国ごとに異なる政策やその帰結をもたらし、後者は各国とも同様の政策に収斂していることが確認できた。このことからどのような意味を読み取ることができるのであろうか。経済は国家内部において私的な財産であり、多くの利害関係者がそれぞれ異なる利害を追求する。[37] それゆえ、それぞれの国家は国内のアクターの多様性に応じた政策をとらざるを得なくなり、それは各国固有の背景を反映するものとなっている。これに対して安全保障とはどの国においても公共財であり、国家による一元的な管理を可能とする。[38] 国防産業が国益にかかわっていることは議論の余地もないため、ＯＥＣＤの報告書では取り上げられていなかったが、その他、今回の分析に挙げられた産業はどれも基幹産業であり、諸外国からの資本を受け入れることができないような、どの国家にとっても等しく重要な産業であるということが明らかであった。金融のグローバル化という刺激に対して、国家が経済と安全保障の二つの方面でそれぞれ異なる反応を示したのは、このような問題領域の性質の違いに起因しているのである。このようにグローバル化によってむしろ各国の多様化が促され、安全保障的国家の役割が強化されるというのは、しかしながら、金融というイッシューに特有の現象であろう。それは、世界文化[39]など各国がグローバル・スタンダードに適応していくイッシューとは異なり、国家の死活的利益に直結した問題である所以である。

おわりに

本章では、まず金融のグローバル化の歴史的展開をたどったのち、一九七〇年代初めに起こったこの事象に対して、グローバルな対応と国家による対応がどのようなものであったかを検討した。まずグローバルな対応では、特に投資の問題に関して、グローバルな合意に至ることが極めて困難であったことを概観した。たとえばＯＥＣＤ規約に投資規制の自由化の問題は国家の裁量ベースで対処することができるとの規定があることや、また九〇年代に「多国間投資協定構想」が諸国家間で交渉決裂に至ったことからも、この問題には各国の利害が大きく影響を及ぼしており、現時点ではグローバル・スタンダードを設けるまでには程遠い段階にあるということを確認した。そのため、資本移動の自由化の問題は、国家による対応に一任されることとなる。ではグローバル化に対する国家の反応は、各国とも一様に収斂するのか、あるいは多様性を維持するのか。本章では一九七〇年代および八〇年代に各国が対内直接投資受け入れに関して制定した規制政策、規制対象となる産業、ＯＥＣＤ規約に対する立場、対内直接投資受入額を比較分析することによって、この問いに対する何らかの理解を得ようとした。その結果、各国は資本受け入れのポジティブな面、つまり経済的理由による投資受け入れに関しては、それぞれ固有の反応をとり多様性を維持していたが、その反面、資本受け入れのネガティブな面、つまり安全保障上の理由による投資受け入れの規制に関しては、ほぼ一様の反応をとっていたことが明らかとなった。このような、資本流入に対する二種類の反応とは、金融のグローバル化が国家にもたらした新たな役割であるということができる。

本章では、金融のグローバル化の展開における初期段階（第一期）を分析したにすぎない。この対象時期の後、対象国の拡大段階（第二期）や、二〇〇一年の同時多発テロ以後の深化段階（第三期）には、国家の規制政策がさらに複雑化していく。特に二〇〇〇年代には、各国で対外投資に対する法律を改正する動きがみられたが、これはより国家安全保障上の懸念が高まっていることの表れである[40]。つまり、第一期には先進国同士で投資を行っており、冷戦期であったことも手伝って、いわば西側同盟国の「仲間内」という範囲内での考慮で済んでいたのが、第二期、第三期と展開するにつれ、投資主体も多様化し、企業だけでなく非同盟国の政府系ファンドなどの登場によって、投資の意味合いも変化してきたのである。金融のグローバル化は、現在に至ってもなお、国家に向けて、次々と対処するべき問題を投げ続けているのである。

（1）John B. Goodman and Louis W. Pauly (2004), "The Obsolescence of Capital Controls? Economic Management in an Age of Global Markets," in Jeffry A. Frieden and David A. Lake (eds.), *International Political Economy : Perspectives on Global Power and Wealth*, fourth edition, (Belmont : Wadsworth Pub Co.), pp. 283–284；櫻井公人、小野塚佳光編著『グローバル化の政治経済学』晃洋書房、一九九八年、八三―九五頁。なお、この論理の不十分さを指摘するものとして、細居俊明「国際金融のトリレンマ論の陥穽」『国際経済』二〇〇四年、第五五号、二三〇―二三二頁。

（2）Goodman と Pauly は、この論理が為替レートと国内価格との間のフィード・バックの効果を見過ごしていたために、変動相場制への移行が思うような効果をもたらさなかったと指摘する。Goodman and Puly, *ibid*. p. 283.

（3）櫻井、小野塚編著、前掲書、二三頁。

（4）手島茂樹『海外直接投資とグローバリゼーション』中央大学出版部、二〇〇一年、二、一〇、二〇頁。

（5）UNCTAD (2006), *World Investment Report 2006 (FDI from Developing and Transition Economies : Implications for Development)*, (New York : UN), p. 4.

（6） Goodman and Pauly, *op. cit.*, pp. 283－284.

（7） 手島、前掲書、二四―二七頁。

（8） 手島、前掲書、二〇七頁。

（9） 手島、前掲書、二〇九頁。

（10） Paul A. Laudicina(2002), "The Global Investment Environment after September 11," in OECD, *New Horizons for Foreign Direct Investment*, Paris : OECD, p. 44.

（11） 坂本正弘「国際金融不安と基軸通貨・ドル」『国際金融』第一一九五号、二〇〇八年、七七―七八頁。特に表2を参照。

（12） UNCTAD(2008), *World Investment Report 2008(Transnational Corporations and the Infrastructure Challenge)*, Overview, New York : UN, pp. 7－8.

（13） UNCTAD(2008), *Ibid.*, pp. 4－7.

（14） 小寺彰「多数国間投資協定（ＭＡＩ）―投資自由化体制の意義と課題―」『日本国際経済法学会年報』第七号、一九九八年、一―一八頁。滝川敏明「市場原理と直接投資規制―ＯＥＣＤ多数国間投資協定を巡って―」『日本国際経済法学会年報』第七号、一九九八年、一九―三八頁。清水章雄「貿易と投資―ＷＴＯとＭＡＩ」『早稲田法学』七四（四―一）、一九九五年、八五―一〇六頁などを参照。第二次世界大戦直後に国際貿易機関を設立するために起草されたハバナ憲章に投資規定があったことこそが米国議会で受け入れられずに未発効で終わった原因であったことも、その難しさを物語る事例の一つである（清水、前掲論文、八八―八九頁）。

（15） 「多国間投資協定（ＭＡＩ）構想」、外務省ホームページ（http://www.mofa.go.jp/mofaj/gaiko/investment/mai.html）。

（16） 限定的ではあるが、世界貿易機関（ＷＴＯ）において、貿易に関連する投資措置に関する協定（ＴＲＩＭ協定）や、サービス貿易に関する一般協定（ＧＡＴＳ）といった規定はある。また、地域レベルでは、ＥＣのローマ条約二二三条が武器・軍需品および戦争関連物資の製造あるいは貿易に関係のある安全保障上の利益の保護に必要な措置をとることを認めている。他には、二国間の投資条約（ＢＩＴｓ）も急増している。多国間レベルの制度形成は途についたばかりといえるのかもしれない。UNCTAD (2006), *op .cit.*, pp. 26－30.

(17) Robert Gilpin (1975), *U.S. Power and the Multinational Corporation : the Political Economy of Foreign Direct Investment*, Basic Books.

(18) 滝川、前掲論文。しかし滝川は、これら懸念の妥当性を誤りであるとして論駁している。

(19) Linda Weiss (1998), *The Myth of the Powerless State*, Cornell University Press, p. 9.

(20) たとえば、Kenichi Ohmae (1995), *The End of the Nation State : The Rise of Regional Economies*, Free Press.

(21) 前述の通り、その後、冷戦終結から二〇〇〇年あたりまでを「第二期」、二〇〇一年米国同時多発テロ事件以降を「第三期」と区分することができ、投資規制も変遷することになるが、これらは今後の課題としたい。

(22) Kenneth Waltz (1979), *Theory of International Politics*, McGraw-Hill, Inc.

(23) Simon Reich (1989), "Roads to Follow: Regulating Direct Foreign Investment," *International Organization*, Vol. 43, No. 4, Autumn, pp. 543－584.

(24) Peter Katzenstein ed. (1978), *Between Power and Plenty : Foreign Economic Policies of Advanced Industrial States*, Wisconsin University Press.

(25) Robert Boyer (1996), "The Convergence Hypothesis Revisited : Globalization but Still the Century of Nations?," in Suzanne Berger and Ronald Dore (eds.), *National Diversity and Global Capitalism*, Ithaca : Cornell University Press, pp. 29－59.

(26) OECD (1992), *International Direct Investment : Policies and Trends in the 1980s*, Paris : OECD, p. 20.

(27) 紺井博則、上川孝夫編著『グローバリゼーションと国際通貨』東京：日本経済評論社、二〇〇三年、二三頁。

(28) GAO (1996), *Foreign Investment : Foreign Laws and Policies Addressing National Security Concerns*, (GAO/NSIAD-96-61). その後、二〇〇一年のテロ事件以降、英国やドイツも規制を設けることになるが、本章の対象とする期間からは外れる。GAO (2008), *Foreign Investment : Laws and Policies Regulating Foreign Investment in 10 Countries*, (GAO-

08-320).

（29）各国とも、一九七〇年代のデータについては、OECD (1979), *International Direct Investment: Policies, Procedures and Practices in OECD Member Countries*, Paris : OECDを、一九八〇年代のデータに関しては、OECD (1992), *op. cit.* を参照した。

（30）松下道雄『国際経済法：国際通商・投資の規制』（第三版）、有斐閣、二〇〇一年、二〇六頁。

（31）OECD（1992), *op. cit.*, p. 29.

（32）OECD（1992), *op. cit.*, p. 31.

（33）なおドイツでは、二〇〇一年の九・一一テロを受けて、初めて規制が設けられることとなった。

（34）Linda Weiss, *op. cit.*, p. 23.

（35）Jurgen Brauer and Hubert van Tuyll (2008), *Castles, Battles, and Bombs: How Economics Explains Military History*, The University of Chicago Press, p. 165.

（36）ただし、銀行に関する規制とは別に、金融サービスは一九八〇年代に入り、自由化からの恩恵を求めて規制緩和の方向に政策変更が行われ始めた。OECD（1992), *op. cit.*, p. 37.

（37）石田淳「国際政治学における分析レヴェルの問題」『社会科学研究』五〇（二）、一九九九年二月、五五頁。

（38）石田、同上論文、五五頁。

（39）Ohn W. Meyer, John Boli, George M. Thomas, and Francisco O. Ramirez (1997), “World Society and the Nation-State,” *American Journal of Sociology*, July, Vol. 103, No. 1, pp. 144－181.

（40）GAO（2008), *op. cit.*, p. 10.

第三章　保護する責任と介入の正義

――世界政治における倫理的問題――

北村　治

はじめに――人権の世界政治

第二次世界大戦中の非人道的な状況への反省から、国際社会の規範として人権の尊重が重要視されるようになった。すなわち、世界平和を実現するためには人権の尊重が必要であるとの認識から、人権を国内法的に保障するだけでなく、国際的に保障しようという動きが活発化した。その最初の試みが、一九四八年に国連総会で採択された世界人権宣言であり、その後、一九六六年の国連総会では国際人権規約が採択された（一九七六年発効）。また、一九五〇年に採択されたヨーロッパ人権条約（一九五三年発効）や一九六九年採択の米州人権条約（一九七八年発効）、一九八一年アフリカ人権憲章（一九八六年発効）といった地域的な人権保障制度も存在する。(1)

しかし、人権の国際化が進展する一方で、ボスニアやコソボ、ソマリア、ルワンダ、シエラレオネ、コンゴ、スーダンなどでは民族や宗教あるいは政治的な対立が激化し、民族紛争や内戦へと発展していった。ところが民族紛争や内戦のさなかジェノサイド（集団殺害）など極度の人権侵害が起きて初めて、世界が目を向けるというのがつねであった。そして、そのような非人道的な行為がなされた後でなお、アメリカなど大国は軍事介入か殺害拡大の受忍かという選択を行ってきた。頻発する民族紛争や内戦においては、政府の正当性や統治能力、およびネイションの一体性が失われ、民族浄化や大量虐殺などの著しい人権侵害や大量の難民・国内避難民の発生などの人道的危機が起こる。(2)

そのような事態を受けて、これまでの伝統的な国家安全保障の枠組みでは捉えきれない人権侵害の問題を「人間の安全保障」の観点から捉えなおし、人間一人ひとりの生命や自由、尊厳、安全を保障することこそが重要であるという認識が、多くの国で共有されるようになってきた。それは、世界政治において、国際正義あるいは人権よりも国家主権が優先されて、人道的危機が放置されてよいのだろうかという倫理的問題とも関係している。(3) 国際社会において人権が保護されるべきものとして重要視されるようになるにつれて、権力政治観によって退けられてきた世界政治における倫理的側面に光があたるようになってきた。内戦や民族紛争の当事者に停戦の意思や能力がなく、そのために多数の人々が自己の意思に反して死んでいくという事態に対して、他の国（の市民）はそれを座視してよいのだろうか。冷戦終結後、内戦や民族紛争によって保護を必要とする人々を助けるためならば、軍事介入は正当化されるべきだと考えられるようになってきた。(4)

とはいえ、なぜ人道的な目的であれば軍事介入は正当化されるのだろうか。多くの場合、人道的介入は武力行使を伴うわけだが、人為的な暴力から他国民を保護することを目的とする軍事介入がつねに正義にかなうとは限らない。ましてや武力行使を伴う以上、そうした介入に正義はあるのだろうか。軍事的な行為である限り、介入における正義の探求を抜きにしては語れない。そこで本章は、国際正義の観点から「保護する責任」の観念を再検討し、正義にかなう介入とはいかなるものかを明らかにする。それは、国際政治思想における根源的《ラディカル》な試みでもある。

一　介入の義務から「保護する責任」へ

1　「善きサマリア人」たる義務とJ・S・ミルの内政不干渉論

人道的介入の歴史を一九世紀まで遡るならば、ヨーロッパ諸国がキリスト教徒を保護する目的でギリシアやブルガリアに介入したことが挙げられる。しかし、「人道的」といっても介入によって保護される対象はキリスト教徒に限定されていた。ましてや、人道的目的が介入の唯一の動機ではなかった。オスマン・トルコの弱体化などといった戦略的で現実主義的な利害のほうが動機としては大きかったといえよう(5)。

ところで民族浄化や大量虐殺、ジェノサイドの危険や飢餓など困難に陥っている人がいることを知ったとき、見知らぬ他人であろうとも助けるべきだと考える人は多い。こうした「救助義務」という考え方は、世界中で道徳的な義務として広く一般に受け入れられてきた。とりわけキリスト教の伝統においては「善きサマリア人」の逸話(6)から救助義務を「善きサマリア人」たる義務と呼ぶ。

しかし、作為と不作為は厳格に分けられる。すなわち、「他人に積極的に害を与えること」と「あることをしそこなったために、結果として他人に害が発生すること」の区別は厳格である。このように作為と不作為の区別は、J・S・ミルの「危害原理（harm principle）」にもかなっている。ミルは、「文明社会の成員に対し、彼の意志に反して正当に権力を行使し得る場合とは、他人に対する加害の防止を目的とするときのみである」と述べている(7)。この原理において、ミルは「自分自身にのみ関連する生活部分」と「他人に関連する部分」とを区別し、前者については行為者の自由があり、なにものも干渉すべきでないと考える一方で、後者については、他人に危害を与えそうな場合には苦痛を与えて思いとどまらせることも許されると考える。

ミルは、ヨーロッパ諸国による介入が正当化された一九世紀においてなお内政不干渉の原則を支持している。ただし、ミルの内政不干渉論には、上述の危害原理にも表れているような例外がある。すなわち、ミルは、内政不干渉の原則を支持し、他国に軍事介入するという事態は慎むべきだと考える一方で、加害の防止を目的とするときには介入は正当化され得ると考えた。ミルは、他者に危害を与えそうな国がある場合には、武力を行使してでも思いとどまらせることが許され、またそうした介入の義務がイギリスにはあると考えていた。また、ミルは、理想としては「文明国」による植民地支配は廃止されるべきであり、一国民が他国民を征服しているという事態はあるべきではないと考えるものの、現状では独立して健全な代議制を持ち得る植民地はほとんどない以上、イギリスの歴史的役割はこれらの地域における「独立への道」を準備してやることだとも考えていた[8]。

ミルは、東インド会社に三五年間勤務し（当時のイギリスではベンサムやスペンサーもそうであったが在野の研究者が多数いた）、主にインド向けの文書の起草に尽力しており、そうした経験を持っていたからこそ、植民地の問題に関して「高貴な義務《ノブレス・オブリージュ》」を果たすかのごとく貴族主義的立場に立っていたのかもしれない。そして、ミルは、「独立への道」を準備するという高度に政治的な仕事は、イギリスの優れたエリート階級によって進められるべきだと考えていた。代表制民主主義（晩年には社会主義）に共鳴したミルであっても、植民地の漸次的解放を唱えはするが、イギリスの外交政策に関しては貴族主義的で帝国主義的な見解を持っていた。その意味で、ミルであっても時代の制約を免れ得ない[9]。

2　国家主権と国際正義

冷戦後、以前にもましてアイデンティティをめぐる紛争や内戦が頻発するようになり、そこで起こる大量虐殺などの人道的危機に対して国家主権（内政不干渉の原則）を盾に取るのではなく、国際正義（人権）の観点から他国が武力を行使してでもそれを止めさせるべきであるという「新介入主義（new interventionism）」が支持されるようになってきた。とはいえ、国連憲章第二条第四項には、「すべての加盟国は、その国際関係において、武力による威嚇又は武力の行使を、いかなる国の領土保全又は政治的独立に対するものも、また、国際連合の目的と両立しない他のいかなる方法によるものも慎まなければならない」とある。すなわち、国際社会の平和と安全の維持のためには、武力行使に制限を設ける必要があるのである。ただし、国連憲章は、違法な武力行使を行った国に対して、安全保障理事会が当該国による「平和に対する脅威、平和の破壊及び侵略行為」を認定した場合、第七章（平和に対する脅威、平和の破壊及び侵略行為に関する行動）に基づく強制措置（非軍事的強制措置（四一条）と軍事的強制措置（四二条））をとることを定めている。重大な人権侵害が行われている場合、それが「平和に対する脅威」、「平和の破壊」であると認定されるならば、強制措置が発動されることになる[10]。

ところで、かつて英国学派の国際政治学者H・ブルは、共通の正義概念が存在しないアナーキーな国際社会において、正義は非妥協的、戦闘的な姿勢を生み、国際社会における無秩序の原因となることを指摘した。また、ブルによれば、国連憲章が平和と安全の維持よりも人権を重視するとするならば、何が人権であり、どのような優先順位の序列に人権が並べられるべきであるのかについて、何も合意がない状況においては、国際秩序を損なう恐れがあるのである。ブルにとっては、国際正義や人権よりも国際秩序や国家主権のほうが優先されてしかるべきなのである[11]。

しかし、人権の国際化や内戦や民族紛争による人道的危機の増大という今日的状況は、ブルの主張を古めかしいものにする。そうした中でグローバル・ガバナンス委員会は、主権という「古い規範」の改訂を呼びかけている。一九九五年に公刊された同委員会の報告書『われらグローバルな隣人（*Our Global Neighborhood*）』において、「主権の原則とそこから派生する規範には、現実の変化の認識に基づいてさらに調整が加えられねばならない……「人道的介入」は、この問題をなによりもよく示している……人々が大規模な苦難を強いられることになったときには、主権国の国内問題への外部介入という事態になろうとも、当然ながら国連の行動が要求される」ことが指摘されている[12]。まさに人道的介入は、グローバルな公共秩序を形成・維持しようとするグローバル・ガバナンスにおいて重要な位置を占めると同時に課題のひとつに数えられているのである。そのもとでは、国家主権よりも国際正義や人権のほうが優先される。

たしかに国家主権や内政不干渉、武力行使の禁止といった国際社会の基本原則が、実際に国際正義や人権、人道的介入といった観念に取って代わられたわけではないし、またそう考えるのは早計である。それらの基本原則が相対化されたとはいえ、人道的危機の発生という例外状況を除いて内政干渉は慎むべきであり、また武力行使の禁止は遵守されるべき原則であることには変わりない。さもなければ国際社会はホッブズ的自然状態のようになりかねない。あくまでも人道的な目的での介入は、急迫した人道的危機という状況においてのみ例外的に認められなくてはならない。遠く隔たった地域を相互に結びつけるグローバリゼーションと相互依存が深化する中で、「介入する側」と保護を必要とする人々の間に直接の接点がなくても（むろん戦略的な利益が伴わなくても）、人道的危機に対応するための介入は、倫理的な見地からなされるべきである[13]。

3　国際社会の「保護する責任」

人道的危機に対して国際社会はどのように対応すべきなのだろうか。人道的危機に対応するために軍事介入がなされるにつれて、なぜ人道的介入が正当性を持つのかが問い直されるようになった。後述するコソボの事例など人道的介入が行われるたびに、人道的介入の「正しさ」をめぐる外交政策上の論争が起こる。そうした中、介入の正当性の根拠として「保護する責任（Responsibility to Protect）」という新しい観念が登場した。それは、自国民の保護という国家の基本的な義務を果たす能力のない、あるいは果たす意志のない国家に対し、国際社会が当該国家の保護を受けるはずの人々について「保護する責任」を負うという考え方である[14]。

「保護する責任」という考え方は、二〇〇〇年九月一四日にカナダ政府によって設置された「介入と国家主権に関する国際委員会（ICISS）」が作成した報告書（二〇〇一年一二月一八日に国連に提出された）によって初めて提唱された。M・イグナティエフも委員を務めたICISSは、その年の国連総会においてアナン事務総長（当時）が、人道的介入と国家主権の関係について、人道的危機を止めるという観点から注意を促し、国際社会において人道的介入の基本原理や要件が国際的に合意される必要があるという提言に呼応して設置された。ICISSは、従来の人道的介入に対する先入観を払拭し、新たに軍事的・非軍事的介入の法的・倫理的根拠を示すことを目的に設置された。その後、それは、二〇〇五年九月には国連首脳会合成果文書において認められ、二〇〇六年四月の国連安全保障理事会決議一六七四号において再確認された[15]。

「保護する責任」の基本原則は、⑴国家主権は人々を保護する責任を伴う、⑵国家が保護する責任を果たせない場合は国際社会がその責任を務める、⑶国際社会の保護する責任は不干渉原則に優越する、の三つである。その基礎となるのは、主権概念に固有の義務、国連憲章第二四条による安全保障理事会の責任、国際人権文書、国際人道法および国内法に基づく特定の法的義務、国家、地域的機関および安全保障理事会の実行である。そして、「保護する責任」は、紛争の原因に取り組む「予防する責任（Responsibility to Prevent）」、強制措置（軍事介入を含む）などの手段により状況に対応する「対応する責任（Responsibility to React）」、復興や和解に向けて十分な支援を提供する「再建する責任（Responsibility to Rebuild）」の三つの要素を包含する。このうち最も重要なのは、「予防する責任」であり、介入する前に予防手段が尽くされていなければならない。また、責任の実施において強制手段を適用する前に、より控えめで強制的でない手段をまずとらなければならない。

ＩＣＩＳＳは、主権平等の原則と実効的で正統な主権の重要性を認識しつつも、国際的な人権の保護・促進により主権行使の条件が変化していることを指摘している。また、国家の代表者はその行動に責任を負い、国連は主権保護のための主要な場であるがゆえに、国連加盟国は加盟に伴う責任を受け入れている。したがって、国民への重大な危機が起こり、または切迫しており、国家がそれを終わらせようとせず、または終わらせることができない場合には、軍事介入を含む保護のための介入が支持されるという原則が形成されつつあると論じている。ＩＣＩＳＳによれば、この原則は自然法原則、国連憲章の人権条項、世界人権宣言、ジュネーブ諸条約、国際刑事裁判所規程、人権・人道関係の条約ならびに文書により支持されている。それは、責任としての主権から「保護する責任」へのパラダイム転換を意味しており、「介入する権利」や「介入する義務」といった観念ではなく「保護する責任」という観念を用いることにより、支援を求めている側の視点から、第一の責任は当該国家にあるものの国際社会には予防・対応・再建する責任があるということを明確にしている。(16)

二　介入の正義

1　人道的な目的であれば「正しい」のか？

ここで、「保護する責任」の観念の思想的基礎となる介入の正義について検討したい。たしかに大量虐殺という悲惨な現実を眼の前にして、人道的介入は倫理的に要請される。しかし、人道的な目的であればすべての介入が「正しい」といえるのだろうか。人道的介入は、たとえある国で起きた大規模で極度の人権侵害を止めさせることを目的としていても、多国間であれ、その国の同意なしに武力行使を行うことをさす以上、介入の正義についての検討が不可欠である。さもなければ法的根拠のない軍事介入が濫用されかねない。ここでは、哲学的用法に従って「正しさ」(正義)を「道理にかなった正しいこと」と定義し、人道的危機の防止という最善の帰結をもたらす行為を「正しい介入」としよう[17]。

第二次世界大戦後、「人道に対する罪」が戦争犯罪として裁かれるようになった。そのことにより正義をめぐる国際倫理と国際法の距離は狭った。また、一九四八年には、国連総会において「集団殺害罪の防止および処罰に関する条約(ジェノサイド条約)」が採択され、非人道的行為を事後的に裁くルールができ上がった[18]。このような流れから、軍事介入しなければ人道的危機により保護を必要とする人々を助けられない場合に限り、武力不行使の原則は一時的に外されるとする国際法の解釈がなされるようになってきた。すなわち、極度の人権侵害に対して、もし軍事的な手段をとらなければそれを止めることができない状況にあるならば、介入は国家主権の侵害にはあたらず正当化され得ると考えられるようになってきた。なぜなら、既存の国際法の枠組みではうまく対応できないとしても、国際社会が極度の人権侵害に対して何もせず、それを座視することは、間接的にそれに加担していることになるのではないかという倫理観が共有されるようになってきたからである[19]。

人道的介入の正義に関しては、大別すると世界市民主義(コスモポリタニズム)と共同体主義(コミュニタリアニズム)という二つの思想的立場から検討されてきた[20]。それでは、正義にかなった「正しい介入」の要件を検討する前に、代表的な二つの人道的介入論をみておこう。

2　コスモポリタニズムの人道的介入論

コスモポリタニズムの人道的介入論は、ドイツの社会哲学者Ｊ・ハーバーマスの議論に代表される。ハーバーマスによれば、コスモポリタン法とは、従来の国際法の主体を飛び越えて、個人に法的主体の地位を与える法である。それゆえ、コスモポリタン法の支配によって、国家主権の限界を超えて世界市民としての個人の人権を擁護することが可能となるのである。また、ハーバーマスは普遍的人権を規範とする「人権政治」が国家主権を制限することによって、国家間の戦争が回避され、平和が実現されると考える。(21)

しかし、実際にはコスモポリタン法の制度化は不十分であり、戦争が違法化されているにもかかわらず戦禍は絶えない。また、内戦や民族紛争など人権政治が許容し得ない状況が頻発している。こうした現状でハーバーマスは、迫害された人間や民族を救うことを道徳だけで正当化する傾向を批判し、コスモポリタン法の観点から、道徳的正当化の突出に対して法の論理を貫こうと試みる。ハーバーマスは、国際人道法を「世界市民法の下位の制度化」と位置づけ、そのうえで国家権力による大量犯罪が起こり、他に手段がない場合、民主的隣人は、国際法的に正当化される「緊急救助」を急がなくてはならないとする。そして、かれは、「現実政治」と「法的平和主義」とを検討したうえで、人権政治を将来のコスモポリタン的状態を先取りせざるを得ないものと規定し、具体的にはＮＡＴＯ軍によるユーゴ空爆を是認した。(22)

ハーバーマスは、人権政策がその前提とされている場合は、介入はたとえ武力を行使しようとも、また国連の委任が得られなくとも、国際社会によって暗黙のうちに正当とみなされた平和構築のためのミッションであると理解されるべきだと考える。ハーバーマスにとって、このような理解は、国家中心の古典的な国際法から世界市民社会におけるコスモポリタン法への跳躍を意味している。(23)

3　コミュニタリアニズムの人道的介入論

現代の代表的な正戦論者である、アメリカの政治哲学者M・ウォルツァーは、やむにやまれぬ正当化される戦争、すなわち「正しい戦争（just war）」があり得ることを力説する。ウォルツァーの立場は、戦争に正・不正の区別をせず、戦争を悪とはみなさない現実主義《リアリズム》や戦争自体を悪とみなす平和主義《パシフィズム》とは異なっている。ウォルツァーの正戦論は、「不正な戦争（unjust war）」（侵略戦争）を悪とし、戦争を制限しようというものであり、素朴《ナイーヴ》な戦争肯定論ではない。ウォルツァーの議論に貫かれているのは、戦争自体は悪であるかもしれないが、大きな善のためには許される悪もあるという発想である。また、ウォルツァーは、「戦争は地獄である」ということを認めつつも、戦争という地獄においても道徳が求められていると考え、戦争状態でもすべてが許されるわけではない以上、「戦争の道徳的リアリティ」をもって「正しい戦争」と「不正な戦争」を区別する必要があると考える。[24]

これまでのウォルツァーは、侵略に対する「自衛戦争」を「正しい戦争」とし、かれの議論の中心はそれを正当化することであった。それゆえ、軍事介入は周辺的な位置づけであり、また介入に対しては消極的であった。しかし、内戦や民族紛争が頻発する今日的状況を踏まえて、ウォルツァーは人道的軍事介入の正当性を積極的に認めるようになってきた。ウォルツァーは、人道目的の軍事介入は悪であるかもしれないが、民族浄化やジェノサイドなど大規模な人権侵害を止めさせるという大きな善のためには許され得ると考える。内戦や地域紛争への介入の正当性は、侵略か自衛かという従来の開戦法規に基づかれた正当性の根拠からは引き出せない。それにもかかわらず、ウォルツァーが人道的軍事介入の正当性を認めようとするのは、実際、その大半は濫用であるものの、人道的危機は許容不可能であり、現地のいかなる勢力もそれに終止符を打つ見込みがない場合には倫理的にそれが望まれるからである。

ところで、ウォルツァーにとって国家とは、人々が自分たちの生命と自由への権利を守るためにつくった政治的共同体であり、そしてその構成員の生命と自由を守る装置である国家はそれ自体が構成員にとっての共通善なのである。したがって、国家が構成員の有する生命と自由への権利を保障できないならば、国際社会が介入することもやむを得ないのである。このような論理から、ウォルツァーは、ある国の領土内でその政府が大量虐殺など道徳に反する非人道的な政策を行っていて、それを座視すれば人類の道徳観が根底から傷つけられるような場合には、国境を越えて軍事介入することが正当化されると考える。すなわち、ウォルツァーは、介入の正当性を構成員の有する生命と自由への権利の侵害という事実から直接的に引き出すのである。ただし、介入が正当化されるのは、それが「人類の道徳的良心に衝撃を与える」行為に対して、合理的に成功する見込みが十分にある場合だけである(25)。

とはいえ、ウォルツァーは、人道的介入の実践がもたらす負の側面に対しても注意を払い、「人道上の理由」に基づく介入は、昔から植民地主義的膨張を正当化する際の常套句であったことを認めている。そして、ウォルツァーは、介入が人権侵害を一時的に止めさせることに成功したとしても、介入先の国に安定的な政治体制が構築されるまでには困難が伴うことを指摘している。したがって、介入側は、現地の政治文化を尊重したうえで、現地の人々による政治体制の構築を手助けすることが求められるのである(26)。

なお、ウォルツァーは、前述のハーバーマスとは異なる思想的立場に立っているものの、ハーバーマスと同様に、後述するコソボへの人道的介入が必要かつ正当であると主張している（ただし誤爆が生じるので空爆という方法よりも地上軍の派遣のほうが望ましいと考えていた）。両者とも、介入が極度の人権侵害を止めさせるためのものであり、しかも介入がなされる前の悪よりも、武力行使という悪い手段であったとしても、なされた後の善のほうがはるかに大きければ、介入は正当化されると考える。こうした考え方、とりわけウォルツァーの人道的介入論は前述の介入と国家主権に関するICISSの報告書『保護する責任』の参考文献に挙げられている。

三　正しい介入の要件

１　正しい介入と不正な介入

これまで人道的介入の正当性について議論してきた。ではいったい正義の要求にかなった「正しい介入（just intervention）」とはどのような介入なのだろうか。そこで次に「正しい介入」と「不正な介入」とを区別する要件について検討してみたい。それは、介入の要件を定めたＩＣＩＳＳの報告書『保護する責任』と共通する部分が多い。むしろＩＣＩＳＳのほうが、後述する介入の要件を探求した哲学的議論を参考にしているというのが正確である。したがって、以下では『保護する責任』に影響を与えた哲学的議論を取り上げていく。

なによりもまず人権は、国境で立ち止まるべきではない。しかし、安易に人道的介入を認めてしまうと、人権・人道の名の下に軍事介入が際限なしに行われる危険性がでてくる。実際、これまでに国際社会が経験してきた「人道的介入」と称される介入が、すべて正義にかなっていたわけでもなく、大国の戦略的な思惑と結びつくことも少なくなかった。また、介入が人道上必要な行為であっても、介入する側（しばしば大国）の恣意性によって、法的・倫理的に正当化され得る人道的介入の事例はそれほど多くはなかった。したがって、たとえ人道的な目的であるとしても、武力の行使である以上、軍事介入の濫用を防ぐ必要があり、また介入の正／不正を区別する明確な要件が必要である。

たとえある国で残虐な行為が行われていて、国際社会には「保護する責任」があるとしても、介入する側は、どのような状況の場合にそのような責任に基づいて行動するべきなのだろうか。また、どのような場合に介入は正当性を持つのであろうか。あるいは反対に、どのような場合に介入は正当性を持たないのであろうか。前述のＪ・Ｓ・ミルは、他国の問題に介入することの正当性と、介入を控えることの正当性を明確かつ合理的に評価するための何らかの規則ないし基準の確立を模索すべきだと考えていた。この点に関して、ICISSの報告書『保護する責任』では、予防措置と軍事的措置の間に非軍事的措置が検討されるべきだとしたうえで、極端で例外的な場合（人類の良心に衝撃を与えるような暴力または国家安全保障への明確かつ現在の危険）にだけ、軍事行動の必要性が考えられるとしている。[27]

介入が正当であると誰が判断するのかという問題がつきまとうものの、介入が合法性と正当性を獲得するためには、以下の三つの要件を満たす必要があるだろう。この要件を厳密に課したならば、大国の戦略的な思惑と結びついた軍事介入の実践は正当化され難くなると思われる。

「正しい介入」であるためには、一つ目の「介入への正義（jus ad interventionem）」（介入を始める際に適用される正義）の要件が満たされる必要がある。この要件はさらに、①正当な理由（平和に対する脅威と認定すべき深刻な人道的危機が存在または急迫し、危機の生じている国（政府）がそれに有効に対処する能力も意志も持たないことが明らかであること）、②正当な権限（国連憲章第七章に基づき国連安全保障理事会が介入の目的、時期、方法についての決定に責任を負うこと）、③正当な意図（体制転覆を目的とはせず深刻な人道的危機を防止すること）、④限定目標および均衡（人道的危機の防止という目標の達成を確保するために必要最低限のものとすること）、⑤最終手段（交渉や仲介などの外交的措置や経済制裁など平和的解決のためのあらゆる非軍事的手段が尽くされていること）、⑥合理的な成功見込（介入の正当理由となった人道的危機の打開や事態の改善に成功し、しかも介入の結果が不介入の結果よりも悪くならないという合理的見込みがあること）に分けられる。これは「保護する責任」のうちの「対応する責任」にあたる。

二つ目の要件は、「介入における正義（jus in interventione）」（介入の方法についての正義）であり、さらにそれは①戦闘員と非戦闘員の区別（非戦闘員（一般市民）が攻撃の対象から外され、保護されること）、②活動（多国間で行われ、用いられる軍事的手段が目的に見合っており、国際人道法の遵守と人道援助組織との最大限の調整がなされること）に分かれる。これは「保護する責任」のうちの「対応する責任」にあたる部分であり、実際の活動局面において留意すべき点である。

三つ目の要件は、「介入結果の正義（jus post interventionem）」（介入後に参照すべき正義）である。具体的には、介入後も介入の対象となった国の領土の範囲と一体性が保たれていることと、正統政府の樹立まで国際社会の支援（平和構築や開発援助など）が行われることである。これは「保護する責任」のうちの「再建する責任」にあたる。「保護する責任」は、軍事介入後、持続可能な開発や平和を構築するまで続く(28)。

これら三つの要件は、国際社会がある状況への軍事介入を検討しているときに、ひとつの指針となるであろう。なぜならば、もし介入に要件を課さなければ、大国による恣意的な介入を防止できないからである。たしかに、世界政府が存在しないという意味でアナーキーな国際社会において、これらの要件が満たされたのはいつであるのかを判断する明確な裁定者は存在しない。また、国際社会には、介入がどの時点で正当化されるのか、それを特定するための手続きさえも存在しない。しかし、もし介入に際してこれらの要件が満たされているかを判定することが可能ならば、不正な介入の濫用が予防され得るだろう。現時点では、その任を負うのは国連を除いて存在しない。その意味でも、国連改革（機構の民主化と権限の強化）は不可欠である。さもなければ、国際法上は違法だが、倫理的には正当とされるといった介入のアポリアを解決することはできない。もっとも急迫する人道的危機に対する強制措置としての介入が、実際にこれらの要件をすべて満たすことは期待できないかもしれない。

「保護する責任」においても掲げられているこうした介入の要件が重要であるのは、人道的介入の倫理的ジレンマを解決する可能性があるからである。内政不干渉の原則からすべての人道的介入を不正であるとみなすならば、非人道的な大量虐殺や民族浄化といったより大きい不正を見過ごし、黙認することになり、また座視して何もしないことはそうした非人道的な行為に間接的に荷担することになりはしないだろうか。国際社会は、国家主権を超えて国際正義あるいは人権の観点から、介入が人道的危機を止めさせるためのものであり、しかも最終手段であり、できるだけ非軍事的な方法でなされ、介入がなされる前の悪よりもより多くの善をもたらすことを合理的に期待できるものであるならば、それを認めるべきではないだろうか(29)。

以下、前述の正しい介入の要件を踏まえながら、冷戦後の介入の事例としてソマリアとボスニア、コソボへの介入を取り上げて、介入の正義について考えていく。

2　介入の実践――ソマリアの事例

ソマリアは、一九九八年以来、主に統一ソマリア会議のモハメド暫定大統領派と議長のアイディード将軍派との間の争いから生じた内戦が続いていたため、人口八〇〇万人の大半が飢餓状態にあり、毎日数千人もの餓死者を出していた。この悲惨な状況は、国際社会の懸案事項になっていた。一九九二年に国連ソマリア活動（ＵＮＯＳＯＭ）が展開されたが、食糧物資の略奪や人道支援団体への武力攻撃が頻発したため、国連はそうした人道的危機を「国際の平和と安全に対する脅威」と規定し、国連憲章第七章に基づく強制行動の執行を加盟国に求めた。それを受けて、アメリカ主導の多国籍軍（ＵＮＩＴＡＦ）が派遣されることになった。したがって、ＵＮＩＴＡＦによるソマリアへの介入は、武装勢力に阻まれていた食糧援助を円滑に行うことを目的としてなされた、国連によって要請された介入であった。

しかし、ガリ国連事務総長（当時）は、アイディード将軍派の軍事行動が座視できない状況にあるとして、アメリカのクリントン大統領（当時）に強硬姿勢をとるように要請し、クリントン政権のほうも国連を重視した多国間主義をとっていたため、その要請に応じ、アイディード将軍派に対して強硬な軍事行動を起こした。その際、直接的な戦闘のみならず、病院などにも空爆した。それゆえ多くのソマリアの人々にとって、アメリカは「正義の味方」ではなくなっていった。一九九三年九月二六日に戦闘の犠牲となったアメリカ兵の遺体を、ソマリアの人が援助食糧の入った袋につめて、市街を引きずりまわすという事態が起きた。その後、アメリカ国内で撤退を求める声が急速に強まり、アメリカは、一九九五年、武装解除も治安回復も達成できないまま、ソマリアから撤退することになった。[30]

たしかにアメリカ主導のソマリカへの介入は、国連の要請による「人道的」介入であった。それゆえ、「介入への正義」における(a)正当理由、(b)正当権威、(c)正当意図は一応満たされているといえる。しかし、(d)限定目標および均衡、(e)最終手段、(f)合理的成功見込を満たしているとはいい難い。また、「介入における正義」のうち(a)戦闘員と非戦闘員の区別、(b)活動の両方とも満たされていない。さらに、「介入結果の正義」の観点からも、「正しい介入」であるということは難しい。

ソマリアの教訓によって、アメリカは人道目的の軍事介入に消極的になっていったが、軍事介入という手段は、その後も一九九四年のハイチ侵攻やボスニア空爆の例に示されるように、アメリカの国益にかなう場合には選択的になされた。

3　介入の実践――ボスニアとコソボの事例

冷戦終結によって求心力を失った旧ユーゴスラビア連邦が崩壊し、ユーゴスラビアを構成していた六つの共和国は、一九九一年から次々に独立した。その過程で民族主義が台頭し、内戦が引き起こされることになった。一九九二年四月、ボスニア＝ヘルツェゴビナの独立をめぐって民族間で紛争が勃発し、三年半以上にわたり各民族がボスニア＝ヘルツェゴビナ全土で覇権を争って戦闘を繰り広げた結果、死者二〇万、難民・避難民二〇〇万といわれる戦後のヨーロッパで最悪の紛争となった。内戦は、大量虐殺など民族浄化を生じさせ、スレブレニッツァという小さな町でセルビア系住民によるムスリム系住民に対する大虐殺、いわゆる「スレブレニッツァの悲劇」が起きた。この悲劇をきっかけに、一九九四年四月一〇日、北大西洋条約機構（NATO）軍はボスニア空爆を開始した。

一方、コソボでは、一九八九年にコソボ内のアルバニア系住民とセルビア系住民の対立が深まる中、セルビアのミロシェビッチ大統領（当時）は、アルバニア系民族主義者への弾圧政策を強化し、コソボの自治権を大幅に縮小した。一九九〇年、コソボのアルバニア系住民は「コソボ共和国」の樹立とセルビアからの独立を宣言した。これに対し、セルビアは、自治州議会と同州政府の機能を停止し、自治権を剥奪し直接統治を開始した。アルバニア系住民は、非合法武装組織「コソボ解放軍（KLA）」を組織化し、武力闘争を開始した。一九九九年二月、フランスのランブイエにて国際社会の仲介で和平交渉が開始されたが、セルビアがNATO軍のコソボ展開を受け入れずに決裂した。同年三月二四日、アメリカ主導のNATO軍は、コソボにおける人道的危機が深まったとして、コソボを含むセルビア全域の軍事目標およびセルビアの経済インフラに対し、国連安全保障理事会の承認がないまま空爆による攻撃を開始した。

これに対し、セルビアがKLA掃討作戦を強化し、数十万のアルバニア系住民がコソボから流出し、難民となった。空爆による難民は、コソボ人口の二五％にあたる五〇万人にも達した。また、誤爆で多くの一般市民の犠牲をもたらした。[31]

たしかにボスニアとコソボへの介入は、内戦による大量虐殺と大量の難民の発生をくい止めるためになされた「人道的」介入であった。それゆえ、「介入への正義」における(a)正当理由と(c)正当意図は一応満たされているといえよう。しかし、(b)正当権威、(d)限定目標および均衡、(e)最終手段、(f)合理的成功見込や、「介入における正義」における(a)戦闘員と非戦闘員の区別、(b)活動、「介入結果の正義」については満たされていない。したがって、これらの介入も「正しい介入」ということは難しい。

内戦や民族紛争において、どちらの勢力が善で、どちらの勢力が悪であるかを容易に決められない場合もある。ましてや当事者は、自らを善としながら戦っている。さらには、善をもたらすはずの介入側が悪とみなされることもある。したがって、国際社会が「保護する責任」を担い「正しい介入」を実践する場合であっても、慎重にならざるを得ない。ただし、前述の介入要件をすべて満たす事例がないとしても、またこれまでに行われたすべての事例に適用できないとしても、そのことがこれからのあらゆる介入に適用できないということを意味するわけではない。

おわりに――介入の正義にむけて

国家間の戦争を禁止する法はあっても、民族紛争や内戦を禁止する法は国際社会に存在しない。人道的介入は、現行の国際法秩序では対処しきれない問題である。それゆえ、国際法の解釈において、人道的介入を原則化することには困難を伴う。ある国で深刻な人道的危機がある場合に、他国が軍事介入すべきか否か、それは国際法の問題にとどまらず世界政治における倫理的問題でもある。国家主権を絶対視するならば、人権侵害を間接的に許容してしまう危険性があり、傍観することによる危機への加担性を意識しないわけにはいかない。このような倫理的ジレンマに陥ることのないようにグローバルな正義の倫理が重要になる(32)。グローバルな相互依存が深化する国際社会において、人権概念を国境の内側に留め、それを国内管轄事項として放置することは倫理的に許容できない。近年、大規模な人権侵害など非人道的行為および状況を看過することはできないという国際規範が国際社会で共有されるようになってきている。既述したように国際社会には「保護する責任」がある。[33]

むろん介入する側が独善的に「介入の正義」という旗印を振りかざし、そして懲罰的な軍事介入が倫理的正当性を持ち得ないことは明らかである。もし「正しい介入」の要件を設けないならば、国連を中心とする多国間的な介入であっても、「正義を語る大国」によって不正な介入が行われることになるだろう。また、「悪」を懲罰し、介入する側が「正義と思う」ときに介入することを正当化することはできない。「保護する責任」や介入の正義の観念は、介入する側の恣意性や懲罰的意図による軍事介入を防ぐうえで重要な視座を提供している。その点で「保護する責任」という考え方は、評価されてしかるべきであろう。

また、目的が人道ならば、すべての軍事介入が正当化されるわけではない。たとえ人道的目的によるものであっても、介入の手段や程度は厳格に制限されるべきである。とりわけ空爆という手段は、介入する側の兵士の安全を保障する一方で、それが純粋に善意や道徳心に基づくものであっても、必ず非戦闘員にまで被害が及ぶ。ボスニアやコソボでは、意図的ともいわれる「誤爆」により戦闘員のみならず非戦闘員をも巻き添えにした。この場合、人道的な目的と手段が合致するのかといった疑問が残る。[34]

人道的介入は、「人道的危機を放置する傍観という不正義」と「二次的被害（非戦闘員の犠牲）を生む介入という不正義」のいずれかを選択せざるを得ないのかもしれない。そして、介入は、介入される側によるさらなる暴力を生む可能性もある。暴力は暴力の連鎖を生むが、介入は、介入がもたらす善以上の悪をもたらしてはいけない。すなわち、「正しい介入」であるためには、介入がもたらす善が、不介入により拡大する悪と介入の予期しなかった悪の両方を上まわる必要があり、それゆえ合法性と正当性の両方がなくてはならない。

介入の正義論は、人道的介入を積極的に支持する「介入主義（interventionism）」や不介入を奨める「現実主義（realism）」

とは一線を画している。人道的介入のアポリアは、介入の正義を完全に否定してしまえば、残されるのは「非人道的惨状」か「軍事介入の濫用」だけになることである。非人道的惨状を座視せずに、国際正義の観点から「不正な介入」を防止し、「正しい介入」のみを実践することは倫理的要請であり、また国際社会の「保護する責任」とも共通する。介入の濫用を抑え、不要な破壊や一般市民の巻き添えを回避しながら、本当に必要とされている場所へ適切な処置が行われることが重要である。既述したように介入は、法的な合法性のみならず倫理的な正当性もなければならない。いかに道徳心に突き動かされたものとはいえ、介入は、たとえそれが実効性に乏しいことだとしても、先に挙げた介入の要件を厳格に満たしたものでなければならないだろう。

むろん、そうした要件をすべて満たした「正しい介入」であったとしても、人道的危機という問題がすべて解決できるわけではない。しかし、介入の正義が示していることは、介入理由の恣意性を回避し、各国の政治的思惑に翻弄されることなく、目的の倫理性と政策の現実性の両面から正当性を確保するためにも、ＮＧＯと協議しながら国連による包括的な授権のもとで人道的介入が行われるべきであるということである（ＩＣＩＳＳも指摘するように、安全保障理事会の実行は慣習法となるには未成熟であり、理事国の代表性も不十分であるが）。国連活動を除いて、たとえ人道的な目的であっても自衛目的以外の武力行使は違法な行為である。

平和主義の立場[35]からすると、武力行使はそれ自体悪であるが、しかし人道的危機という状況においては、介入という行為が人命を救うというより大きな善をもたらすということが合理的に期待されるのであれば、介入は、最終手段であり、虐殺から救われるという結果の善が武力行使という手段の悪にまさるそのような場合に限り認められるべき必要悪ではないだろうか。ＩＣＩＳＳも指摘するように、軍事介入にあたって留意すべきことは、紛争後（介入後）の回復の見通しを広げるよう、損害は最小限に止めるよう努め、共通の目的のもとで明確で曖昧さのない活動を行うことである。また、軍事介入後は、安全な環境の提供、危険な地域の再建支援、警察的な役割、戦争犯罪の検証、民族和解などが追求される必要がある。正戦論的な介入の要件を設けつつも、平和主義から許容されるべく介入の正義を実践できるのは、改革の必要はあるもののいまのところ国連を除いて他にない。

地球市民社会を展望するうえで人道的危機に直面した人々を救うために、国際社会は「保護する責任」を担う必要がある。「保護する責任」が示唆しているように、紛争予防が重要であり、また介入は軍事的な活動だけではない。医師や看護士の派遣、難民のためのテントや毛布、食品の用意など非軍事的な市民活動が重要であることはいうまでもない。その意味で、人道支援などNGOによる「市民的介入」の役割を軽視することはできない。(36)

実践面のみならず法的な意味も曖昧（介入国による法的手続きの回避につながる危険が生じ、また責任の分担を具体的にどう定めるかが不明である）だとしても「保護する責任」の意義は、恣意的な介入を防ぐために軍事介入（武力行使）の基準を定めただけでなく、予防・対応・再建という非軍事的な活動を含む一連の流れの重要性を強調した点にある。それゆえ人道的介入をめぐる倫理的ジレンマを解消する「保護する責任」の観念は評価できる。ただし、途上国の中から、人道的支援と人道的介入との間に明確な区別をつけるべきだという指摘がなされていることも確かである。また、暴力を伴う紛争への対応に主眼を置く「保護する責任」は、国際的な軍事介入を含めて、紛争後に国家を「再建する責任」を果たすことにより初めて完結するわけだが、予防においても非軍事的手段が尽くされたうえでの武力行使の選択肢が排除されていない点は、問題を含んでいる。

さらに、正戦論的パラダイムを超えた「保護する責任」の観念であるが、予防や再建の局面で、法制度の整備や法執行、経済制度の整備への支援が「文明社会」の論理で行われるのであれば、J・S・ミルの国際政治思想に表れたような植民地主義的性格を免れえない。

なお、介入は、介入する側の犠牲を最小限にするために空爆という方法をとる場合が多く、回避しようとしても空爆には必ず「誤爆」が発生する。そして、誤爆によって本来助けるはずの人の命を失わせるかもしれない。それゆえウォルツァーは、遠い空からの空爆ではなく地上軍による軍事行動のほうが善いと考えるが、上述のソマリアの事例でも明らかなように、介入する側に多大な犠牲が発生することになりかねない。そうした恐れがある場合、国際社会は介入を承認することが難しくなる。結局、介入の正義を実現するためには、正当な決定を担保しうるグローバル・ガバナンスの機能を高める以外に方法はない。その意味で、人道的緊急事態の認定、国連安全保障理事会による「世界裁判所」への審査委託、「救済軍」の設置といったD・アーチブギの提案は、実行性はともかくも検討するに値する。(37)

最後に、「保護する責任」は、国際慣習法とまではいえず、作られつつある準則（指導原理）であるとしても、主権が集団虐殺や人権に対する罪を許容する理由となるわけではないことを明確に示した点は評価されるべきである。「保護する責任」を国際倫理・国際規範として定立し、人道的危機に直面した人々の保護・救済を実現することが要請されているといえよう。したがって、国際正義あるいは人権が国家主権に優越するという考え方は、誤謬とはいえないだろう。ただし、しばしば大国から小国を守る不干渉原則が意味を持たなくなったわけではない。法的には未成熟であるとはいえ、各国および国際機関の政策を倫理的に方向づけるための原則として「保護する責任」は、一定の価値が認められてしかるべきである。ともかく、道徳的現実主義（あるいは現実主義的ユートピア）に依拠すると、現在の世界政治は、ウェストファリア的秩序とポストウェストファリア的秩序のあいだを行き来しているといえよう。

(1)　人権の国際化により西洋生まれの人権思想が普遍性を持ちうるという主張は、文化相対主義の立場から、あるいはイスラームや東南アジアからの文化的挑戦を受けている。こうした挑戦に対して、J・ロールズは、人権をすべての政治制度のミニマム・スタンダードを表現するものとして位置づけ、西洋の伝統に特有なものだという理由でそれを拒絶し得ないとし、人権の普遍性を擁護する。また、M・イグナティエフも人権を形而上学的に基礎づける代わりに、人権ミニマリズムの思想を提示している。詳しくは、ロールズ他『人権について』みすず書房、一九九八年：イグナティエフ他『人権の政治学』風行社、二〇〇六年を参照されたい。なお、田畑茂二郎『国際化時代の人権問題』岩波書店、一九九八年：大沼保昭『人権、国家、文明』筑摩書房、一九九八年：小林善彦、樋口陽一編『人権は「普遍」なのか—世界人権宣言の五〇年とこれから』岩波書店、一九九九年も参照されたい。

(2) Owen, Nicholas ed. (2003), *Human Rights, Human Wrongs : The Oxford Amnesty Lectures 2001* Oxford : Oxford University Press など参照。

(3) 本章でいう「世界政治」とは、「国際政治」のようなインターナショナルな原理（国際公共性、国際法、国家主権、内政不干渉、国家（国際）安全保障）に基づくウェストファリア的秩序と「旧い戦争」の政治とは異なり、グローカルな原理（グローカル公共性、万民法、国際正義、人道的介入、人間の安全保障）に基づくポストウェストファリア的秩序と「新しい戦争」の政治のことである。

(4) たとえば、Kaldor, Mary (2007), *Human Security : Reflections on Globalization and Intervention*, Cambridge: Polity Press を参照。

(5) Finnemore, Martha (2003), *The Purpose of Intervention : Changing Beliefs about the Use of Force*, Ithaca : Cornell University Press など参照。

(6) 新約聖書「ルカによる福音書」第一〇章にある逸話（ある人がエルサレムからエリコへ下る道でおいはぎに襲われ、おいはぎ達は服をはぎ取り金品を奪い、そのうえその人に大けがをさせて置き去りにした。たまたま通りかかった祭司は、反対側を通り過ぎていき、同じように通りがかったレビ人もみてみぬふりをした。しかしあるサマリア人は彼を見て憐れに思い、傷の手当をして自分の家畜に乗せて宿屋に連れて行き介抱した。さらに翌日、そのサマリア人は、銀貨二枚を宿屋の主人に渡して、「介抱してあげてください。もし足りなければ帰りに私が払います」といった）である。

なお、外交政策との関連で、Brusk, Alison (2009), *Global Good Samaritans : Human Rights As Foreign Policy*, Oxford : Oxford University Press は示唆的である。

（7） J・S・ミル（早坂忠訳）「自由論」関嘉彦編『ベンサム　J・S・ミル』（世界の名著四九［第六版］）中央公論社、一九九五年、二二四頁。

（8） Mill, John Stuart (1859), "A Few Words on Non-Intervention", in Chris Brown, Terry Nardin and Nicholas Rengger eds. (2002), *International Relations in Political Thought : Texts from the Ancient Greeks to the First World War*, Cambridge: Cambridge University Press, pp. 486－493を参照。なお、「介入（interference）」との国際法的区別を踏まえながらも、本章では、「内政不干渉（non-intervention）」、「人道的介入（humanitarian intervention）」のように "intervention" の訳語として「干渉」と「介入」の両方を用いている。また、「介入の義務」という言葉を最初に使ったのは、一九七一年に国境なき医師団を創設したベルナール・クシュネルであるといわれている。それは救済という倫理観に立脚しており、ＮＧＯによる医師や看護士の派遣、難民のためのテントや毛布、食品の用意などを含んでいる。

（9） J・S・ミルの国際政治思想に関しては、Souffrant, Eddy M. (2000), *Formal Transgression : John Stuart Mill's Philosophy of International Affairs*, Lanham : Rowman & Littlefield Publishers を参照されたい。また、ミルの国際政治思想における帝国主義的な側面に関しては、Mantena, Karuna, "Mill and the Imperial Predicament", Nadia Urbinati and Alex Zakaras eds. (2007), *J. S. Mill's Political Thought : A Bicentennial Reassessment*, Cambridge : Cambridge University Press, pp. 298－318 ; Holmes, Stephan, "Making Sense of Liberal Imperialism", op. cit., pp. 319－346が詳しい。

（10） 新介入主義に関しては、たとえば Doyle, Michael W. (2001), "The New Interventionism", Thomas W. Pogge ed., *Global Justice*, Oxford : Blackwell Publishing, pp. 219－241を参照されたい。また、マイケル・J・グレノン「国連憲章と新介入主義の行方」『論座』八月号、一九九九年、一六六―一七三頁も参照されたい。

（11） Bull, Hedley (1977), *The Anarchical Society : A Study of Order in World Politics*, London : Macmillan（ヘドリー・ブル、臼杵英一訳『国際社会論―アナーキカル・ソサイエティ』岩波書店、二〇〇〇年）。なお、ヒデミ・スガナミ、拙訳

「国際社会とは何か—英国学派の理論的貢献」『思想』一月号、岩波書店、二〇〇七年も参照されたい。

（12） Commission on Global Governance (1995), *Our Global Neighborhood : The Report of the Commission on Global Governance*, Oxford : Oxford University Press, pp. 103－104. なお、一九九九年九月の国連総会の演説で、八〇万人が死亡したといわれるルワンダ虐殺を見過ごしたトラウマを克服しようとして、アナン国連事務総長（当時）は、次のように述べている。「国際秩序の将来にとって最大の脅威は安全保障理事会の要請のないまま武力が行使されることだと考える人は、コソボではなくルワンダとの関連において、こう聞かれるかもしれません。集団虐殺に至るまでの暗礁の日々に、国連加盟国がツチ族の住民を守るための行動を起こす準備をしていたにもかかわらず、安保理の迅速な承認が得られなかった場合、国連はただ傍観し、集団虐殺が行われているのを放置しておいてもよいのかと。国際法を執行するための既存の枠組み外で諸国家集団が軍事行動を起こすことができる、という新しい時代の到来をコソボへの介入が告げたと考える人は、次のように聞かれるかもしれません。そのような介入は第二次世界大戦後に築かれた不完全ながらも弾力的な安全保障体制を損なう危険性があるし、誰がいかなる状況においてこの先例に訴えるのかを判断する明確な基準がないままで、将来の介入のための危険な先例となるのではないか」（Press Release SG/SM/7136GA/9596, Secretary-General Presents His Annual Report to General Assembly（September 20, 1999） in http://srcho.un.org:80/Docs/SG/index/htm）。かれによれば、国連憲章は個々人を保護するために介入する権限を与えており、国連憲章第五五条C（すべての人々の人権及び基本的自由の普遍的な尊重及び遵守）と第五六条（すべての加盟国はこの目的を達成するために、国連と協力して共同及び個別の行動をとることを誓約する）は、主権国家の内部において人権が侵害されている個々人を保護するための人道的介入を正当化していると解釈できるのである。

（13） この点に関して、Beitz, Charles R. et al. (1985), *International Ethics*, Princeton : Princeton University Press はいまでも示唆的である。また、Graham, Gordon (2008), *Ethics and International Relations*, Oxford : Blackwell Publishing も参照。

（14） International Commission on Intervention and State Sovereignty (2001), *The Responsibility to Protect : Report of the International Commission on Intervention and State Sovereignty*, Ottawa : International Development Research Centre.

（15）*Ibid.*, pp. 2–3.

（16）*Ibid.*, paras. 1.32–1.36, 2.14–2.15, 2.16–2.27, 2.29.

（17）たとえば、Lang, Jr., Anthony F. ed. (2006), *Just Intervention*, Washington, DC : Georgetown University Press を参照。

（18）Jones, Dorothy V. (2002), *Toward a Just World : The Critical Years in the Search for International Justice*, Chicago: University of Chicago Press ; Broomhall, Bruce (2003), *International Justice and the International Criminal Court : Between Sovereignty and the Rule of Law*, Oxford : Oxford University Press ; Dembour, Marie-Benedicte and Kelly, Tobias eds. (2007), *Paths to International Justice : Social and Cultural Perspectives*, Cambridge : Cambridge University Press.

（19）Chesterman, Simon (2002), *Just War or Just Peace? : Humanitarian Intervention and International Law*, Oxford : Oxford University Press ; Holzgrefe, J. L. and Keohane, Robert eds. (2003), *Humanitarian Intervention: Ethical, Legal, and Political Dilemmas*, Cambridge : Cambridge University Press など参照。

（20）コスモポリタンとコミュニタリアンという論争の座標軸に関しては、Brown, Chris (1992), *International Relations Theory : New Normative Approaches*, New York : Columbia University Press; Thompson, Janna (1992), *Justice and World Order : A Philosophical Inquiry*, London : Routledge を参照されたい。

（21）ユルゲン・ハーバーマス、高野昌行訳『他者の受容―多文化社会の政治理論に関する研究』法政大学出版局、二〇〇四年。

（22）Habermas, Jürgen (1999), "Bestialität und Humanität", Die Zeit, April 29, p. 1–7.　ハーバーマスのこの論稿に対しては多くの批判が出された。たとえば、ハーバーマス自身が、「NATOの自己授権が通常の状態になってはならない」と述べているものの、かれが国連決議なしの空爆を今回だけは例外として認めている点や、大量虐殺の防止から直接的に軍事介入を導く論理の飛躍などがそれである。なお、拙稿「世界市民法と人道的介入―カントとハーバーマスの国際政治思想」財団法人政治経済研究所『政経研究』第八四号、二〇〇五年、一六―三〇頁も参照されたい。

（23）*Ibid.*, p. 8. なお、M・カルドーもハーバーマスと同様に、コスモポリタン法の尊重を掲げるが、ハーバーマスのような観念的なコスモポリタン法の捉え方とは異なり、既存の国際人道法と国際人権法を合わせたものをコスモポリタン法として規定し、「コスモポリタン法の執行」を唱えている。具体的には、安全地帯の防護や救助活動のための回路の確保、人道支援組織や市民社会組織の護衛、人道に対する罪、ジェノサイド、大規模な人権侵害を行った犯罪者の拘束・逮捕といった警察的活動を重視している。また、D・アーチブギは、コスモポリタン・デモクラシーの視点から、国連による授権などを人道的介入の正当化基準としている。詳しくは、Kaldor, Mary (1999), *New and Old Wars : Organized Violence in a Global Era*, Cambridge : Polity Press; Archibugi, Daniele (2008), *The Global Commonwealth of Citizens : Toward Cosmopolitan Democracy*, Princeton : Princeton University Press を参照されたい。

(24) Walzer, Michael (1977), *Just and Unjust Wars : A Moral Argument With Historical Illustrations*, New York : Basic Books. この著作は、ベトナム戦争への反対を念頭において書かれたのであり、ウォルツァーの正戦論は、本来、戦争の正当化を企図するものではなく、「正しい戦争（just war）」と「不正な戦争（unjust war）」とを区別して、後者を禁止することを意図している。ただし、アウグスティヌスやトマス・アクィナス、グロティウスなどの思想的伝統に立つ正戦論は、実際にはしばしば戦争を正当化するために援用されてきた。

(25) Walzer, Michael, (2004), *Arguing about War*, New Haven : Yale University Press, pp. 67–83.（"The Politics of Rescue", *Social Research*, Vol. 62, No. 1 (1995), pp. 53–66と同じ）

(26) たとえば、Walzer, Michael（2002), "The Argument about Humanitarian Intervention", *Dissent*, Winter, pp. 29–37など参照。また、ウォルツァーは、ある国家の政府がその国民を虐殺し隷属化している場合には、そこには政府と共同体との「合致」が存在しないか、もしくはいかなる共同体も存在しないと想定されるので、介入は正当化され得るとも考えている。

(27) Mill, J. S., *loc. cit.* なお、ウォルツァーは、ミルのこの論文を肯定的に評価している。それに関しては、Walzer, Michael (2007), "Mill's "A Few Words on Non-Intervention" : A Commentary", in Nadia Urbinati and Alex Zakaras eds., *J. S. Mill's Political Thought : A Bicentennial Reassessment*, Cambridge : Cambridge University Press, pp. 347–356を参照さ

れたい。また、C・ベイツなどコスモポリタンの議論も参考にしている『保護する責任』であるが、それが強調する「人類の良心に衝撃を与えるような暴力」（paras. 4.1－4.13）は、既述したようにウォルツァーの議論を踏襲している。紙幅の関係で、C・ベイツの議論には触れられなかったが、さしあたり『保護する責任』の中で参考にしている次の文献を参照されたい。Beitz R., Charles (1979), *Political Theory and International Relations*, Princeton : Princeton University Press.（C・ベイツ、進藤栄一訳『国際秩序と正義』岩波書店、一九八九）

（28） Hoffmann, Stanley et al. (1997), *The Ethics and Politics of Humanitarian Intervention*, Notre Dame : University of Notre Dame Press を参照。これは、ICISSの報告書『保護する責任』の参考文献に挙げられている。なお、S・ホフマンの議論に依拠した Lucas, Jr., George R. (2003), "From *jus ad bellum to jus ad pacem*: rethinking just-war criteria for the use of military force for humanitarian ends", Deen K. Chatterjee and Don E. Scheid eds., *Ethics and Foreign Intervention*, Cambridge : Cambridge University Press, pp. 72－96も示唆的である。これらの文献で示された正しい介入の要件である「介入への正義（jus ad interventionem）」と「介入における正義（jus in interventione）」は、それぞれ正戦論でいう「戦争への正義（jus ad bellum）」（開戦法規）と「戦争における正義（jus in bello）」（交戦法規）に相当する。また、正戦論の是非に関わりなく、『保護する責任』において示された軍事介入の正当化の根拠・基準・注意原則（1．正当な理由、2．正当な意図、3．最終手段、4．均衡性のある手段、5．合理的見通し、6．正当な権原・授権者）や作戦行動原則も正戦論を踏襲している（参考文献の中に正戦論に関する文献は、H・グロティウスやH・ブル、M・ウォルツァーらの著作を含む一三冊が挙げられている）。

（29） Lu, Catherine (2006), *Just and Unjust Interventions in World Politics : Public and Private*, London: Palgrave, 2006 ; 押村高『国際正義の論理』講談社、二〇〇八年、一〇六―一一七頁。なお、拙稿「戦争・正義・人道的介入―倫理的な国際政治の思想と現実」『中央大学社会科学研究所年報』第一〇号、二〇〇六年、二七―四七頁も参照されたい。

（30） 前田哲男編『岩波小辞典　現代の戦争』岩波書店、二〇〇二年：フランソワ・ジェレ、山本光久訳『地図で読む現代戦争事典』河出書房新社、二〇〇三年など参照。

（31）前掲書のほか、定形衛「コソボ危機と人道的介入論」菅英輝、石田正治編著『二一世紀の安全保障と日米安保体制』ミネルヴァ書房、二〇〇五年、一七六—一九五頁を参照。

（32）詳しくは、Robertson, Geoffrey (2000), *Crimes Against Humanity : The Struggle for Global Justice*, London : Penguin Books を参照されたい。

（33）この点に関して、Wheeler, Nicholas J. (2003), *Saving Strangers : Humanitarian Intervention in International Society*, Oxford : Oxford University Press ; Weiss, Thomas G. (2007), *Humanitarian Intervention : Ideas in Action*, Cambridge : Polity Press は示唆的である。

（34）Young, Iris Marion (2003), "Violence against power : critical thoughts on military intervention", in Deen K. Chatterjee and Don E. Scheid eds., *op. cit.*, pp. 251–273 などを参照。

（35）たとえば、Kitamura, Osamu（2008), "Kant and Anti-War Pacifism : The Political Theory of the Post 9/11 World", Shin Chiba and Thomas J. Schoenbaum eds., *Peace Movements and Pacifism after September 11*, London : Edward Elgar Publishing（拙稿「カントと反戦・平和主義—九・一一後の国際政治思想」千葉眞編『平和運動と平和主義の現在』風行社、二〇〇八年）を参照されたい。なお、同書に所収されている千葉眞氏、坂本義和氏、R・フォーク氏、J・ガルトゥング氏をはじめとする平和主義に関する論稿も参照されたい。

（36）詳しくは、最上敏樹『人道的介入—正義の武力行使はあるか』岩波書店、二〇〇一年とG・ダンドロー、西海真樹・中井愛子訳『NGOと人道支援活動』白水社、二〇〇五年を参照されたい。また、拙稿「カントの永遠平和論と現代—「新しい戦争」時代の世界市民」萩原能久編『ポスト・ウォー・シティズンシップの構想力』慶応義塾大学出版会、二〇〇五年と拙稿「地球市民社会の境界線—デモクラシーと差異」地球市民社会の研究プロジェクト編『地球市民社会の研究』中央大学出版部、二〇〇六年も参照されたい。

（37）Archibugi, Daniele（2004), "Cosmopolitan Guidelines for Humanitarian Intervention", *Alternatives*, Vol. 29, No. 1, pp. 1–21. なお、拙稿「国連と市民社会の関係に関する有識者パネル報告『われら人民—市民社会、国連、およびグローバル・ガ

バナンス』」日本国際連合学会編『市民社会と国連』（国連研究第六号）、国際書院、二〇〇五年、二四五―二四八頁も参照されたい。

第四章　ヨーロッパにおける中立政策と安全保障のジレンマ
――オーストリア外交からの一考察――

上原史子

はじめに

安全保障というのは、「その主体が持っている中核となる価値に対する他者による脅威から自由であること」という点にはおおよその合意がある。しかしながらグローバリゼーションが進んできた現代世界では、その安全保障のレベルが個人、国家、あるいは国際的安全保障のいずれなのか、という点に関する共通理解がなされていないのが現状である。(1) 冷戦期はおおむね軍事的条件によって規定される国家の安全保障に関してのみ議論されていたが、冷戦終焉後の現在、軍事的用件のみ、あるいは国家安全保障の問題のみでは安全保障は語れない。ゆえに現在世界では各地で安全保障政策の見直しが様々なレベルで行われている。

このような中、ヨーロッパは安全保障政策においてどのような変遷を遂げたのか？

この壮大な問題には現代ヨーロッパの中核となる欧州連合（ＥＵ）、そしてＥＵ加盟国がどのような対応を迫られているのか？　軍事的用件が中心である従来の安全保障とは異なる安全保障政策の将来にはどのような試み・可能性があるのか？　という点から探ることが不可欠となる。

二一世紀のＥＵは大国を中心としたヨーロッパ合同軍の展開とともに共通外交安保防衛政策を強化しているが、中小国がＥＵの大半を占めるようになった二七カ国の現在、ＥＵの共通外交安保防衛政策に関する分析では大国のみならず、中小国、特に中立諸国の動向も注視しなくてはならない。

そこで本章では冷戦後、特に一九九九年以降発展を遂げたＥＵの安全保障政策の現状と将来について、ヨーロッパにおけるオーストリアの安全保障政策を中心に検討する。はじめにグローバリゼーションが進んだ冷戦後ヨーロッパにおける安全保障政策の発展をガバナンスという観点から概観し、ＥＵの共通外交安保防衛政策の発展に伴い、脆弱な軍事力しか持てない中立国がＥＵの共通外交安保防衛政策との調整という問題に直面し、自国の安全保障政策の見直しを迫られる過程を明らかにする。そしてオーストリアがヨーロッパの共通外交安保防衛政策において自国の中立という問題とどのように向き合ってきたのかを実証分析することで、中立が抱える問題を明らかにするとともにヨーロッパの安全保障政策の将来について考察を加えたい。

一　ヨーロッパにおける安全保障ガバナンスとしてのＥＵ？

ヨーロッパにおいて、「平和と安定」は冷戦の終焉以降、大きな課題となってきた。冷戦後、安全保障の脅威とその対象は変化し、組織犯罪・環境破壊・国際テロなどは国家のみならず社会をもその対象とするようになってきている。この間にヨーロッパ大の安全保障枠組みが構築され、発展してきたが、これは昨今国際関係で論じられている諸理論・諸概念から生まれたものである。諸理論の中でも特に安全保障共同体や安全保障ガバナンスといったものがEUの安全保障政策研究で注目されている。その背景には、EUが他地域の手本となるような安全保障ガバナンスの特筆すべきモデルとなっており、それゆえにEUがいかに調和され、管理され、制度化された、紛争予防・平和強化維持・平和構築のような鍵となる安全保障機能を備えているかを検討することが重要であると考えられているからである。

安全保障ガバナンスは安全保障とガバナンスの二つの要素からなる。

安全保障は元来、既存の脅威に対する対応と認識されているが、冷戦後の現在、安全保障上の脅威は多様性を持つようになるとともに、表面化しにくく、予見しにくいものへと変化している。このような中で安全保障の意味するものも変化し、かつての軍事・防衛の側面のみならず、環境・経済・政治・社会といった様々な要素を持つようになってきた(2)。ヨーロッパの場合も、共通の安全保障政策においては軍事・防衛面のみならず、環境や人権なども包括的に扱うようなしくみを構築しつつある。

ガバナンスはこれまで政治学において広く適用されてきた概念であり、安全保障共同体の概念に似た要素を持っている。政治アクターや制度、市民社会、超国家的機構といった、様々な目的を持つアクター間の協調を支援し、国内外からの国家に対する挑戦に屈することなく、政治的諸機構の舵取りという役割をいかに維持していくのかを理解しようとするものである(3)。ガバナンスは複雑で理論化の最中であるものの、国際機関や国際機構間の相互作用を研究する際の前提となっている。したがって安全保障ガバナンスは多数のアクター間の相互作用を研究し、EUの安全保障政策決定過程を概念化するのに役立つ枠組みであり、EUで試みられている共通の安全保障政策の調和・管理・規則といったものを概念化するための装置を提供すると考えられる。ヨーロッパの場合には欧州委員会が「ヨーロッパ・

ガバナンス」を実施することを目的としていろいろな場面でこの概念を採用してきた経緯があり、[4] ヨーロッパにおける安全保障ガバナンスではＥＵ諸機構がより大きな重要性を持つようになると考えられる。

それでは現在、安全保障ガバナンスは安全保障アクターとしてのＥＵの機能を把握できているのか？　これに対してキルヒナーはＥＵ安全保障政策におけるタスクが拡大している中で、政策の調和・管理という点で加盟各国とＥＵ諸機構との間に摩擦が生じていることを指摘している。[5] この指摘に示されるように、ＥＵの安全保障政策においては、ＥＵのみならず、加盟各国の取り組みを詳細に検討することが不可欠である。

以下でＥＵ加盟各国の現状を安全保障政策の観点からみておきたい。ＥＵの場合、ＥＵ加盟国の国力と影響力は国家の領土と人口の規模によって規定されてきたという歴史があり、同時に各国のＧＤＰと防衛予算にも影響されるものである。

左の表はＥＵ加盟各国の現状を数値で示したものである。現在のＥＵでは二、〇〇〇万人以上の人口を有する国は二七カ国のうちの七カ国であり、大半は中小国である。その中小国も二一世紀に入ってからの新規加盟国が大半であり、新規加盟国は冷戦の終焉とともにヨーロッパの一員となり、発展途上にあるＥＵの共通外交安保防衛政策に加わることとなった。

東欧諸国以外の中小国はアイルランド・スウェーデン・オーストリア・フィンランドなどだが、これらの国々は冷戦期から世界情勢の変化にあわせて自国の外交・安全保障政策を調整してきたという経験があり、ＥＵの共通外交安保政策の発展に伴い、現在もそれぞれの安保政策をＥＵの枠組みで再構築する過程にある。この再構築においてしばしば問題になるのが「中立」である。以下でヨーロッパにおける安全保障問題の変遷と将来について、ＥＵ加盟国の中でも特に中立国の動向に着目し、ヨーロッパの中立国がＥＵの安全保障政策の発展においてどのような問題を抱え

表　EU 加盟国の人口・国土面積・GDP・防衛費

	人口（2007 年）	国土面積	GDP（2007 年）	軍事費（2006 年）
	単位：1,000 人	単位： 1,000 平方 km	購買力基準における一人当たり GDP（EU27 カ国を 100 として）	単位：10 億ユーロ（デンマーク：10 億ドル）
マルタ	410.6	0.3	77.3	0.04
ルクセンブルク	483.8	3	276.3	0.2
キプロス	794.6	9	93.1	0.31
エストニア	1340.9	43	72.1	0.19
スロヴェニア	2025.9	20	88.7	0.49
ラトヴィア	2270.9	65	58.0	0.25
リトアニア	3366.4	65	60.3	0.28
アイルランド	4419.9	70	146.3	0.92
フィンランド	5300.5	305	116.8	2.28
スロヴァキア	5401.0	49	68.5	0.75
デンマーク	5475.8	43	122.8	3.87
ブルガリア	7640.2	111	38.1	0.58
オーストリア	8331.9	84	127.3	2.1
スウェーデン	9182.9	411	126.1	4.3
ハンガリー	10045.0	93	63.5	1.05
チェコ	10381.1	79	81.5	1.92
ポルトガル	10617.6	92	74.8	2.45
ベルギー	10666.9	31	118.0	3.57
ギリシャ	11215.0	132	97.8	5.24
オランダ	16404.3	34	132.6	8.15
ルーマニア	21528.6	230	40.7	1.79
ポーランド	38115.6	313	53.8	4.89
スペイン	45283.3	505	106.9	11.51
イタリア	59618.1	301	101.4	26.63
イギリス	61186.0	244	115.8	47.31
フランス	63753.1	544	111.2	43.46
ドイツ	82221.8	357	113.1	30.36
EU 27 カ国	497481.7	4234	100.0	201

（出所）Eurostat, EDA, military balance などの情報をもとに筆者作成。（デンマークは EDA 不参加）

ているのかを明らかにしたい。

二　ヨーロッパにおける共通の安全保障の発展と中立国

第二次世界大戦後から現在に至るまで、ヨーロッパでは様々な形態での安全保障政策の共通化と発展が模索されてきた。そのような中、ヨーロッパの中立諸国はいろいろなステータスでヨーロッパの安全保障の枠組みに関与し続けてきたが、冷戦期、中小国がヨーロッパの安全保障の発展に寄与する部分は非常に小さかった。というのも、当時のヨーロッパにおける安全保障政策では軍事力が圧倒的な役割を果たすがゆえ、中小国よりもイギリス・フランス・ドイツといった軍事力を持つ大国の安保政策・対外政策、特に対米政策が大きな影響力を有していたため、中小国がヨーロッパ統合に貢献する部分はわずかであり、中小国にとってヨーロッパ統合は安全保障上重要なものとはならなかったからである。

ところが一九九〇年代に入ると、世界情勢の変化とともにヨーロッパ統合における政策も劇的に変化した。EU条約は冷戦後、共通防衛というパースペクティブを提起することとなり、共通外交政策という目的を含むこととなったが、一九九三年のマーストリヒト条約の段階ではEUの対外政策の目標は曖昧な言葉で定義されていた。そのためマーストリヒト条約においては次の条約改正の際、つまりアムステルダム条約でこの対外政策の目標を再定義することが予定されていた。アムステルダム条約ではEUの安全保障の強化が強調され、EU域内で共通の価値や基本的利益を守ること、平和の保全と国際的な安全保障協力体制を強化すること、民主主義の発展が謳われた。この条約は北大西洋条約機構（NATO）や西欧同盟（WEU）との関係強化も含んでおり、加盟国にいわゆるペータースベルグ任務

（人道的・国際的救援、平和維持、危機管理のための戦闘任務）を法的に課すものであった。[6] このような条件のもと、EUはヨーロッパでの重要な安全保障アクターとなっていたが、EUには共通の軍隊はなく、軍事問題に対して効果的に活動する能力も持ち合わせていなかったのが実情であった。

以上のように軍事面での大きな進展はみられなかったが、国際情勢の変容とともに安全保障政策における非軍事的要素が注目されるようになり、ソフトな安全保障と呼ばれる非軍事的側面がEUの共通外交安保政策にも導入された。このような非軍事的要素も重視した安保政策ゆえに、ヨーロッパの中小国は共通外交安保政策から排除されることなく、また、民主主義・平和・人権を広めるといったヨーロッパ固有の伝統的な安全保障アイデンティティを保持し続けることが可能となった。つまり、EUの共通外交安保政策は、人権等に焦点を当てて安定した安全保障環境を構築するというヨーロッパの中小国にとっての伝統的な優先事項を容認するものであり、ヨーロッパ中小国のアイデンティティと相容れるものとなったのである。

この結果、たとえばポルトガルは旧植民地である東ティモールで人権と民族自決を促進することができたし、ギリシャはEUとバルカン諸国の間の橋渡しの役割を果たした。[7] ベルギーは中東やアフリカでの交渉・外交枠組みを追求する手段としてEUを利用した。オランダは初期の旧ユーゴスラビア介入で積極的な役割を果たし、アイルランドは核不拡散・非植民地化・紛争の平和的解決・国際経済の正当性への積極的関与という自らの安保アイデンティティを促進し、[8] 中立を維持することができた。さらにデンマークは中東欧においてEU拡大を通じて安定と統合をもたらした。

また、ヨーロッパの中小国はEUに加盟することで、最終的には「大国vs小国」というヨーロッパの将来的な分裂という問題を回避することにも成功した。こうしてEUそのものが冷戦後のヨーロッパ中小国にとって理想的な安全保障機構へと発展しつつある中、一九九五年にはスウェーデン・フィンランド・オーストリアの三カ国は中立放棄という問題を先送りにしたままEU加盟を実現した。これら三カ国はEU共通外交安保政策に完全に参加するとの声明を出したが、NATOに加盟するかどうかに対しては明確な態度を示さなかった。というのも、NATOは軍事同盟という性格を持っていることから、NATOへの加盟には自国の中立を放棄する必要性が生じるためであった。[9]

以上のように中立諸国を加盟国に迎えた九〇年代のEUの安全保障政策はまだまだ未熟なものであり、新規加盟国にとっては自国の安全保障政策の変更を伴わない未完成な安全保障システムであった。EUの未熟な軍事能力ゆえに、新たな安全保障の問題や全欧の安定にむけての非軍事的安全保障政策への関心が高まる中、安全保障アクターとしてのEUは、ヨーロッパの中小国にとって非常に都合のよい安全保障政策の遂行手段となった。オーストリアはその未熟なEUの安全保障政策から軍事同盟への参加を迫られることもなく、しかもヨーロッパの安全保障を享受できることとなった。このように当時のEUはオーストリアに対して中立を維持するためのもっとも現実的なオプションを提供したのである。[10]冷戦後中立の意義は弱まったが、中立ゆえにEUの安全保障にかかわる共通戦略を採用しないという選択肢を持ち続けることが可能となり、EUの一員として中立諸国固有の伝統的な安全保障アイデンティティを維持できることとなった。

またEUは、域内のみならず域外に対しても紛争防止と紛争の平和的解決のためのインセンティブを生み出した。EUに加盟を希望する国々は加盟の条件となる人権の尊重、少数民族の保護、紛争の平和的解決といったEUが掲げる規範を守ろうと努力するようになった。[11]同時にEUは国際的な協力を構築していくことで、世界で大国の役割を果たすまでに発展した。

しかしながらここ一〇年、特に九・一一以降のEUの共通外交安保政策から共通安保防衛政策への発展は、EUの中小国に統合のジレンマをもたらした。ＥＵの中小国は政治経済的安定といったソフトな安全保障問題についてはすでにＥＵの共通政策として深く関与していたが、将来の共通軍創設の計画を含むハードな安全保障問題に際しては、ＮＡＴＯ非加盟のヨーロッパ諸国は積極的にかかわることができないことが明らかになったのである。

このような状況下ではあるが、ＥＵ内では小国も大国も対等であるという原則から、ＥＵでは小国にも政策決定過程で対等に発言する機会がもたらされている。それゆえ、依然として小国は自律性を保持することを許され、同盟への参加というコストを払わずに新たなヨーロッパの利益を享受できるようになっている。したがってこれまでのＥＵにおける安保政策の発展はヨーロッパ小国のアイデンティティや利益と非常に相容れるものであったといえる。

ところが二一世紀の現在、国際情勢の変容に伴うＥＵの共通外交安保防衛政策の発展次第では、ＥＵの小国は自らの安全保障にかかわるアイデンティティや国益をめぐり、自国の安全保障政策の見直しに迫られる可能性もある。特にＥＵ憲法条約の草案過程ではＥＵ政策決定過程に柔軟性が加わったことから、ＥＵ内の大国と小国の間には数・規模の論理から生じる不平等が拡大する可能性が高まっている。このような中、オーストリア・スウェーデン・フィンランドの三カ国は非大国であると同時に中立でもあることから、ＥＵの共通外交安保政策・共通安保防衛政策に影響力を保持するためには、将来自国の安全保障政策とＥＵの安全保障政策をどのように両立するべきか、というジレンマに直面することが避けられないと予想される。

新たな安保政策の模索という課題を突きつけられているヨーロッパの中立諸国にとって、ＥＵの共通外交安保防衛政策は自国の中立という独特の安全保障アイデンティティを検討していく場となってきている。それではこの三カ国の安全保障政策がＥＵの共通外交安保防衛政策の展開に伴ってどのような状況にあるのだろうか。

三　中立からポスト中立へ

第四次拡大でEU加盟を果たしたオーストリア・フィンランド・スウェーデンの場合、冷戦期の国家の安全保障は大国間の対立における中立が基軸となっており、中立というスタンスは自国を紛争から守るため、そして独立と領土侵略から自国を守るための戦略であった。

オーストリアにとって中立は自由な選択ではなかったが、永世中立というステータスを憲法で規定した。この憲法規定は第二次世界大戦後のオーストリアが独立を獲得するためにソ連に支払った代償であったが、中立を強いられた国であるというイメージを払拭するべく、中立条項は「自ら進んで自国の永世中立を表明する」という文言になっている。[(12)] フィンランドの場合、法的拘束は無かったものの、オーストリアと同様ソ連の外圧に直面していたがゆえの中立であった。他方、スウェーデンは他の二国のような外圧というよりも、自国の判断で中立政策をとっていた。

いずれの国も中立を主として安全保障のツールであると認識することで、「中立は外交政策の制度化された理念として、自国の安全保障をより強化する。」という信頼醸成につながっていた。したがって冷戦期に展開された中立研究では、二極対立の世界において中立政策は中小国にとって国家安全保障上の利益を追求する最適な戦略である、との見方がほとんどであった。

ところがこのようなツールを採用する理由づけとなる二極対立という脅威が減少した冷戦後、特に地域紛争やテロといった新たな脅威に直面するようになったこの一〇年間、冷戦期に制度化された中立に対する信頼は弱まる一方である。このような国際情勢の下では、中立が導入された際の前提となる状況がそれぞれ異なっている三カ国ゆえ、その後の安全保障政策における対応にも違いが生じると考えられる。これら三カ国がとる可能性がもっとも高いと考えられる選択肢の一つに中立の放棄が挙げられる。現段階で中立を転換する可能性が一番大きいのはフィンランドだと予想される。その理由はフィンランドの中立の歴史が浅いということと、ソ連邦が崩壊した冷戦後の世界はフィンランドにとっての外圧が小さくなった点にある。オーストリアもフィンランド同様にソ連という外圧を意識する必要性は小さくなっているが、中立が憲法で規定されており、中立の国内における法的な制度化がオーストリア外交の転換を難しくしている。スウェーデンの場合、中立は自ら採用された政策であることから、将来発生するかもしれない脅威に備え、このまま中立を維持するべきであるというのが世論と政策決定者の間の一般的見解となっている。このように三カ国の中立をめぐっては様々な可能性が考えられるが、今のところいずれの国も中立を放棄するとは明言していない。冷戦後のヨーロッパ安全保障政策が発展する中で、中立諸国は自国の安全保障政策を転換させるのかどうか？　転換させる場合にはその要因となるのは何か？　以下でEUの共通外交安保政策の発展における中立諸国の対応を比較しながら、現在の中立が抱えている問題を明らかにすることを試みたい。

ＥＵでは共通外交安保政策が導入され、ヨーロッパにおける安全保障の枠組みにはＮＡＴＯも組み込まれることとなった。三カ国はこの共通外交安保政策の開始後にＥＵ加盟を果たしたことから、中立という各国の安保防衛政策の基本原則を再検討し続けてきたが、実際にはわずかな調整しか行わなかった。その理由はＥＵの共通外交安保政策に参加はするものの、ＮＡＴＯへの完全加盟についてはどの国も時期尚早である、あるいは検討の余地があるとして態度を保留しているからである。[13]　特にオーストリアの場合、二〇〇一年の安保防衛ドクトリンにより、一九五五年の中立条項を保持し続けることを明らかにしており、中立としての国際的なステータスを堅持している。[14]　スウェーデンとフィンランドの場合、オーストリアのような中立条項はないが、軍事的非同盟を維持し続けている。したがって中立はオーストリアの対外関係の基本原則として今なお存続しており、他の二国も中立を前提として非同盟を続けて現在に至る。

ヨーロッパの中立諸国は非同盟を貫きながら、安全保障政策における様々な形態のコラボレーションに参加してきた。その一部がEUの共通外交安保防衛政策の発展（共通外交安保政策から共通安保防衛政策へ）を支持し、NATOの平和のためのパートナーシップ（PfP）に参加することによる、全ヨーロッパレベルの安全保障政策への関与であった。

このように三カ国はNATOと協調し、欧州安保防衛政策（ESDP）にも関与する姿勢をみせているが、軍事的非同盟という立場は堅持している。つまりこれらの国々は、EUの共通政策が変遷していく過程がEUの構造上の変化を示す一機能であるとの認識から、対外的には中立という立場を示しながら、国内では冷戦後の安全保障政策をどのように再編するべきかという問題をつねに検討しているのである。

しかしながらEUの構造変化によってもたらされた政策転換に関しては、各国それぞれ異なった見解である。いずれの国もNATO加盟についてはその可否を明言しないが、フィンランドとオーストリアはNATOとの協力関係を自国の安全保障政策を遂行する手段として利用しており、スウェーデンの場合にはNATOとの協力関係をヨーロッパの安全保障の枠組みへの貢献方法として位置づけている。(15)

また、三カ国はいずれもESDPの発展を支持しているという点では共通しているが、ESDPへの姿勢は異なっている。オーストリアは積極的な姿勢をみせてはいなかったが、スウェーデンはESDPの枠組みの中に文民軍からなる危機管理機能を構築する必要性を強調し、積極的な働きかけを行っていた。(16)三カ国は中立という同じカテゴリーにありながらも、EUの共通外交安保防衛政策の進展に対してはそれぞれに違う外交スタンスをとっているのが現状である。ＥＳＤＰをめぐって三カ国にスタンスの違いがみられる背景には、各国が中立を維持し続けるさらなる動機づけとして、自国のアイデンティティを追求する手段と捉えていることが挙げられる。

ヨーロッパの中立諸国が中立を維持するか否かは、中立による安全保障上のメリット・デメリットを勘案すると同時に、国内世論をも考慮したうえで決定される。というのも、中立は対外政策としてのみならず、国内政策におけるアイデンティティとして位置づけられているからである。したがって中立諸国の安全保障政策の転換可能性を検討する場合には、中立が国内でどのような理念の変遷を遂げてきたのかを考慮し、世論の動向も分析する必要がある。

中立による対外政策上のメリット・デメリットと、国内政策に影響を及ぼすアイデンティティという問題の双方を考慮すると、オーストリアの中立は第二次世界大戦後に大国から押し付けられた世界史上にも特殊なケースで、「政治的独立と領土不可侵のため」の手段であり、スウェーデンの中立は一八一四年以来の伝統的な中立政策のもと、平和と安全を維持し、第二次世界大戦で侵略を受けなかったという特殊な経緯ゆえの「戦略目的を達成するため」である。また、フィンランドの中立は第二次世界大戦中にソ連に攻め込まれたという苦い経験ゆえに「自国の安保と自由な移動を最大限にするための外的環境への適応の試み」という手段である。このように三カ国の中立はそれぞれ誕生の仕方から性質まで異なるが、いずれの国でも世論はこの中立維持を支持しているという共通性がある。

したがって三カ国では、中立が制度化された理念としてそれぞれの外交政策に影響を与え続けることが予想される。理念は制度や機構に具体化されることではじめて制度化し、その理念に関連する政策に中長期的な影響を及ぼすこととなるが(17)、その場合過去の経験が大きく作用する。中立という政策が国によって異なる方向性を持っているのは、まさにここでいう過去の経験の差、つまり理念として中立が各国で制度化される過程での経験の違いゆえである。このような相違は経路依存の問題（特定の国のしくみや制度の発展が単一の状態に収束することなく、むしろ歴史的に偶然な出来事と過去の政策的介入によって決定される事態）であるといい換えられよう。[18]

中立にかかわる過去の経験を振り返りながら将来の方向性を定める、という中立諸国の安全保障政策の決定過程をフィードバックメカニズムと捉えるならば、積極的なフィードバックメカニズムが弱体化・消滅する場合は政策における変化が生じる可能性が高まるということになり、他方、積極的なフィードバックメカニズムが維持されている場合にはその時点での政策が継続されるということになる。

したがって中立諸国が安全保障政策としての中立を維持しようとするかどうかは、各国の中立をめぐる歴史的経緯に着目して中立にかかわる積極的なフィードバックメカニズムが機能しているかどうか、機能しているとすればどのようなメカニズムなのかを分析することができればおおよその見通しが立つということになる。いい換えると、冷戦後中立を維持しようという様々な動機が弱められたか否かを検討するためには、冷戦期に制度化された理念である中立を遂行する際の「報酬・メリット」は何であったのかを明確にし、そのメリットが冷戦後も引き続きもたらされているのかどうかを明らかにする必要がある。どの国も軍事的非同盟を放棄しなかったことを考えると、三カ国でそれぞれに制度化された理念としての中立の正当性を保持しようというある種の積極的なフィードバックメカニズムが機能している、そしてそのメリットが存在している、と考えられよう。

以上の枠組みを前提にこれまでの歴史をさかのぼると、中立は安全保障上の目的を持った枠組みとして位置づけられ、その中立政策が一国の安全保障政策として効果的であるかどうか、そして国際的な役割を果たすことになるのかどうか、ということを考慮し、中立各国は中立を対外政策として選択し続けるかどうか決断してきたといえる。中立諸国にとっての中立は、国家の安全保障のみならず国際的な安全保障としても機能する一要素であり、この積極的なフィードバックメカニズムは、共通の安全保障政策が発展しつつある冷戦後の現在にも通じるものとなっている。

しかしながら国際社会では、中立に伴う軍事的非同盟というステータスが自国の国益追求的な方向性を持っていると捉えられがちであることから、冷戦後のEUにおける共通外交安保政策の発展により、軍事的非同盟は自己利益追求の立場であるという批判、つまり中立は共通安全保障政策におけるフリーライダーであるという批判が生じ、中立ゆえの責任と関与を示すだけではこの問題に対処することができなくなった。そして中立諸国は、中立の維持は集団的安全保障においてフリーライダーとなるのか否か、という答えの出ない議論が繰り返される状態に陥っている(19)。その後の中立諸国は、共通安全保障におけるフリーライダーという批判に対し、中立によって国際的な平和と安定に貢献しようとしているというアピールをする必要に迫られている。それゆえこれらの国々は中立ならではの「自国の積極主義」を遂行し、EUの枠組みで国際公共財のために活動する意志があることを示すためにヨーロッパにおける共通安全保障の発展とともに自国の安保政策を再編しようとしているのが現状である。

それでは将来の中小国の安全保障政策はどのようになっていくのであろうか？

以下で二一世紀のEU共通外交安保防衛政策のさらなる発展とそれに対する中小国の対応について、世論も含めて国内の議論がもっとも盛んであるオーストリアの安全保障政策をめぐる様々な状況から明らかにすることを試みる。

四　中立の置かれている現状：オーストリアの国内世論と外交政策の現状分析

オーストリアの場合、一九五五年の国家条約の調印からEU加盟までの期間、中立と統合の関係に関するオーストリアの政治的議論は大きく分けて三つのステージがあった。

①　一九五五年から一九七五年：冷戦がもっとも激しさを増した時期に「国防」を視野に入れ、スイスを手本とし

た国際的な中立法によって国家の安全保障体制を整えるという意識からオーストリア型の中立が創り出され、外交政策として展開されはじめた時期。[20]

②　一九七五年から一九九五年：東西対立の中にもヨーロッパを中心とした枠組みとなる欧州安保協力会議（CSCE、後のOSCE）が誕生したことにも示されるように、ヨーロッパでは人権の尊重など非軍事的な要素も重視される時代となり、オーストリアがこのような世界の安全保障政策上の変化に敏感に反応した時期。[21]

③　一九九五年から二〇〇五年：ヨーロッパ統合の初期に提案されたものの実現に至らずに終わった欧州防衛共同体（EDC）という超国家的な安全保障の枠組みが、[22]冷戦の終焉とともにヨーロッパの統合プロセスで共通外交安保政策（CFSP）という形で再び実現する方向性を帯びてきた時期であり、その統合プロセスにオーストリアが完全に加盟した時期。

①の段階では、オーストリアは中立条約において中立を「自由な意志」として表明しているが、実際には第二次世界大戦の戦勝国に押し付けられた枠組みとして誕生したのがオーストリアの中立であった。しかしながらオーストリアの安全保障は軍事力の行使ではなく、外交政策の展開によって構築されるとの認識が生まれた。

②の段階はいわゆるアクティブな中立政策の時代で、世界政治が平穏な状況においても受身の姿勢でいるのではなく、国連に基づく平和介入主義・積極的中立政策を推し進めていった。このことに示されているように、常に安全保障にかかわるような事件等が起こらないような外交政策を遂行することがオーストリア外交の最善策となり、国連の活動に参加し、第三世界へ部隊を派遣することで、オーストリア軍はこれまでの国防を中心とした役割から、国連の活動での他国との協力にも適応可能な軍隊へと発展した。この時期の中立は戦略的自己利益追求の方法であるのみな

らず、国際社会への積極的な役割という意味でオーストリアにふさわしいものとなっていた(23)。

本章で扱う中心は、③の段階とそれ以降の時期となる。冷戦終結後、政治的な枠組みが世界大で変化し、また、湾岸戦争を契機に国連を中心とした集団安全保障による国際的協調が重要性を帯びることとなった(24)。こうした中でヨーロッパは安全保障システムの新たな構築に向けて各国が協力することとなる。まさにこの時期、オーストリアはヨーロッパにおける共通の安全保障政策が始まることを察知し、ヨーロッパの協調と団結に基づく安全保障政策に関与し始める。その典型が一九九五年のEU加盟とWEUへのオブザーバー参加であり、さらには国連の枠組みでの平和構築活動への参加であった。また、オーストリアはNATOにも歩み寄り、PfPに参加するのみでなく、その後さらに拡大されたPfPの活動にも参加することとなった。国連あるいはOSCEが承認する範囲に限定されたものの、平和支援活動（PSO：Peace Support Operation）にも参加した(25)。

こうしてオーストリアは隣国での悲惨な紛争や頻発する戦争を背景に安保政策の重要性が増してきたことにも起因して、平和維持のための要請に効果的にそして十分に対応できるような前提条件を作り、変容する国際情勢に積極的に関わっていくこととなった。

オーストリアがこのようにヨーロッパを中心とした安全保障政策へ積極的に関与する中、中立をめぐり、その姿勢を明確にするべき事件が起こった。一九九九年春のNATO軍のユーゴ空爆の際、オーストリアが中立を根拠に自国の基地の利用を断ったことである。これはオーストリアがNATO加盟国ではなかったこと、さらに当事者がNATO軍であってEUの軍ではなかったことが背景にある。国際法の観点からも議論されたこの問題は、ヨーロッパの危機管理への参加は中立という現状では限界があるということを露呈した。NATO軍による空爆後、オーストリアはコソボ支援（KFOR：Kosovo Force）に参加した。紛争当事者たちが合意に達した後にオーストリア軍が配置されるという点で、紛争終結後の活動に制限されているのがオーストリアの安全保障政策の現状ではあるが、この事実は国連に積極的に関与していることと同時に、伝統的な平和維持軍の枠組みへ参画していこうという姿勢を示している。しかしながらオーストリア憲法は、共通外交安保政策が軍事機能を備えるようになる場合には議会の承認が必要だとしている。[26]したがって将来、ＥＵの共通外交安保防衛政策が発展し、ＥＵから基地の利用を求められる場合、オーストリア国内で中立の行方が大きな問題となることが予想される。また、ヨーロッパの危機管理においてＮＡＴＯが主導的役割を果たすにつれ、オーストリアのＮＡＴＯ加盟の是非が議論されることが必至であった。

このような中、オーストリア政権は歴史的大転換を経験することとなった。第二次世界大戦後、オーストリアでは社会民主党と国民党の連立政権が続いていたが、社会民主党は中立の維持を主張し、国民党は中立が時代遅れだとしており、両党は安全保障政策において大きな隔たりがあった。[27]そのためＮＡＴＯ加盟をめぐる議論は平行線をたどり、新たな安保政策を打ち立てることができなかったことから、連立政権は分裂・崩壊した。そして国民党と自由党が連立政権として新たなスタートを切ったのである。二〇〇〇年二月四日の新政権のプログラムには、オーストリアの具体的なＮＡＴＯ加盟やその時期は一切盛り込まれなかった。[28]これ以降、オーストリアはＮＡＴＯとの緊密な対話に入り、ＮＡＴＯ加盟のためのアクションプラン（ＭＡＰ　Membership Action Plan）へ参加するかどうか、その可能性はどのくらいなのか、オーストリアにとって加盟は重要なのかどうかが検討されることとなった。[29]このようにオーストリアは新政権誕生でＮＡＴＯ加盟問題を完全に選択肢からはずすことはなかったが、安保政策についてはＥＵに重点が置かれることとなった。

新たな連立政権が二〇〇一年に打ち出した安全保障ドクトリンでは、「オーストリアは国連加盟によってすでに伝統的中立を相対化しており、ＥＵ加盟で事実上中立に背を向けた。オーストリアはフィンランドやスウェーデンのように非同盟である。オーストリアの中立に関する憲法条文の無効は議会によって採択され得る。オーストリアがその結果非同盟であり続けるか、防衛同盟に加盟しようとするかは、さらなる決定に留保されている。[30]」と明文化されており、国内では中立の将来について、現在進行形で議論が進んでいる。

二〇〇二年の世論調査では、六三％がヨーロッパ軍にオーストリア軍が参加することに賛成しており、その際には財政面での参加よりもできるだけ包括的で積極的な貢献が好ましいと答えている[31]。また、オーストリアがヨーロッパ共通軍でどのような貢献をするべきかという質問には、九六％が軍の衛生部隊を用意するべきであると答え、以下、九〇％が文民保護待機部隊、六九％が山岳待機部隊、六六％が待機兵、五六％が上空監視への参加、五一％が陸空輸送、四六％が国境での待機軍、一六％が財政支援のみ、と回答している。このことから世論はヨーロッパの枠組みでの安全保障政策の強化に前向きであることがうかがえる[32]。

将来のヨーロッパ共通軍の見通しに関しては、八二％が自由意志の職業軍人が望ましいとしており、一五％がそれに反対している。またその共通軍の活動内容に関しては、七七％は将来のヨーロッパ軍を平和監視措置に限定するのが良いとしているが、一七％は場合によってはヨーロッパ軍の任務に平和構築をも含めるべきだと考えている[33]。

オーストリアはヨーロッパ共通軍構築後、自国の中立を放棄すべきか？　という質問には、二八％がイエス、六九％がノーと答えている。そして将来のヨーロッパ軍へのオーストリアの参加を支持している人たちの三七％が中立放棄を支持しており、五九％がオーストリアはヨーロッパ防衛システムの中で中立を維持したまま参加できると考えている。また、将来のヨーロッパ軍への自国の参加を拒否しているオーストリア人の八八％がオーストリアの中立を将来も維持するべきだと考えている。さらに、ヨーロッパ軍がＮＡＴＯの枠組みでアメリカと協力することに賛成していた人たちの三六％がオーストリアの中立放棄に賛成していたのに対し、完全に独立したヨーロッパ軍が望ましいとしていた人たちで中立放棄を支持しているのはわずか二三％であった[34]。

以上のようにヨーロッパの枠組みでの安保政策の強化には六割以上が賛成をしているものの、NATOの枠組みでのアメリカとの協力を支持する声は三割と低い状況であり、しかもNATOとの協力支持派の中でも中立の放棄を賛成していたのは三六％である。現状ではオーストリアの世論は中立を維持した形でのヨーロッパの枠組みでの安全保障を推進していくべきであるという方向に集約されているといえよう。

オーストリアにおける安全保障政策の議論をたどってみると、七〇年代の国内議論では、オーストリアの防衛政策は国防問題として扱われていたが、一九八〇年代末期以降、特にバルカン戦争と九・一一テロ以降、自国の安全保障政策をヨーロッパで発展させていくためにはNATO加盟が避けられないという見解が強調されるようになっていった。ところが二〇〇四年、イラク戦争でのヨーロッパによる介入を批判した社会民主党のフィッシャー（Heinz Fischer）が新たな大統領に選ばれて以降、この状況は一転した。オーストリアのNATO加盟は無期限に延期され、オーストリアの安全保障政策の中核としての中立が積極的に主張されることとなったのである。

このような中二〇〇六年に行われた選挙でもやはり安全保障政策にかかわる問題が争点となった。

二〇〇六年、オーストリアではヨーロッパにおける対外政策をどのように展開するかという点で二つの大きな問題が注目されていた。一つが二〇〇六年上半期のEU議長国担当期間の問題であり、もう一つが二〇〇六年一〇月に予定されていた議会選挙であった。選挙後、社民党と国民党という二大政党による第二次世界大戦後の伝統的な連立政権を復活させることとなった。前述のように一九九九年の選挙で国民党と自由党という新たな連立が誕生したが、この新たな連立政権には極右政党とみなされていた自由党が与党に加わったことから、EUを中心としたヨーロッパ諸国はオーストリアの右傾化を危惧し[35]、EU一四カ国はオーストリアに対して制裁を発動した。オーストリアはここではじめてＥＵからの内政干渉を受け、同時にヨーロッパを無視した国内政策がヨーロッパにおける自国の危機を招くことを自ら身をもって経験した。

ＥＵの制裁以降、オーストリア連立政権は両党で一致した政策を打ち立てることで民主主義国家であることを対外的に示すこととなった。この政権与党間のコンセンサスは対外政策の領域で特に強く打ち出され、近隣諸国との関係強化、ＥＵへの積極的なかかわりを促すこととなった。特にＥＵの拡大を支持し、新規加盟国との関係強化を進めた。このようなＥＵ拡大への関与はその後のオーストリアのＥＵ政策、特に対外政策や近隣の旧共産主義諸国に対する戦略でも大きな役割を果たした。その中で浮上してきたのが移民と労働市場の問題・環境政策での共通基準の創設の問題であった。特に環境政策に関連し、ＥＵ加盟後のオーストリアにとって、近隣諸国スロヴァキアのモホフチェ（Mochovce）とチェコのテメリン（Temelin）の原子力発電所の存在は最大の懸案事項となった(36)。

以上のような経験を踏まえて行われた二〇〇六年選挙であったが、選挙戦は政党間での争いというよりもシュッセル（Wolfgang Schüssel）とグーゼンバウアー（Alfred Gusenbauer）の個人レベルで展開されていたため、ＥＵの議長国として顔にもなっていた首相であるシュッセルが優勢であった。議長国期間の当初、シュッセルはＥＵのもっとも努力を要する問題を扱うことに専念したが、それはエネルギー安全保障・中東情勢・中欧協力の発展・共通欧州防衛の強化であった。オーストリアの議長国期間におけるＥＵの課題は、対外政策の中でもオーストリア政府の利害にも密接にかかわる重要問題の分析となった。第一がトルコのＥＵ加盟問題であり、第二が中欧協力であった。オーストリアは国内にイスラム系移民三〇万人を抱えていることから、トルコ加盟問題に関する国内世論は二分されており、政府としてもはっきりとした方策を打ち出せていなかった。他方、地域協力に関しては、オーストリアは中央ヨーロッパ地域におけるＥＵ政策で自国がリーダーシップをとることを目論んでいた。これらの政策課題を任務とした議長国期間終了時の二〇〇六年六月に出されたオーストリア議長国総括とその評価は、その後のオーストリア国内での選挙戦の一部となった。社会民主党は対外政策のスポークスマンであるシーダー（Peter Schieder）を通じて、EUの西バルカン政策でのオーストリアの参加を非常に積極的に評価し、その他の諸政党もおおむねオーストリアのEU議長国の役割とシュッセルのEU議長としての活動に関しては積極的に評価した。

社会民主党の選挙戦は失業率と授業料問題という伝統的な社会民主主義的問題に焦点を当てつつ、安全保障政策の根幹ともなる軍用機ユーロファイターの購入も重要な問題として取り上げた。ユーロファイター購入問題はオーストリア安全保障政策の将来について、ヨーロッパ内外に対して言外の意味を持っていた。オーストリアの場合、中立ゆえにESDPへの関与はPKO平和支援活動を中心としたものに限定されていた。そこで前政権は、EUの大国とは比較にならないほどわずかな軍しか備えていないオーストリアの安全保障政策の現状を改善し、中立を維持しながらEUの共通安保防衛政策により積極的な姿勢を示すことが可能であるとして、欧州合同軍で導入されているユーロファイターを購入することを決定した。この前政権の政策に反対である社会民主党の選挙スローガンは、中立とオーストリアの自律性、特にアイデンティティの強化となり、社会民主党は中立の維持を拠りどころにユーロファイターは高価であるとしてその購入に反対した。

しかしながら社会民主党の強い反対も、当時野党であったことからオーストリアの軍事安全保障には影響力が及ばず、ユーロファイターは購入する決定がなされた。当時の政権はヨーロッパにおける安全保障の強化を目指しており、その枠組みにおいては空軍の近代化が不可欠と考えていたからである。新たな軍用機購入を決断した国民党は、これによりオーストリア第二共和制の歴史上はじめてオーストリアの安保政策を変更する道筋を作った。

二〇〇七年一月には新政権が誕生し、社会民主党は再び政権与党に返り咲いたものの、前政権で決定された軍用機購入計画を覆すことはできず、購入することとなった。しかしながら、購入決定後の二〇〇六年一〇月に購入条件を修正するための調査委員会が設立されていたことから議論がまた再燃し、新政権の最初の半年間は軍用機購入の議論ばかりとなった。長期にわたる議論の末、予定されていた一八機購入から一五機に削減するということで終結し、社会民主党は国民党のコンセンサスが得られないまま調印したが[37]、世論調査ではオーストリア人の五八％がオーストリア上空の防衛設備の削減に賛成であった[38]。

このユーロファイター問題は二〇〇八年以降も与野党間で議論され続けており、決着が見られない[39]。この問題の行き着く先はまさにヨーロッパにおけるオーストリアの安全保障政策の方向性を示すものとなろう。

中立はこれまでEUやNATOとの関係においても議論の一部となっていったが、現在はヨーロッパ大の安全保障政策における自国の安全保障政策の将来を考えるという形で再燃している。冷戦期は国際関係の中での役割とか、自国のアイデンティティといった観点から議論されてはいたが、それもさしたるウェイトを持っていたわけではなかった。それが冷戦後には加盟問題として争点となり、国内では毎回の選挙戦にも影響を及ぼす要因となっている。オーストリアでは中立は主として戦争と関係づけられ、またEUとの関係についての議論においては意識的な反応として登場する。ポスト中立の時代においても、オーストリアの中立は依然としてオーストリア国民の感覚・思考・国家イデオロギーを色濃く反映している。

二〇〇七年夏になると国民党は、オーストリアは中立の原則を放棄するべきだと表明してオーストリアのタブーを打ち破り、これを契機にオーストリア各政党が中立論議を再びはじめることとなった[40]。

オーストリアの国際法学者には「EU改革条約はEUの防衛面での保障手段をそぎ落としたことから、EUはポーランドやチェコがアメリカのミサイル防衛に関して示しているような安保政策を各国に採用させることは難しく、共通の欧州防衛政策を構築することはないであろう。」との見方もある。[41] 依然としてＥＵの共通外交安保防衛政策の発展は軍事能力を備える一部の国々で進められるとすれば、中立の維持は大きな問題にはならない。今後のＥＵ・ＮＡＴＯ関係の発展次第では、ＮＡＴＯ加盟問題という観点から中立の将来をめぐって議論が再燃することも考えられる。しかしながらアメリカによるＥＵ新規加盟国へのミサイル防衛システム配備をめぐり、アメリカによってヨーロッパが分断されたという表現がしばしばマスコミをにぎわせたように、[42] アメリカを中心とした安全保障枠組みは、ＥＵの安全保障政策の一部ではあっても、全てにはならない。これは、オランダのノルトワイク（Noordwijk）でのＮＡＴＯ防衛相会議におけるヨーロッパ各国のアフガニスタンへの派兵問題をめぐる議論で、ＥＵ加盟国のＮＡＴＯ加盟国・非加盟国という立場の違いもあり、ＥＵとＮＡＴＯが即効性のある安保政策を展開するために協力することがいかに難しいかを露呈したことからも明らかである。[43]

フランスの海軍司令官や国防長官を歴任したラクサド（Jacques Lanxade）は、ＥＵとＮＡＴＯは互いに補完している関係であり、ＮＡＴＯはＥＵが十分に備えている非軍事的手段を欠いており、他方ＥＵは軍事能力を欠いている。それゆえＥＵとＮＡＴＯの関係に特徴的である政治的ライバル関係という状況を脱し、協力するよう方向転換することが死活の利益であると指摘したように、[44] ＥＵとＮＡＴＯの間では相互補完関係を維持していくことが当面のヨーロッパの安全保障政策で期待される姿であろう。

おわりに

中立諸国は、経路依存に関わる積極的なフィードバックメカニズムによって「自国の安全保障は促進されるのか？」

「自国の活動は適切なのか?」という問いに対する適切な回答を与えることができる条件がそろっているとの判断で、自国にとって満足のいく安保ツールである軍事的非同盟という政策を現在も継続している。

中立政策の変更が加えられる場合というのは、フィードバックメカニズムで現状維持が適切かどうか判断し、そうではないとの結論に至ったケースとなる。

冷戦後のヨーロッパでは軍事的脅威は減少した。また九・一一以降、アメリカによる武力介入を軸とした安保外交戦略とは対照的に、EU諸国は法の支配に基づき、人権を尊重した国際社会の規範や制度の世界大の促進を試みた。その結果、EUは軍事大国の間で展開されたような過去の競争に戻らないようなシステムであるのみならず、ヨーロッパ周辺地域の不安定を軽減するための防波堤の役割をも担うようになってきている。このようなEUの外交戦略は、全EU加盟国がヨーロッパの中小国に受け入れられているような国際秩序を世界に拡大しようという試みだと捉えることもできる。しかしながら共通の安全保障政策の進展によって積極的な中立政策が受け入れられにくくなり、中立を基盤とした安保政策は他国・他機関などと協調していくことで調整され、対外政策のガイドラインとして制度化された理念である中立も弱体化することとなった。ヨーロッパの中小国は、自らが展開しようとする安全保障政策がEUの共通制度の発展に適合するような戦略に転換しない限り、実際のEU共通の政策決定過程で影響力を持てず、中小国は自らの影響力の行使をいかに拡大するか、ということを考慮した政策を展開しなくてはならない状況にある。ゆえに中立諸国では中立政策のシフト、つまり中立からポスト中立へのシフトについて議論されているのが現状であり、国際社会では、中立諸国の中立が漸次的に変化しつつあるかのように論じられている。しかしながら現実にはヨーロッパにおける中立は依然として変更されていない。これは本章で明らかにしたように、長い間軍事的非同盟に賛同してきた世論がこの中立の維持を今もなお期待している点、また、中立という制度化された理念が、一国家が安保ツールとしての中立を選択した結果として生じる外交政策であるのみならず、中立諸国の国際的な役割を果たそうという意志をも含んでいる点にある。

他方、バルカン問題や九・一一テロの経験を踏まえ、ＥＵはこれまで以上に軍事アクターとしての性格を強く持つようにもなってきている。ＥＵの軍事的アクターとしての発展は特に中立国や非同盟国に脅威となるが、それは軍事機構への加盟が中立や非同盟というスタンスと相容れないからである。このような状況下、ＥＵの中小国は安全保障政策において、将来どのような選択肢があるのか？

ＥＵの中小国がヨーロッパ統合において直面しているのは、自律性の保持と影響力の拡大との間でのジレンマであることは前述の通りであるが、このジレンマは中小国の安全保障政策において特に顕著である。中小国がＥＵの共通外交安保政策との間で、中立を基盤とした安全保障政策として防衛的な戦略をとるか、あるいは攻撃的な戦略をとるか、というジレンマであるともいえよう。防衛的な戦略ではＥＵへの影響力は行使できないし、攻撃的な戦略をとる場合には中立という自国のアイデンティティをどうするべきか、という問題に直面する。

これらの難題に直面し、中小国は大国主導のＥＵへの影響力の行使にあまり関心を持たなくなってきている。現状では自律性の保持と影響力の拡大の両方を実現できることが中立諸国にとって一番望ましい形であり、安全保障政策においても防衛と攻撃をどちらも展開できることが理想的である。そのためには中小国は、テロや組織犯罪、環境汚染、不法移民などといった国境を越える安全保障の問題に関するＥＵ政策の強化に積極的に関わることが得策となろう。

また、フィンランドなど北欧諸国がすでに展開している北欧協力イニシアティブ（Northern Dimension Initiative）のように、非大国が大国の了解を取り付けたうえで、ヨーロッパ域内で安定した地域安全保障秩序を構築するために地域協力を強化し、安全保障政策まで展開していく道筋を作ることもＥＵに対する自律性と影響力の拡大を図る一つの策である。

オーストリアの場合、中立が依然として憲法規定されていることから、安全保障政策での協力体制は国連でのＰＫＯ活動程度に限られているが、平和支援に関する中欧諸国協力（CENCOOP : Central European Nations Cooperation on Peace Support）という枠組みでの地域協力の模索が新たな可能性をもたらすかもしれない。また、クロアチアなど近い将来ＥＵ加盟を果たすだろう国々との関係強化もすでに始まっており[45]、それらの枠組みを中小国ならではの安全保障政策の枠組みへと発展させることも中長期的な観点から必要となろう。

いずれにせよポスト中立の現在、ヨーロッパの中小国は中立が自らの利益追求手段ではなく、国際公共財へ貢献するものであることを、安全保障政策の再編を通じてはっきりと示す必要に迫られている。将来の安全保障政策においても、現在の中立諸国は大きな変化を遂げることなく、中立を維持していくことが予想されるが、ヨーロッパでの存在感を示すためには、二〇世紀の特徴ともいえる国家の中立から、軍事的非同盟という立場を堅持しつつも共通安全保障政策へ積極的に関与し、ヨーロッパ協調をさらに推進するような方向へと自らの安全保障政策を転換することが不可欠となろう。

（1）　John Baylis & Steve Smith eds., *The Globalization of World Politics : An Introduction to International Relations*, Oxford, Oxford University Press, 1997, pp. 193－211.

（2）　Barry Buzan, Ole Wæver, Jaap de Wilde, *Security : A New Framework for Analysis*, London, Lynne Rienner Publishers, 1998.

（3）　Jon Pieere, Debating Governance, Oxford, Oxford University Press, 2000, pp. 3－4.

（4）　Mark Webber, Stuart Croft, Jolyon Howorth, Terry Terriff, Elke Krahmann, The governance of European security, *Review of International Studies*, 2004, Vol. 30, p. 4.

（5）　Emil J. Kirchner, The challenge of European Union Security Governance, *Journal of common market studies*, 2006, Vol. 44, No.5, pp. 947–968.

（6）　マーストリヒト条約・アムステルダム条約での共通外交安保政策に関する詳細は拙稿「オーストリアの安全保障―中立と共通外交安保政策とをめぐって―」『日本ＥＵ学会年報』第一九号（一九九九年）など。

（7）　Ian Manners & Richard G. Whitman, *The foreign policies of European Union member states*, Manchester, Manchester University Press, 2000, pp. 144–161.

（8）　Thomas Roithner Hrsg., *Neutralität in Europe : Analysen von Friedensbewegungen zur gesamteuropäischen Sicherheitspolitik*, Wien, 1999, pp. 53–55.

（9）　スウェーデン・フィンランド・オーストリアの加盟交渉に関しては拙稿「オーストリアとＥＵ統合」『成蹊大学法学政治学研究』第一六号（一九九七年）など。

（10）　Hanspeter Neuhold 等の指摘。

（11）　加盟候補国の最近の動向に関しては拙稿「クロアチアとＥＵ統合」『中央大学社会科学研究所年報』二〇〇六年度など。

（12）　中立に関する憲法規定は以下の通りである。

第一条第一項　外国に対するオーストリアの独立の永続的確保のため、オーストリア領土の不可侵のため、オーストリアは自ら進んで自国の永世中立を表明する。オーストリアは自らに可能な限りのあらゆる手段を講じてこれを維持し、守るであろう。

第一条第二項　オーストリアはこの目的を守るために将来、いかなる軍事同盟にも加盟せず、自国での外国の軍事基地設立をさせることはないであろう。

第二条　連邦政府はこの連邦憲法規定の履行を任されている。

（13）Finnish Government, *Press release* 290/2007 ; *International Herald Tribune*, February 16, 2008 ; *Bundeskanzler Gusenbauer und Vizekanzler Molterer im Gesprach mit dem Trend*, 25. 09. 2007.

（14）*Sicherheits- und Verteidigungsdoktorin*, 22. 01. 2001.

（15）Hanna Ojanen, ed., *Neutrality and non-alignment in Europe today*, Helsinki, Ulkopoliittinen instituutti, 2003, pp. 41－45.

（16）Pål Jonson, *The Development of the European Security and Defense Policy ? An Assessment of Preferences, Bargains and Outcomes*, Stockholm, FOI, 2006.

（17）Sheri Berman, *The Social Democratic Moment : Ideas and Politics in the Making of Interwar Europe*, Massachusetts, Harvard University Press, 1998, pp. 26－27.

（18）経路依存性は、技術面で大きな進化があった場合、その進化の方向性は経路に依存する、つまりその技術がたどってきた歴史から大きく影響を受ける状態を指し、国際関係にも適用される概念。

（19）Paul Luif, *Der Wandel der österreichischen Neutralität : Ist Österreich ein sicherheitspolitischer "Trittbrettfahrer"?*, Wien, ÖIIP, 1998.

（20）国際連合加盟の翌年、一九五六年には第二次中東戦争後の国連軍派遣に積極的で停戦監視要員を送り込んだ。一九六一年のコンゴ動乱では政府が医療班を派遣、一九六四年には国連キプロス派遣軍に一個中隊、一野戦医療班を派遣、一九六七年の第三次中東戦争後は停戦ライン監視の国連要員を、一九七三年の第四次中東戦争後はエジプト、シリアとイスラエル間の停戦地帯の監視にそれぞれ一個大隊を派遣している（The Military Balance 1974/1975）。

（21）国際連合を重視して国連の活動を積極的に支持し、ＩＡＥＡやＵＮＩＤＯ、国連パレスチナ難民救済事業機関高等弁務官事務所、ＯＰＥＣ本部など、様々な国際機関を誘致した結果、オーストリアが様々な国際会議の舞台となり、一九七九年六月のブレジネフ＝カーター会談開催の場となることでオーストリアの存在感を国際社会に印象づけた。

（22）ＥＤＣの詳細は拙稿「ヨーロッパ防衛共同体創設の構想と挫折」『成蹊大学大学院法学政治学研究』第二三号二〇〇〇年。

（23）Erich Reiter & Heinz Gärtner eds., *Small States and Alliances*, Heidelberg, Physica-Verlag, 2001, p. 184.

（24）Wolfgang Schüssel, *Address Given at the Conference sponsored by the New Atlantic Initiative and the European Forum Alpbach*, 17 October 1997 (Alpbach).

（25）ＰＳＯは国連憲章の目的と原則に基づき、平和の回復と維持の目的で行われる。その内容は外交、文民、軍事の手段を公平に用いる活動で、紛争予防、平和創造、平和強制、平和構築、平和維持および人道活動などを含む。*The Military Contribution to Peace Support Operations*, Joint Warfare Publication 3-50, 2nd Edition, June 2004, pp. 1-2.

（26）オーストリア憲法二三ｆ条。

（27）詳細は拙稿「オーストリアの安全保障―中立と共通外交安保政策とをめぐって―」『日本ＥＵ学会年報』第一九号（一九九九年）。

（28）*Österreichische Bundesregierung. Regierungsprogramm "Österreich neu regieren"*, Februar 2000, S. 97.

（29）ＭＡＰは一九九九年四月にＮＡＴＯ加盟希望国を対象に加盟のための準備を支援する目的で開始された。

（30）*Sicherheits- und Verteidigungsdoktorin*, 22. 01. 2001, S. 65.

（31）Stefan Schaller, *25 Armeen oder eine? Die Einstellung von Schülerinnen und Schülern zu einer gemeinsamen Europäischen Armee*, Wien, Jänner 2003.（世代別・支持政党別では、二五歳以下の七三％、二六から六五歳の人たちの六四％、六六歳以上の五一％が賛成した。また、国民党支持者の八〇％がヨーロッパ軍の中でのオーストリアの協力を支持し、社会民主党支持者の六四％と緑の党支持者の六三％がある程度限られた措置での関与に賛成しており、自由党支持者の五七％が支持に回った。）

（32）全体では一九％がヨーロッパ共通軍への協力に際して、オーストリアは全領域に参加するべきだと回答している。

（33）緑の党の八八％と社会民主党の八六％がヨーロッパの職業軍人を強く支持している。また三四％がＮＡＴＯの枠組みでヨーロッパ軍がアメリカと協力することに賛成し、五九％が完全に独立したヨーロッパ軍であるべきだとしている。（独立したヨーロッパ軍創設を支持している比率は女性が六三％、男性が五四％であった。また年齢別にみると、二五歳以下は五二%が賛成、四五%が反対を示し、二六—三五歳では六六%が賛成で、二六%が反対であった。支持政党別にみると、緑の党の六七%と社会民主党の六三%がアメリカから独立した防衛同盟を支持し、国民党の五六%や自由党の四七%とは両極をなす。つまり全体の三九%がＮＡＴＯ枠組みでの将来の協力を支持しており、二五%がオーストリアのＮＡＴＯ加盟に反対となっている。)

(34) 中立を放棄することについては、国民党支持者の四四%と緑の党支持者の三五%がヨーロッパ軍構築の場合にはオーストリアの中立放棄を強く支持しているが、実際には党派未定者の二九%、自由党支持者の二〇%、支持政党のない人たちの一八%、社会民主党支持者の一七%しか中立放棄を支持していない。

(35) Frank Schorkopf, *Die Massnahmen der XIV EU-mitgliedstaaten : Möglichkeiten und Grenzen einer "streitbaren Demokratie" auf europäischer Ebene*, Springer Verlag, 2002.

(36) 実際にはオーストリアの電力は約二〇%を近隣諸国からの輸入に頼っている状況であり、当時ＥＵ諸国で進展しつつあった原子力エネルギー依存からの脱却方針にオーストリアが実際に協力できるのかどうかは疑わしい状況だった。

(37) 社会民主党は約三億七、〇〇〇万ユーロの節約になるとして購入数削減を正当化した。

(38) *Der Standard*, 03. 07. 2007.

(39) *Die Presse*, 25. 04. 2008.

(40) *Der Standard*, 29. 08. 2007.

(41) *Der Standard*, 24. 10. 2007.

(42) *Der Spiegel*, 05. 03. 2007.

(43) *Die Süddeutsche Zeitung*, 26. 10. 2007.

(44) *Le Figaro*, 14. 10. 2007.

(45) アルプス=アドリア地域協力、ドナウ地域協力、ドナウ委員会など。

第二部

政策とガバナンス

第五章　グローバル化と法制化

星　野　智

はじめに

近年、国際関係においてグローバル化の進展に伴って法制化あるいは法制度化の傾向が強まっている。その背景にあるのは、グローバル化した国際社会の様々な領域で紛争が拡大しているという状況の中で、その紛争解決のための正統性原理を「法の支配」や法に基づく正統な手続に求めようとしていることであるように思われる。国際社会における条約などの成文法やソフトローの増加、国際機関や政府間ネットワークでのグローバル行政の発展、国際司法裁判所やＷＴＯなどでの紛争の司法的な解決の増加（司法化）といった傾向は、グローバルな法制化の代表的な例であるということができる。ここでは法制化（Verrechtlichung, Legalization）をキー概念としつつ、国際政治や国際関係論の領域での法制化論について検討しながら、現代におけるグローバルな法制化の傾向とその特徴について検討してみたい。

一　近代社会と法制化の進展

R・フォイグトによると、法学的観点からみて、法制化（Verrechtlichung）は、とりわけ成文法（制定法）の増大であり、政治学的な観点からみると、国家の制御能力と権力移動という問題にとって意味をもつ(1)。前者の観点は、いままで規範化されていなかった領域における紛争の生起とともに法制化が求められるようになってきたことにかかわり、後者の観点は、法制化による国家の制御能力の増大と国内の権力構造の変化にかかわる。法制化と国家の制御能力との関連は、一九世紀にR・イェーリングによって展開された「法よる社会転換」というテーマとかかわるもので、法を社会的過程の国家的制御の中心的な手段として位置づけるものである。他方、権力構造の変化というのは、法制化による議会、行政、司法といった権力関係の変動にかかわる問題で、行政国家化の進展が議会のチェック機能や発議機能の大部分を行政や憲法裁判に移行させた状態をいう(2)。

フォイグトは、法制化を法律化（Vergesetzlichung）、官僚制化（Bürokratisierung）、司法化（Justizialisierung）の三つの類型に分けている(3)。法律化は、議会を通じて成立する法律の数が増加することをいい、その背景にあるのは、とりわけ戦後の介入主義的な福祉国家体制のもとで国内的には経済成長を推進し、対外的には国際経済への適応を進めるための国家機能の拡大に伴う立法措置の増大である。官僚制化は国家行政化の進展あるいは国家機関の増大を指し、介入主義的な福祉国家行政においては、N・ルーマンの用語を援用していえば、「条件プログラム」と「目的プログラム」という二つのプログラムの類型による介入が行われる(4)。「条件プログラム」は、「かりにそうなる場合には、このようにする」（Wenn-Dann プログラム）というように定式化できる。たとえば詐欺商法で被害を受けた場合には、その被害者の訴えによって権力的な介入がなされる。それに対して、「目的プログラム」は「目的―手段」図式に基づくもので、たとえば金融恐慌を回避するためとか（金融政策や通貨政策）、公害防止や環境保護という目的のための権力的な介入を意味する。

そして司法化は、社会的・政治的コンフリクトが司法による解決を必要とする傾向が強まってくることをいう。ドイツにおいては「憲法の番人」としての憲法裁判所の役割は大きく、憲法問題にかかわる国家政策の最終的な決定を行う権限を有する。そのほかドイツには、行政裁判所、労働裁判所などの特別裁判所が設けられており、そこでの年間の訴訟件数も多く、そこでの判決がそれぞれの分野の政策的な内容を方向づけている面がある。また司法化は、「隣人訴訟」に示されるように、本来ならば生活世界の内部で解決すべきはずの問題に対して司法が介入する事態であり、これはインフォーマルな社会関係に対して司法的な解決を行う傾向をいう。

他方、ハーバーマスは、現代における法制化の傾向の背後に「生活世界の植民地化」という事態があるという。「生活世界の植民地化」とは、政治システムと経済システムという二つのサブシステムが生活世界（私的領域と公共圏）に侵入し、それらが権力と貨幣という二つのメディアの支配を受ける事態をいうが、前者の立法、行政、司法といった権力が介入するという意味では法制化の傾向を意味している。(5) すでに、ワイマール共和国時代に、O・キルヒハイマーは、当時政治的コンフリクトが法的形式をとることによって中性化されていく事態を「法制化」という概念で捉え、労働法や社会法による「階級闘争の制度化」、より広くは社会的コンフリクトや政治闘争の法的緩和という問題に取組んでいた。(6)

法制化は、歴史的に以下の四つの段階に分けられる。第一段階の法制化は、市民社会と国家との分離を基礎とした近代市民法における私法と公法の分化である。近代市民社会では個々の商品所有者相互が自由に取り引きできるような私法的秩序が規範化される一方、市民社会の外部からその経済活動を憲法などによって公法的に保証することが原理とされた。第二段階の法制化は一九世紀における法治国家の形成の段階で、財産権の保障、契約の自由、法的人格の平等といった私法的な原理が立憲化され、さらに支配秩序にまで高められた。法律が国家の意思を表明する政治的形式であるとされた法治国家の行政は、こうして、「法律に反し、法律を無視し、法律を超えて」市民の自由の領域に侵入することは許されないようになる。

法制化の第三の段階は、フランス革命に続いてヨーロッパや北アメリカに拡大した民主主義的な法治国家の段階である。第二段階の法制化が近代国家の法制度の整備という側面を持っているのに対して、この段階の法制化は民主主義的な政治システムの確立という側面を持つ。法律はそれが普遍的利益を代表し、多数の社会成員の同意を得たときにのみ正統性を獲得する。したがって、このような民主主義的な要請を満たすためには、議会における公共的な討論によって立法がなされねばならず、この意味で、法律の正統性が認証されるべき立法化の前提にあるのは、平等の普通選挙権の保障と、政治的団体や政党に対する結社の自由の保障である。

そして法制化の第四段階は、社会的・民主主義的な法治国家の段階に対応するもので、いわば福祉国家的な政策を背景に登場してくる社会法や社会権による法制化である。たとえば古典的な例としては、労働法による賃金労働者の生活上の保障が挙げられる。「労働時間の制限、組合における団結の自由、自律的な賃金協定、解雇からの保護、社会保障」といった事例は、「かつては生産手段の私的所有による無際限の処分権と組織力の支配下に置かれていた労働世界が、法制化されていく過程である。(7)」

このような法制化の進展ということでハーバーマスが問題にしているのは、法制化によって生活世界の領域での「植民地化」が進展し、自由の保証とともに自由の剥奪を生み出す結果を引き起こしたという点にある。なぜなら、法制化によって国家介入が深まれば、インフォーマルな生活世界での権力と貨幣というメディアの支配が強まり、その結果、自由な行為領域が制限されるからである。もっとも現代において、法制化はアンビバレントな性格を有している。なぜなら、法制化は確かに、一方では個々の市民の自由な空間が制限されるが、他方では社会政策や環境政策にみられるように、社会的弱者を保護し環境を保全するというポジティブな側面を有しているからである。(8)

二　一国的法制化論からグローバル法制化論へ

現代における法制化の傾向が示しているのは、グローバル化の進展によって国内政治と国際政治（あるいはリージョナルな政治）、国内経済と世界経済および地域経済との相互浸透が進んでいる国際社会の中で、「法の支配」の原理が政治的・経済的・社会的な領域において整えられつつある状況であるといってよい。こうした傾向は、トランスナショナルな法制化とかグローバルな法制化とよばれているものであるが、(9)それは「世界政府」なき国際社会のなかで、主権国家をはじめとして国際機関やＮＧＯなど多様なアクターによるグローバル・ガバナンスあるいはリージョナル・ガバナンスによって国際紛争に対処しようとする傾向とも符合している。以下では、現代のグローバル法制化論についてのいくつかの見解について検討してみたい。

1　国際政治と法制化

近年、国際政治の領域において法制化（Legalization）の問題を取り上げているのは、Ｊ・ゴールドシュタイン他『法制化と国際政治（Legalization and World Politics）』である。ここで提示されている法制化に関する自由主義的なアプローチの特徴は、トランスナショナルな政治制度の形成、いいかえればグローバルな法制化が国際的な協力関係の形成にとって重要である点を認めている一方で、そのような法制化が基本的には国内集団の選好による合理的な選択に基づいているという点にある。

「政府と国内集団はまた将来において自ら自身と後継者を拘束する手段として国際的な法制化を採用するかもしれない。換言すれば、国際的な法制化は、国内の政治行動に対して制約を課するという目的をもっている。……自由主義理論が示唆している点は、国際法の執行のための主要な現場は最終的には国内的であるということである。国際法規範がもっとも効果的に執行されるのは、それらが自律的な国内的な『法の支配』の制度に埋め込まれている場合である。遵守のためのもっとも重要な誘因は、究極的には国内的である。」(10)

まず、かれらは、ネオ・リベラル制度論の立場から、法制化が制度化の特定の形態であるという認識に基づいて、法制化に関する以下のような想定と作業仮説を提示する。(11)

第一に、法制化された制度は、「高度の義務、精密、委任を伴うものである。」(12) こうした点からみて、すべての法制化されたレジームは制度化されているが、すべての制度化されたレジームが法制化されているわけではない。法制化された制度には、法制化されていない国際制度に特徴的な手続規則や勧告的な義務が含まれているとはいえ、精密なルールや手続も組み込まれている。

第二に、「法制化された制度は、機能的価値、国内の政治的アクターの選好と誘因、特定の国際規範の具体化という観点から説明されうる。」(13) ここでの機能的価値というのは、費用と便益という点からみて、法制化された制度が様々な便益を生み出すということが期待されるために国民が法制化された協定に同意する誘因をいう。そのさいの前提になっているのは、国内的なアクターの選好と誘因である。そして国内的なアクターが法を支持するのは、そのことが利益につながるというだけでなく、法的な規則に従った決定が他のガバナンス形態よりも優れていると信じているからである。(14)

第三に、「国際協力にとっての法制化の重要な意義は、国際的な義務を伴う遵守への影響にある。(15)」法制化がなければ、遵守というのは明確化したり測定したりすることが困難な概念である。法制化は国内政治における諸個人や集団の動員を通じて遵守や国際協力へ影響を与えることである。

第四に、「義務の遵守、制度的な有効性、国際協力の増大は、部分的には法制化の国内的な効果のために、一致しないかもしれない。(16)」法制化が生み出す確定性の増大は、原理的には協定のリスクを削減し協力関係を高め、そうした理由から、法制化された協定や制度はより長期的な協定を誘導する。しかし他方で、法制化による確定性と精密性の増大のために、法的合意は高価な交渉コストを生み出すことになる。

そして最後に、「長期的にみて世界政治への法制化の影響は、その持続的で不均等な拡大に依存することになるだろう。その拡大は、国際法規範の進化、国内政治や国境を越えた政治にとっての意義、その重要なアクターの利益に依存することになるだろう。(17)」法制化は国際規範の進化に直接的な影響を与え、一定の外交的なバーゲイニングよりも明らかに原則に基づいている。国際法は国内法化され、集団による国際法への様々なアクセス、裁判所の役割の拡大、第三者への権限の委任によって、国内的なアクターは期待と行動を変化させ、法制化の拡大を促進する。

このような理論的想定と作業仮説に基づいて、K・アボットたちは、法制化が制度化の特定の形態であり、三つの構成要素、すなわち義務、精密、委任という要素を法制化の特徴とする。義務が意味するところは、国家あるいは他

表1　国際的な法制化の形態

類型	義務	精密	委任	事　　例
理念型：ハード・ロー				
Ⅰ	高い	高い	高い	EC、WTO-TRIPs、欧州人権条約、国際刑事裁判所
Ⅱ	高い	低い	高い	EEC反トラスト（85－86条）、WTOの国内的処置
Ⅲ	高い	高い	低い	米ソ軍縮条約、モントリオール議定書
Ⅳ	低い	高い	高い	国連持続可能な開発委員会（アジェンダ21）
Ⅴ	高い	低い	低い	オゾン層保護のウィーン条約、国内少数者に関する欧州枠組条約
Ⅵ	低い	低い	高い	国連専門機関、世界銀行、国内少数者に関するOSCE高等弁務官
Ⅶ	低い	高い	低い	ヘルシンキ最終条約、非拘束的森林原理、技術標準
Ⅷ	低い	低い	低い	G7、影響力の領域、バランスオブパワー
理念型：アナーキー				

（出所）　J. Goldstein, M.Kahler, R. Keohane, and A. Slaughter (2001), p. 22.

のアクターがルールや約束によって拘束されていることであり、精密はルールの内容が明確に定義されていることであり、そして委任は裁判所など第三者機関がルールを執行・解釈・適用するための権限を有しているということである。[18]アボットたちはこの三つの要素を引照基準として、法制化の度合いを解明しようとしている。かれらが義務、精密、委任の度合いの高さという点からみて法制化の理念型に近いと考えているのは、ＥＵ、ＷＴＯのＴＲＩＰｓ協定、欧州人権条約、国際刑事裁判所である。

2　法制化とグローバル・ガバナンス

以上のようなゴールドシュタインたちの法制化に関する合理主義的・制度論的な解釈に対して、Ｂ・ツァングルとＭ・ツュルンは、グローバル・ガバナンスの要素として法制化

(Verrechtlichung)と社会化(Vergesellshaftung)という問題を取り上げている。[19] ツァングルとツュルンはまた、法制化と社会化という概念とならんで国際関係における立憲化(Konstitutionalisierung)という概念を使っているが、それは「一般的・公共的に同意された基本価値」に結びつくようなルールにかかわるものである。[20]

かれらの基本的認識は、二一世紀の国民国家が環境を維持し、安全保障を確保し、福祉を持続的に可能とするためには、国際制度の中で行動することに依拠せざるを得ず、したがって、グローバル・ガバナンスの進展は不可欠であるという点にある。[21] グローバル・ガバナンスの進展は、政府間のガバナンスや多国間主義を増大させたが、このことは、各国政府がガバナンスを管理できなくなったということを示唆している。その結果、国際的なガバナンスは、主権国家だけによって担われるのではなくて、それに様々な社会的アクターが参加するようになった。社会化という言葉が意味しているのは、グローバル・ガバナンスにおけるアクターの多様化である。

それに対応して、各主権国家によって代表される国益だけが国際的な舞台で問題にされるのではなくて、グローバル・ガバナンスに持ち込まれる社会的利益が増大してきたのである。たとえば人権問題、貧困問題、環境問題などに伴う様々な紛争、いいかえればグローバルな「公共悪 public bads」は、ますますグローバルな法制化によって処理される方向に向かいつつある。また法制化によって対処できない紛争については、国際的な司法制度がそれらに対応しており、この傾向が強まっていく事態はグローバルな司法化として特徴づけられる。

ツァングルとツュルンは、法制化のもっとも明白な形態は裁判所の設立であるとする。[22] 裁判所の設立はいいかえれば司法化を意味している。法秩序が司法的な手続を必要とする理由は、法主体が任意的な法解釈を行い、法を党派的に適用することを回避することができるからである。歴史的にみて、法の公平な適用によって、また司法権の形成によって、支配的なルール作成者がまた法に拘束され、「法の支配」が確立されてきた。非対称的な権力的な支配が存

表2　司法の法制化

	法制化の度合いが低い	法制化の度合いが高い
訴訟資格	●法作成者に限定されている（国連人権委員会、WTO）	●法の受手に対しても ●独立した裁判所（第一審裁判所）
管轄権	●義務的でない（国際司法裁判所）	●義務的である（欧州司法裁判所）
独立性	●紛争当事者自身による紛争調停 ●全会一致の原則（GATT） ●多数決原理（国連安全保障理事会）	●独立した司法機関による裁判（WTO、国際司法裁判所）

（出所）　Zangl/Zürn（2004), S. 22.

在する国際政治においては、ルールの作成（立法化）や紛争解決（司法化）が概して覇権国家や大国によって支配されてきたが、国際司法裁判所、欧州司法裁判所、欧州人権裁判所、ＷＴＯの紛争解決メカニズムなどは、グローバルなレベルでの中立的な司法をめざすものとなっている。その場合の司法的手続は、三つの観点から政治的手続と区別される。

第一に、司法手続は、政治的な交渉過程とは対照的に、すべての権利主体に訴権を提供している。政治的な手続の場合には、国際社会の中で影響力のある法的主体だけがルール適用の行動をとる可能性があり、とりわけ国際政治においては大国だけが他の諸国家のルール違反に対して行動をとることができる。今日では、強固な法的手続の場合、直接的あるいは間接的に法違反をしたすべての該当者が提訴できるようになり、非国家アクターと個人も訴権を有している。国際的な人権レジームならびに欧州人権裁判所は、古典的な国家的不服申立と個人訴訟を受け入れている。

第二に、司法手続は、裁判官の独立によって政治的手続とは区別される。政治的手続においては、紛争調停機関の十分な独立性が存在しなかった一方で、緩やかに法制化された手続においても、決定機関が紛争当事者から十分に独立していない。したがって、法規範に基づく公平な紛

表3　法の立憲化（Konstitutionalisierung）

	法制化の度合いが低い	法制化の度合いが高い
基本的価値	●社会的に承認された基本的価値への法的拘束がない（伝統的な国際法）	●基本的な社会的な基本的価値への法的拘束
一貫性	●さまざまな水準間（WTOと国内法、WTOと環境レジーム）の交差に関するルールの不在	●さまざまなルールの水準間の協力のためのルールの存在（EUの方法、ドイツの連邦システム）

（出所）Zangl/Zürn(2004), S. 29.

争調停を可能にするためには、独立した裁判所が必要である。裁判所は当事者の利害に拘束されることなく、妥当な法規範との関連で決定しなくてはならない。国際政治においては、欧州司法裁判所、国際司法裁判所、国際刑事裁判所、欧州人権裁判所がそのような独立性を保持している。(23)

第三に、司法手続は、政治的手続に対して、その義務的管轄権によって特徴づけられる。政治的手続の場合には、すべての法主体は管轄権を有する紛争調停機関が行動に着手する前に、それぞれ手続について合意しなければならない。国際司法裁判所規定においても、義務的管轄権（強制管轄権）の受諾を行っている国以外については合意が必要であり、したがって国際司法裁判所も義務的管轄権を保有していない。厳格に法制化された手続は、権利主体が義務的管轄権を受諾したということを前提にしている。義務的管轄権を認めている裁判所制度は、欧州裁判所、欧州人権裁判所、そしてWTOの紛争調停手続である。(24)

こうして司法化は法制化の主要な要素となっているが、ツァングルとツュルンによれば、国際関係における法制化の一層の進展形態が、立憲化ということになる。立憲化が意味していることは、ルール作成、ルール解釈、ルール実施の手続が法制化される結果、このようなルールの協力関係が基本的な憲法原理に従うという点にある。しかし、このような憲法原理が存在していない国際関係においては、法制化の過程は、以下の二つの基準に照らして考慮されうる。

一つは基本的価値（Grundwerte）であり、もう一つは一貫性（Konsistenz）である。[25]

立憲化されて法秩序のもとにあっては、法はとりわけ人権といった社会的に承認された基本的価値に結びつけられており、この基本的価値に矛盾する法規範は妥当しない。したがって、今日の国際関係においても、いわゆるjus cogensによって、基本的な社会的価値を無視する国家間のいかなる契約も無効であることが保証されている。また法制化の度合いが高い秩序では、法の各水準のあいだを相互に調整することができるために、法秩序の一貫性が維持される。たとえばEUにおいては、主要なルールが様々な水準――ヨーロッパの水準と加盟国の水準――において相互に対立した場合、EU法の優越性という原理が調整的な作用を行う。

このように、ツァングルとツュルンは基本的価値と一貫性を備え、法制化の度合いが高い法秩序を立憲化と表現している。これを国際社会に当てはめて考えてみると、立憲化された法秩序とは、EUのように、社会的に承認された基本的価値と結びついた国際法的な秩序が主権国家の法秩序に優先するような状態を意味することになる。

3　「複雑な過程」としての法制化

すでにみてきたように、ゴールドシュタインたちの法制化に関する合理主義的・制度論的なアプローチは、諸国家が法制化を利用することから生じる費用と効果という国内的な観点に立って、義務的で精密で独立したレジームを選択するという考え方であった。それに対して、ツァングルとツュルンの法制化論は、グローバル・ガバナンスの「立憲化」を目標にする規範の社会化がグローバルな法秩序の出現に貢献すると主張するものである。ここで取り上げるブルチュとレムクールの法制化論は、右の二つのアプローチを理論的に総合しようという意図に基づいているということができる。[26]

まずブルチュとレムクールは、ゴールドシュタインたちの法制化論との一致点について、以下のように説明している。

「ゴールドシュタインたちは、世界政治における法制化の研究を国際協力の制度化に基づく合理的・制度論的な研究の拡大として考えている。われわれが同意しているのは、『世界政治の法制化』が国際レジーム、その義務化、ルールと手続の精密化、そして第三者によるそれらの解釈・実施・監視といった特質を修正するという観点から解釈されうるということである。(27)」

他方において、ブルチュとレムクールは合理主義的・制度論的なアプローチの問題点を以下のように指摘している。

「法制化に関する合理主義的・制度論的な解釈は、国家が法制化のハードな類型よりもソフトな類型を選択する理由を説明している。それが規定している点は、レジームの法的設計が変化しうるということ、しかし多少とも義務的で、精密で、独立したレジームを形成するという選択が究極的には、協力を促進しあるいは特定の規範・ルール・手続を強化するための手段として法制化を利用することから生じる費用と効果に依存していることである。だが、制度論的な解釈は、レジームの法制化の程度を決定する交渉の成果がその形成にかかわる個々のアクターの能力や資源に依存しているという見解に焦点を限定することで、国際政治の中で法の役割を定める権力と法との複雑な関係についての不完全なイメージを与えている。(28)」

ここでの法と権力との複雑な関係という点に関していえば、合理主義的・制度論的な法制化論は、単に、国家が費用と効果という観点から国際制度としての法制化を選択するとしているが、法制化が特定の利益に役立っている場合や、法制化が構造的権力やヘゲモニーの作用を体系化あるいは神秘化するような場合には、それが十分な分析的な手段とはならないということである。というのは、法規範や制度は、既存の権力関係を正統化するためにも利用される場合があるからである。むろん法制化もそのような性格を持っている。

他面において、法制化が持つ構成的な役割、すなわち政治的なアイデンティティやアクターを形成するという役割を考慮する必要がある。(29) とりわけEUにおいては、同一の「法共同体」に所属することによって、ヨーロッパ的なアイデンティティやアクターを形成してきた。したがって、「社会」間の相互行為を形成している「深く埋め込まれた慣行、信念、社会の伝統」を考慮せずに、レジームを支配する条約や協定の特徴（義務、精密、委任など）だけによって法制化を評価することには意味がないという指摘も出てくる。(30)

こうした点から、ブルチュとレムクールは、法制化を規範志向的な行動という観点から解釈し、判決、執行、立法のための手続に従って法制化の様々な類型を区別しているツァングルとツュルンの法制化論に目を向けている。ブルチュとレムクールはツァングルとツュルンの法制化論について以下のように論じている。

「かれらは、政府によるガバナンスという伝統的な形態が、政府を伴うガバナンスと政府なきガバナンスというより複雑な様式のための余地を残している点を考慮することなしには法制化を解釈することはできないと主張し、法制化が集合的行為問題の解決における国家の選好の観点から説明されうるという合理主義的な想定に挑戦しているコンストラクティヴストに従っている。しかし、かれらは、諸国家の選好あるいはその行動条件のために設計された法的取り決めの社会的構成のための条件を説明しようというよりも、規範設定、執行、制裁の国家的過程、国際過程、トランスナショナルな過程のあいだの関係に焦点を合わせることで、グローバル・ガバナンスの『立憲化』を目標にした規範と行動の社会化がグローバルな秩序の出現に貢献すると論じている。[31]」

ブルチュとレムクールは、こうしたツァングルとツュルンの法制化論の持つ新しい秩序を構成するという側面を評価しつつ、国家の合理的選択が国際政治における法制化を説明する唯一の重要な変数ではないとしている。しかし、かれらは法制化と「立憲化」を結びつけるツァングルとツュルンの主張をそのまま継承しているわけではなく、法制化の複雑な過程に着目して、グローバルな法制化の問題を国際的な立法の増加、法レジームの変化、そして法的取り決めや準法的取り決めという観点から取り上げようとしている。[32]

三　グローバルな法制化の諸側面

歴史的にみて、法システムが急速に発展したのは近代以降であり、なかでも国際法が成立したのは、H・グロチウスの『自由海論』や『戦争と平和の法』に示されているように、世界システムとしての資本主義世界経済がヨーロッパで形成され拡大しつつあった一六世紀のことであった。それ以後、先進資本主義諸国の法システムは、公法と私法、実体法と手続法、国内法と国際法あるいはトランスナショナル法といった分化と進化の過程を経てきた。そしてグローバル化の時代を迎えた今日、国際法システムは、ハードローとソフトローに分化して進化し続けている。[33]M・アルバートは、N・ルーマンのシステム理論と「世界社会」論に依拠しながら、「世界社会」の法システムの発展について、以下の四つの側面を指摘している。[34]

第一に、超国家法の出現やその要素も含めて、国際法の持続的進化である。国際条約は締結され続けており、国際裁判所の決定と判決は下され続けている。また多くのソフトローがつねに進化しており、これらのことはシステム論的な観点からみると、法の進化を意味している。広い意味で、人間関係を媒介するコミュニケーション・メディアの一つである法は、社会システムの自己組織化とともにその役割を進化させていくのである。

第二に、いわゆる「トランスナショナル法」の領域では、「新しい」法的協定が出現している。WTOの貿易紛争にかかわる紛争解決メカニズムはこのような「新しいトランスナショナル法」の代表的な事例である。またしばしば指摘されるように、主権国家の法システムや国際法を超えた領域での法的規制が出現している。[35] 既存の国際機関とは異なってその設立に条約が存在しないバーゼル銀行監督委員会、インターネットのドメイン名に対する規制と紛争処理手続などは、このような従来の国家的法システムや国際法にも依拠しない新しい法的協定の分野であるということができる。

第三に、国内法システムの国際化の拡大である。これは、国内法システムが国際法の規範の義務的承認を超えて国際化している点にかかわる。EU法においては、たとえば国内法システムは指令という形態の法的手段によって、国内法化されている。EU以外の地域では、こうした傾向はみられないにしても、国内法システムの中で国際化が生じているケースは増えつつある。一つには、グローバル化時代の到来によって、ある国が他国の法的実務や基本原則や訴訟交渉などを採用するケースも拡大している。もう一つは、裁判所や立法者が他国の裁判所や国際裁判所や立法機関の経験や決定に頼ることが多くなっている点である。

第四に、社会関係の様々な領域の法制化、とりわけ国際政治関係における法制化の増大である。国際的な法制化は法システム自体の発展を意味するのではなくて、国際的な政治システムの「反射的な展開」なのである。[36] 国際政治においては国家間の新しい協力関係が生まれ、様々な種類の協力関係の規制において諸国家がますます法的取り決めや準法的な取り決めに依拠せざるを得ない状況になっている。法制化はこうした状況を反映しているのである。ルーマン的なシステム理論からみると、国家とは異なって正統な権力が存在しない世界社会において、いわゆる「無政府社会」において、貨幣とならんでコミュニケーション・メディアとして機能しているのは権力ではなくて法なのである。法はその意味では、無秩序な世界においてコミュニケーション・メディアとして機能しているといってよいだろう。グローバルな法制化の背後にあるのはこうした事態なのである。

　このようなアルバートの指摘にもみられるように、今日の法制化の現象には様々な側面があり、ブルチュとレムクールがいうように法制化は「複雑な過程」であって、それを単一の理論的枠組で捉えることは困難である。今日、グローバルな法制化の領域は、安全保障、経済、人権、女性の権利、知的所有権、環境など様々な領域に及んでいる。グローバルな法制化をフォイグトの法制化論に照らし合わせてみると、第一はグローバルな立法化で、成文化された国際条約、また宣言など法的拘束力の弱いソフトローという法的レジームの拡大である。第二は、全般的な官僚制化（M・ウェーバー）としてのグローバルな行政の拡大である。そして第三は、紛争解決の法制化あるいは司法化である。以下では、リージョナル化の問題も含めてグローバル化と法制化との関係について検討したい。

1　リージョナル化と法制化

　EUの成立は、一九五七年の「欧州共同体設立条約」（ローマ条約）にさかのぼるが、その後、マーストリヒト条約（一九九三年発効）、アムステルダム条約（一九九九年発効）、ニース条約（二〇〇三年発効）、リスボン条約（二〇〇七年調印）という段階を経て改訂がなされてきた。リスボン条約は、フランスとオランダの国民投票で否決された結果批准されず発効しなかった「欧州憲法条約」に代わって、二〇〇七年一二月に調印され、これによって「欧州共同体設立条約」は「欧州連合の機能に関する条約」に変更された。

このような一連の条約改訂は、法制化の進展と深化として捉えることができ、その過程で形式的に統合が図られるとともに内容的にも拡充していった。二〇〇〇年に公布された「欧州連合基本権憲章」は、リスボン条約の中では法的拘束力をもつものとされ、それは同時にEUの憲法的な色彩が強く、その意味では「立憲化」の一形態とみなすことができるだろう。というのは、ツァングルとツュルンがいうように、立憲化が基本的価値と一貫性を備えた法制化の度合いが高い法秩序を意味しているとすれば、自由、民主主義、法の支配、人権の尊重などの基本権を加盟国のみならずEU全体が尊重すべきであるとしたEU基本権憲章は、このような性格を保持しているからである。

さて、EU法の立法措置としては、アムステルダム条約の第二四九条に、以下のように規定されている。「理事会と共同して行為する欧州議会、さらに理事会および委員会は、その職務を遂行するため、本条約の規定に従い、規則を設け、指令を発し、決定を行い、勧告を行い、意見を述べる。[37]」このように、規則、指令、決定、勧告は、欧州議会と閣僚理事会の共同によって採択され、理事会と委員会がそれぞれ採択することも可能である。欧州委員会は、すべての場合において立法措置を開始する独占権を持っており、規則と指令は欧州委員会の提案に基づいて採択される。EUの規則と指令については、一九九二年までに、規則が二二、四四五、指令が一、六七五発令されている。[38]

EUの規則に関しては、第二四九条に、「規則は、一般的な効力を有する。規則は、そのすべての要素について義務的であり、すべての加盟国に直接適用される」とある。他方、指令に関しては、第二四九条に、「指令は、達成されるべき結果について、それが宛先とするそれぞれの加盟国を拘束するが、方式および手段の選択は加盟国当局に委ねられる」と規定している。指令は規則に次いで多い立法手段であるが、指令は加盟国に対して発せられ、加盟国が一定の仕方で行動するような規則的な機能を持っており、私的個人、企業、結社には義務づけられない。加盟国は指令を国内法に転換しなくてはならず、このことが議会の制定法によってなされるか、規制によってなされるかについて、また転換措置が一国の措置かどうかについて、さらにそれに関するいくつかの地域的規定あるいはローカルな規定が採用されるかどうかについては、各加盟国が決定する。そして決定に関しては、同じく第二四九条で、「決定は、それが宛先とする受領者に対し、そのすべての要素について義務的である」と規定している。

次に、ＥＵのリージョナルな行政に関してみると、欧州委員会、欧州理事会、欧州連合理事会（閣僚理事会）、欧州議会、欧州司法裁判所が主要機関となっている。欧州委員会はＥＵの行政執行機関であり、条約の特定の条項を執行するための規則を発令し、ＥＵの予算を管理する機関でもある。欧州委員会の構成は加盟国から一名選出された二七名から成り、任期は五年である。欧州委員会は、欧州共同体設立条約第二一一条に規定された「独自の決定権を行使する」うえで、新法の提案や起草に関して独占的地位を占めているだけでなく、政策的なアイデアを交換するための利害の仲介役やフォーラムとして、そして加盟国と様々なＥＵ制度とのあいだの仲介役として、中枢的な位置を占めている。

欧州理事会は、加盟国の元首や首脳と欧州委員会委員長によって構成される首脳会議で、ＥＵの目的に関する声明や宣言などソフトローを発して、ＥＵの将来的な方向性を提示する機関である。欧州連合理事会（閣僚理事会）は、各加盟国を代表する閣僚によって構成される機関であり、会議は議題ごとに異なる閣僚が出席する。閣僚理事会は、加盟国の閣僚による主要な会合の場であり、加盟国の利害とＥＵ全体の利害とが交錯する点でもある。そして同時に、決定権を行使する場でもある。他方、欧州議会は、欧州連合設立条約第一八九条で、「欧州議会は、共同体に結集する諸国民の代表により構成され、本条約により欧州議会に与えられた権限を行使する」とされている。ニース条約により、欧州議会の定数は七八五とされた。

このように、ＥＵには、リージョナルな立法措置と執行機関が備わっているだけでなく、加盟国が義務を執行しなかった場合のコンプライアンス・システムが制度的に用意されている。(39) ＥＵにおいては、欧州委員会と欧州司法裁判所が遵守を監視し、違反を改善し、さらなる不履行を抑制する機関として機能している。(40) 加盟国が国の水準で指令の目的を適用し実施することを怠り、あるいは地方政府の水準でＥＵの義務違反をすれば、欧州委員会は、第二二六条に基づいて違反手続をとることができる。違反手続について、第二二六条は以下のように規定している。

「委員会はいずれかの加盟国が本条約のもとで負っている義務を履行しなかったと認められるときは、当該加盟国に報告を提出する機会を与えられた後、当該事項について理由を付した意見を発表する。当該加盟国が、委員会の定める期間内にこの意見に従わないときは、委員会は、当該事件を司法裁判所に付託することができる。(41)」

ここでの第二二六条における違反手続は、四つの段階に分かれている。第一に、欧州委員会は加盟国違反を書簡で通告し、その判断に従うことを要請する。第二に、加盟国の対応が十分でなかった場合には、委員会は違反の理由を書いた「意見書」を発表する。第三に、かりに加盟国が委員会に何の応答もない場合には、その問題を司法的な裁定のために欧州裁判所に付託する。そしてさらに、加盟国がＥＵの政策の義務に従うことを拒絶する場合や、ＥＵの政策を地方政府へ付託できない場合には、欧州共同体設立条約第二二八条のもとで罰金を科すことができる。第二二八条は以下のように規定している。

「当該加盟国が、司法裁判所の判決に従っていないと司法裁判所が認めた場合、司法裁判所は当該加盟国に一時金もしくは違約金を課すことができる。[42]」

こうして、EUの政策を加盟国や地方政府のレベルに浸透させるためには、EU条約が欧州委員会に効果的な権限を与え、それが執行されない場合には、欧州裁判所がそれを強制的に執行させるというコンプライアンス・システムが制度化されている。これはリージョナルなレベルの司法的な解決の制度化、すなわち司法化ということができる。

2　グローバルな立法化

国際社会における成文法の増加、いいかえれば条約あるいは多国間協定の増加は、様々な領域における紛争（コンフリクト）の増加を背景にしている。グローバル化の拡大と深化によって、紛争の可能性が高まるとともに、それを法的に制度化しようとする立法化の傾向も強まる。第一の国際法の増加については、第二次大戦後に二国間条約と多国間条約の数が増え続けており、世界条約統計プログラムによれば、一九四六年の約二、〇〇〇から一九九七年の五五、〇〇〇に増えている。[43] 条約数が増えているということは、もとより、それまで条約が適用されなかった領域にまでその適用が拡大していることを意味しているが、このことは国際条約や国際協定の拡大の問題である。国際条約が扱っているのは、人権分野をはじめとして、会計基準、消費者保護、国境を越えた投資やマネーロンダリングのルール、環境保護、労働条件、そしてたばこ規制や海賊対策にまで及んでいる。[44]

国際機関による国際立法という点に関しては、拘束力のある規範を採用し決定を下す権限を持つ国際機構が出現している例として、EUを挙げることができる。すでに触れたように、EUにおいては、基本的に各加盟国政府や加盟国の利益を代表する閣僚理事会が主要な立法制度において重要な役割を果たしているとしても、欧州委員会が国際的な立法過程における推進力となっている。というのは、欧州委員会は立法の草案を提出し、ＥＵの利益を具現化する権限を有しているからである。ＥＵでは法的手段として指令が用いられている。ＥＵの指令は各国政府に発せられ、各加盟国はそれを国内法に転換するという手続をとってＥＵ法の実現がはかられ、それが執行されない場合には、欧州裁判所の司法的な解決が行われる。

グローバルなレベルでの国際機関についてみると、世界貿易機関（ＷＴＯ）は国際貿易の障害を軽減し、国家間の差別待遇を廃止することを目的にしているが、ＷＴＯの枠組の中で採択された協定は重要な点で各国の政策を拘束する。さらに紛争処理においては、そこでの決定は拘束的である。また世界保健機構（ＷＨＯ）や国際労働機関（ＩＬＯ）などの国際機関についても、そこでの決定は、各国の法システムに影響を与えるばかりでなく、国民それ自体にも影響を与える。さらに条約に基づいて設立されたものではないＧ８やバーゼル委員会のような国際機関の枠組のなかに存在する「トランスナショナルな政府間ネットワーク」[45]も、広い意味では、グローバルな立法に貢献しているといえる。これらのネットワークにおいては、立法権力は独立した機関に存在するのではなくて、各国家首脳や中央銀行総裁のあいだの協力関係の中にある。そこで決定された行動規範、勧告、規制原理などは、ソフトローとしての非拘束的規範であるとはいえ、国内の法システムの立法過程に影響を及ぼしている。

グローバルのレベルでは、ＥＵのように国際機関や立法機関が存在していないために、グローバルな立法過程は、グローバル・ガバナンスというプロセスあるいは枠組の中で、また国際レジームの形成において進行している。[46]Ｐ・バーニーとＡ・ボイルは、国際環境法の大部分が、「国際組織、外交会議、法典化と漸進的発達、国際裁判所活動が相互に影響することで生じる極めて重要な法形成過程の所産」、「条約、非拘束的宣言や決議、慣習国際法の間の比較的微妙な相互作用の所産」であり、「この立法過程が包括的で比較的速やかなもの」[47]であるとしている。

その理由として挙げられるのは、第一に、「国連とその専門機関、地域的機関、環境計画を含む国際組織が、立法を伴う議題を設定し、そのための交渉の場と専門知識を提供する上で指導的な役割を果たしたこと」、第二に、「コンセンサスによる交渉手続及び『一括交渉』外交の利用が交渉文書の普遍性と一般的受容を確保する現実の可能性を創造したこと」、そして第三に、「枠組条約の利用は、条約当事国が定期的な会合を設けることにより、少なくともその条約という形式において、議定書、付属書及び関連する諸協定の継続的な交渉を可能にし、また当初の条約に追加あるいは修正を施すことによって、合意形成のプロセスに動的な性格を付与した」ことである[48]。

このように、グローバル・ガバナンスや国際レジームにおける合意形成と交渉のプロセスや枠組は、国際組織、主権国家、非政府アクターなどが国際的な立法を進める場となっている[49]。

3　グローバルな行政の拡大

全般的官僚制化としてのグローバル行政の拡大は、国際行政学やグローバル行政法という分野の登場に示されているように[50]、国連機構やEUの行政システムの発展をはじめとして、WTOおよびその紛争処理機関、ICANN、ISOなどに及んでいる[51]。またグローバル行政の拡大は、政府間組織の増加ともパラレルであり、一九〇九年には三七の政府間組織（IGOs）が存在したにすぎなかったが、一九九六年には政府間組織が二六〇近くまで増大している[52]。こうした政府間組織の発展について、D・ヘルドたちは、以下のように説明している。

「この政府間および超政府間活動の拡大を戦後の主要なマルチラテラルな会議、即ち毎年のG7、EU、IMF、

ＡＰＥＣ、ＡＲＦ、メルコスールのサミットおよび多くの他の公式かつ非公式のサミットに加えると、グローバル、リージョナル、マルチラテラル各レベルのガバナンスから成り立つ極めて濃密で重複したネットワークというイメージが現れてくる。こうしたことの例証として、一九世紀中頃においてＩＧＯｓによって年に後援された会議や総会は二つか三つであったのに対し、今日その総数は年間四、〇〇〇に近いことは注目に値する。」(53)

ところで、Ｂ・キングスベリーたちは、グローバル行政に関して五つの類型に分類している。第一の類型は、「国際行政」においては、条約や取り決めによって設立された政府間組織が主要な行政的アクターであるというものである。(54)その代表例は、国連の安全保障理事会や国連難民高等弁務官である。安全保障理事会は「国連憲章」に基づいて各加盟国に対して拘束的な決定を行うことができ、国連高等難民弁務官は一九五一年の「難民の地位に関する条約」や一九六七年の「難民の地位に関する議定書」に基づいて難民の地位の認定や難民保護を任務としている。他の例としては、世界保健機構（ＷＨＯ）、モントリオール議定書の遵守メカニズム、世界銀行などである。

第二の類型は、「トランスナショナルなネットワークと調整のための取り決め」である。それは公式の拘束的な決定構造の欠如と国家的規制者間のインフォーマルな協力の優位によって特徴づけられている。Ｇ10の中央銀行総裁が銀行の自己資本比率などの政策問題を調整するバーゼル委員会がその代表例であるが、それは条約に拠らないインフォーマルな形で拘束力のない合意形成を行う会合である。しかし、その合意はいわばソフトローとして一定の拘束力を持つ。

第三の類型は、「権限配分された行政」で、国内の規制当局がグローバル行政空間の一部として活動するものである。それらは外国との利害関係やグローバルな利害関係をもつ問題について決定を行う。(55)この例は、自国領域外で生じた環境保全（ウミガメの保護）を図るためにアメリカが一方的にとった貿易上の制限措置としての「エビ・エビ製品の輸入禁止」である。一九九八年のＷＴＯのパネル・上級委員会の決定に基づいて、敗訴したアメリカ政府と中立国はアメリカ政府が是正措置をとることに合意した。この場合、アメリカ政府の措置は、ＷＴＯという国際レジームの決定に従うものであり、その意味では、国内の規制当局がグローバル行政の一部を担っているということである。

第四の類型は、「ハイブリッドな政府・民間行政」である。民間アクターと政府アクターの混合機関は、様々な形態をとってその重要性を増している。この一つの事例は、ＦＡＯとＷＴＯによって一九六三年に設立されたコーデックス委員会であり、そこでは政府代表者と非政府アクターを含む決定手続によって食品安全基準を採択している。もう一つの事例は、非政府組織として設立されたＩＣＡＮＮである。しかし、ＩＣＡＮＮにはかなりの権限をもつ政府代表者も含まれるようになった。(56)

そして第五の類型は、多くの規制的な機能が「民間」機関によって遂行されるものである。たとえば、国際標準化機構（ＩＳＯ）がその例であり、世界中で生産と加工を調和させる一三、〇〇〇以上の国際規格を採択してきた。また国際銀行間通信協会（ＳＷＩＦＴ）は、世界の金融業機関によって設立された機関で、世界の銀行や金融機関の通信のネットワークを運営する組織である。国際法では、このような民間組織は、明確な委任によって公権力を行使しないかぎり、行政というよりも「クラブ」として位置づけられてきた。しかし、グローバルな領域では、国際的な公共機関が存在しないために、それらが大きな権限や重要性を持ってきたのである。(57)

このようなグローバル行政の多様な類型にみられるように、グローバル化が進展する中で国内行政と国際行政という境界が曖昧になっているだけでなく、グローバルな領域での決定、たとえばＧ８の合意は、各国に対して拘束力を持たないとはいえ、国内の政策決定に大きな影響を及ぼしている。またグローバルなレベルでの規制プログラムの増大とその国内行政への浸透は、グローバルなレベルで作られた実体規範や手続規範によってますます拘束されるようになっている。さらにグローバルな規制が国際的な公的機関によって担われるだけでなく、非政府機関によっても実施されている。このことは、グローバルな行政が国際機関や主権国家といったアクターだけでなく、NGO、企業、個人、その他の組織によって担われつつあるということを意味している。いいかたをかえれば、グローバルな法制化は、グローバル・ガバナンスの枠組をますます必要としているということであろう。

4　グローバルな司法化

グローバルな司法化は、国際法の増大という国際的な法制化にと伴って様々な紛争が発生し、その調停や遵守が問題になっていることを背景としている。C・ロマノの研究が示しているように(58)、一九八九年以降のポスト冷戦時代に入って、多くの国際司法機関が活発化し、あるいはそれらの改革が進められてきた。たとえば、一九八九年に欧州第一審裁判所が設立され、一九九二年に欧州自由貿易連合司法裁判所が設立され、一九九六年には国際海洋法裁判所が設立され、二〇〇三年には国際刑事裁判所ローマ規程に基づいて国際刑事裁判所が設置され、そして二〇〇五年には特別裁判所として欧州連合公務員裁判所が設立された。

また国際裁判所の改革の例としては、一九五九年に設立された欧州人権裁判所が一九九八年に常置裁判所となった。さらに一九九三年に設置された旧ユーゴスラヴィア国際刑事裁判所や一九九四年に設置されたルワンダ国際刑事裁判所などもグローバルな司法化の例である。二〇〇五年には、二二の常設の国際裁判所が存在し、準司法裁判所や同様の機能を持つパネルや委員会を含めると、全体で四〇以上にもおよび、かりに「準司法的な実施管理や紛争処理機関」を加えると、一二五の制度が存在するといわれている(59)。

このように、グローバルな司法化は単に国際紛争の増加やその分野の拡大に伴う国際裁判所の数の増加だけを意味するわけではなく、様々な分野において紛争解決が必要不可欠となっているという機能的な側面を意味している。したがって、WTOにおける紛争解決もそれに含まれる。GATTのウルグアイ・ラウンドによる国際貿易交渉において、紛争解決手続が審議され、その結果、WTO協定の下には、「紛争解決に関する規則及び手続に関する了解」（DSB）が設けられた。この協定に関連して紛争が生じた場合には、パネリストが個人の資格で参加するパネル方式（小委員会と上級委員会）によって処理される。こうして国際貿易関係の紛争解決においても、ルールの設定と実施の手続が法的性格を強くし、紛争処理のための司法的な手続が法制化されている。

グローバルな司法化は、リージョナルな場面においても同様であり、すでに触れたように、EUにおいては、欧州裁判所が欧州機構と各国政府とのあいだの紛争調停において重要な役割を果たしている。また一九九四年にスタートした北米自由貿易協定（NAFTA）においては、紛争が発生した場合、「自由貿易委員会」が斡旋、調整、調停するが、それによって解決に至らない場合は、専門家から構成されるパネルが設置され紛争解決がなされる。それに不服の場合は上訴できるが、最終裁定は強制力を持つ。北米環境協力協定（NAAEC）においてもパネルが設置され、裁定案を履行するうえで執行賦課金を課すことができる。(60)

他方において、グローバルな司法化の進展は、国際政治における権力関係の変化を背景にしているといえる。ネオ・リベラル制度論や集合行為論の法制化論にみられるように、フォーマルなレジームとしての国際裁判所の増加は、政府の選好によって作られた公共財の増加を意味しているというよりも、国際紛争が従来の覇権国家や大国によって解決されずに多国間の協定によって解決される傾向が強まった結果であるということである。このことは国際政治における多極化、権力の脱中心化という現象に対応している。

その結果、国際紛争はますます国際裁判所に持ち込まれ、そこで解決される傾向が強まっている。また経済や貿易の領域におけるWTOの紛争解決モデルの意味は大きく、貿易紛争という国家間の大きな問題がパネルを通じて解決されるという手続とその実績は、政治的領域での国際紛争解決のための有効な事例となりつつある。そして国内における政治紛争が司法的な手続によって解決されているように、国際社会においても、国家間システムや国際制度における法の支配、正統な手続、法的な説明責任といった基本原理が徐々に浸透しつつあるように思われる。

おわりに

近代世界システムは、国際分業と商品交換によって成り立つ資本主義世界経済を土台としているが、その世界市場を制御する統合された権力の不在のために、そこから生み出される様々な紛争は国家間システム（条約、外交、国際組織など）によって処理されてきた。国際関係における条約や外交などは、このような世界政府なき世界システムの中で国家間の紛争を調整する機能を果たしてきた。今日のグローバルな法制化という傾向は、このような国家間システムを調整するコミュニケーション・メディアとしての法の役割が重要になりつつあることを示している。しかし、今日のようなグローバル化時代を迎えて、紛争が国家間のみならず、地球社会全体に及ぶものになっている状況のもとでは、国家間システム自体がより制度化された形態をますます必要とするようになっている。

世界システムにおいて単一の権力（世界政府）が不在であることは、必然的に、国家間システムがその等価的な機能を担う形になっているが、その場合、国家権力に正統性が求められるように、国家間システムにも正統性が求められるからである。M・ウェーバーは正統性について、合法的支配、カリスマ的支配、伝統的支配という三つの有名な理念型を提示したことで知られているが、そのなかでは議会で制定された法律に基づいて支配がなされる合法的支配が近代社会にもっとも特徴的な類型とされている。世界の様々な領域で法に基づく紛争処理への動きを目の当たりにしている今日、(61) 合法的支配あるいは「法の支配」という近代国家の原理は、世界システムにおいても国家間の紛争を解決するための正統性原理として承認されつつあるように思われる。

グローバルな法制化の強まりは、将来的には、国際立法、国際司法、国際行政の面でますます制度化を促す可能性が高いといえる。ＥＵが統合を深めていく過程で、各加盟国では立法・行政・司法における権限の相対的な低下を引き起こしている。ヨーロッパにおける近代国家の形成の過程で法制化が進展していったが、一国的な枠内で生じている法制化という現象が、現在ではＥＵというリージョナルな領域でも生じつつある現実を前提にすれば、それがグローバルの領域で生じる可能性が高いと推測するのも根拠がないことではない。国際司法裁判所など国際裁判所が多く設立されている状況というのは、主権国家間の紛争解決が困難となって第三者機関に委任しようとする傾向を反映するものであり、これが司法のグローバル化にほかならない。

ＥＵの基本権憲章は、共同体の基本価値として憲法的な性格を持つものであり、このことはＥＵの法システムのレベルでは、いわば憲法条約の議論にみられるように「立憲化」が進展していることを意味する。国際社会においても、たとえば人権の尊重、国際平和の維持、民主主義、法の支配、環境保護といったような基本的価値については、グローバルな規範として合意が形成されつつある。グローバルな法制化の進展の過程では、各ルールや各レジームを統合するような共通の価値規範が必要になることが考えられる。その意味では、グローバルな法制化は、必然的に、グローバルな「立憲化」への方向性をめざすことになろう。

（1）　R. Voigt (Hrsg.)(1980), *Verrechtlichung*, Athenäum, S. 16.　なお、近年のドイツにおける法制化論に関しては、以下を参照されたい。N. Dose (2006), Verrechtlichung und die Steuerungsfähigkeit von Recht, in : M. Becker and R. Zimmerling (Hg.), *Politik und Recht, Politische Vierteljahresschrift*, Sonderheft 36, S. 503–522.

（2）　Voigt, *op. cit.*, S. 17.

（3）　*Ibid.*, S. 18–22.

（4）　Cf. N. Luhmann (1975), *Legitimation durch Verfahren*, 2. Aufl. Neuwied.（『手続を通じての正統化』今井弘道訳、風行社、一九九〇年）

（5）　J・ハーバーマス『コミュニケーション的行為の理論』（下）丸山高司他訳、未來社、一九八七年、三五八頁。なお、ハーバーマスの法制化論については、河上倫逸／M・フーブリヒト編『法制化とコミュニケーション的行為』未來社、一九八七年を参照されたい。

（6）　O. Kirchheimer (1928), Zur Staatlehre des Sozialismus und Bolschewismus, in : *Zeitschrift für Politik*, S. 596 ff.

（7）　ハーバーマス前掲訳書、三六六頁。

（8）　このような法制化の両義的な側面について、法制化の反対傾向として脱法制化ということがいわれる。とりわけ一九八〇年以降、新保守主義・新自由主義的な政府のもとで規制緩和政策がとられていったが、これらは法制化の反対傾向ともいえる事態である。これに関しては、Voigt, Rüdiger (Hrsg.)(1983), *Gegentendenzen zur Verrechtlichung*, Westdeutscher Verlag, を参照されたい。

（9）　Cf. R. Kreide, A. Niederberger (Hg.)(2008), *Transnationale Verrechtlichung, Nationale Democratien im Kontext globaler Politik*, Campus.

（10）　Goldstein, Judith L., Kahler, Miles., Keohane, Robert O., and Anne-Marie Slaughter (eds.)(2001), *Legalization and World Politics*, The MIT Press, p. 9.

（11）　*Ibid.*, p.12.

（12） *Ibid.*, p. 12.
（13） *Ibid.*, p. 12.
（14） *Ibid.*, p. 13.
（15） *Ibid.*, p. 13.
（16） *Ibid.*, p. 14.
（17） *Ibid.*, p. 14.
（18） *Ibid.*, p. 17.
（19） B. Zangl / M. Zürn（2004), Make Law, Not War : „Internationale und transnationale Verrechtlichung als Baustein für Global Governance“, in : B. Zangl / M.Zürn, *Verrechtlichung—Ein Baustein für Global Governance*, Diez, S. 12－45.
（20） なお、国際関係の立憲化については、以下を参照。J. Frowein, „Konstitutionalisierung des Völkerrechts“, in : K. Dicke (Hg.), *Völkerrecht und internationals Privatrecht in einem sich globalisierenden internationalen System. Auswirkung der Entstaatlichung transnationaler Rechtbeziehungen*. Heidelberg, S. 427－445.
（21） Zangl/Zürn *op. cit.*, S. 12.
（22） *Ibid.*, S. 15.
（23） *Ibid.*, S. 21.
（24） *Ibid.*, S. 21.
（25） *Ibid.*, S. 27.
（26） C. Brütsch and D.Lehmkuhl (eds.)（2007), *Law and Legalization in Transnational Relations*, Routledge.
（27） *Ibid.*, p. 9.
（28） *Ibid.*, p. 10.
（29） *Ibid.*, p. 11.

（30）　Brütsch and Lehmkuhl, *op. cit.*, p. 11. Cf. M. Finnemore and S. J. Toope (2001), “Alternative to ‘legalization’ : Richer View of Law and Politics”, in : *International Organization*, 55 (3).

（31）　Brütsch and Lehmkuhl, *op. cit.*, p. 12.

（32）　*Ibid.*, p. 12.

（33）　グローバル・ガバナンスにおけるハードローとソフトローについては、K. Abott and D. Snidel (2001), Hard and Soft Law in International Governance, in : J. Goldstein, M. Kahler, R. Keohane, and A. Slaughter, pp. 37－72.

（34）　M. Albert, “Beyond Legalization”, in : Brütsch and Lehmkuhl, *op. cit.*, pp. 193f.

（35）　Cf. M. Albert (2002), Zur Politik der Weltgesellschaft. Identität und Recht im Kontext globaler Vergesellschaftung, Weilerswist : Velbrück.

（36）　Brütsch and Lehmkuhl, *op. cit.*, p. 195.

（37）　金丸輝男編著『ＥＵアムステルダム条約』ジェトロ、二〇〇〇年。以下のＥＵ設立条約の条文については本書を参照した。ただし訳語は部分的に変えてある。

（38）　J. Goldstein, M.Kahler, R. Keohane, and A. Slaughter, *op. cit.*, p. 109.　なお、一九九二年までに協定と議定書については一、一九八、勧告については一八五、決定について二九一出されている。

（39）　ＥＵのコンプライアンス・システムに関しては、J. Tallberg (2002), Path to Compliance : “Enforcement, Management, and European Union”, in : *International Organization*, 56, pp. 609－643.　法制化の観点から遵守メカニズムの有効性を取り上げたものとして以下を参照。S. Oberthür (2006), Die Wirksamkeit von Verrechtlichung : Die Compliance-Mechanismen internationaler Umweltregime, in : J. Boguil, W. Jann, a nd F. Nullmeier (Hg.) *Politik und Verwaltung*, *Politische Vierteljahresschrift*, Sonderheft, 37, S. 73－93.

（40）　Tallberg, *op. cit.*, p. 615.

（41）　前掲『ＥＵアムステルダム条約』、一七二頁。

(42) 同書、一七二―三頁。

(43) この世界条約統計プログラムのデータについては、C. Brütsch and D. Lehmkuhl, *op. cit.*, p. 13 による。

(44) *Ibid.*, p. 13.

(45) A. M. Slaughter (2004), *A New World Order*, Princeton University Press, pp. 45 f.

(46) グローバル・ガバナンス委員会『地球リーダーシップ』京都フォーラム監訳・編集、NTT出版、一九九五年。ここでのグローバル・ガバナンスの概念については、グローバル・ガバナンス委員会の定義に拠る。レジーム概念に関しては、さしあたり、M・レヴィ／O・ヤング／M・ツュルンの定義に拠る（M. Levy, O. Young, M. Zürn, The Study of International Regimes, in : *Eurpean Journal of International Relations* 1, 1995, pp. 267－330）。すなわちレジームとは、「特定の争点領域におけるアクターの相互行為の基準となるような同意された原理、規範、ルール、意思決定手続、プログラムから成る社会制度である。」

(47) P・バーニー／A・ボイル『国際環境法』池島大策他訳、慶應義塾大学出版会、二〇〇七年、一三頁。

(48) 同訳書、一三頁。

(49) なお、国際立法に関しては、村瀬信也『国際立法』東信堂、二〇〇二年を参照されたい。

(50) 福田耕治『国際行政学』有斐閣、二〇〇三年。B. Kingsbury, N. Krisch, and R. B. Stewart (2005), "The Emergence of Global Adiministrative Law", in : *Law and contemporary Problems* (Duke University School of Law), Vol. 68, No. 3－4, pp. 15－61. なお、グローバル行政法については、宮野洋一「『グローバル行政法』論の登場―その背景と意義―」（横田洋三・宮野洋一編著『グローバル・ガバナンスと国連の将来』中央大学出版部、二〇〇八年所収）を参照されたい。国際行政法の古典的な研究としては、ロレンツ・フォン・シュタインの以下の研究がある。Rorenz von Stein (1882), Einige Bemerkungen über das internationale Verwaltungsrecht, in : G. Schmoller (Hg.) *Jahrbuch für Gesetzgebung, Verwaltung und Volkswirthschaft*, Leipzig, S. 1－47.

(51) B. Kingsbury, N. Krisch, and R. B. Stewart, *op. cit.*, pp. 21 f.

（52）D・ヘルド、A・マグルー、D・ゴールドブラット、J・ペラトン『グローバル・トランスフォーメーションズ』古城利明・臼井久和・滝田賢治・星野智訳者代表、中央大学出版部、二〇〇六年、八七頁。

（53）同訳書『グローバル・トランスフォーメーション』、九〇頁。

（54）Kingsbury, Krisch, Stewart, *op. cit.*, p. 8.

（55）*Ibid.*, p. 21.

（56）*Ibid.*, p. 22.

（57）*Ibid.*, p. 23.

（58）C. P. R. Romano (1999), The Proliferation of International Judicial Bodies : The Pieces of The Puzzle, in : *Internationa Law and Politics*, Vol. 31, p. 710.

（59）Brütsch and Lehmkuhl, *op. cit.*, p. 13.

（60）NAFTAの紛争解決に関しては、F. M. Abott, NAFTA and the Legalization of World Politics: A Case Study, in : J. Goldstein, M. Kahler, R. Keohane, and A. Slaughter, *op. cit.*, pp. 135–163　および金堅敏『自由貿易と環境保護』風行社、一九九九年参照されたい。

（61）J. Goldstein, M. Kahler, R. Keohane, and A. Slaughter, *op. cit.*, p. 1.

第六章　ＥＵ移民政策の共通化とグローバル・ガバナンス

——二つのガバナンス・レベルとＮＧＯ——

磯村早苗

はじめに——グローバル化時代のガバナンス形成

グローバル化は、一般的には、「人・財・通貨（お金）・情報」等が国境を超えて地球規模で移動することを指して用いられ、問題領域でいえば、政治、経済、文化（宗教、思想、生活様式など）の諸領域全般でみられるものである。(1)本章で分析対象とするのは、グローバル化時代の国境を超えた人の移動・移民政策をめぐる、グローバル・ガバナンスと欧州連合（ＥＵ）の地域ガバナンスとの関係である。その政治的展開と意味を、本章では以下のような問題設定と分析枠組みで議論してみたい。

一　問題設定と分析枠組み

1　問題設定――移民問題のグローバル・ガバナンスとEUガバナンス

本章では、グローバル・レベルのガバナンスが、EUの共通移民政策（地域レベルのガバナンス）形成にどのような関係を持っているかを、「国境を超えるデモクラシー」の視点から検討し、両者の関係をNGOや市民社会が媒介する構造として論じてみたい。

第一の問題設定は、「移民問題において、グローバル・ガバナンスは、「決定の多層性」と「主体の多様性」（開放系）によってEUガバナンスを包摂し、構造化された一つのガバナンスとしての特徴を持つ」という関係が成立しているという仮定である。

EUの政治体制におけるスイジェネリス（sui generis「新しい政治体制」、あるいは「前例のない政治体制」）論は、今日EUをガバナンスとして論じる根拠となっている。しかしそのEUは、デモクラシーの手続き論としては、グローバル・ガバナンス論と共通項を持ちつつ、アウトプットとしての政策や法的内容では対立する要素も有しているように思える。実際に、グローバル・レベル（国連難民高等弁務官事務所UNHCR、国際移住機関IOMなど）はEU共通移民政策に対して、しばしば批判を発し、対立する。批判は政策内容に関してである。ガバナンス論の範囲でこのような比較が成立しうると考える根拠は、D・ヘルド（David Held）のグローバル・ガバナンスにおける記述に見られるように、ガバナンス概念自体が政治理念として「連帯・民主政・社会的公正」の要素を持つとされる点にある。(2) ガバナンスは民主的手続き過程と政策理念の二面において定義される概念なのである。その点で、EUの「人権と社会政策を強調する欧州社会モデル」を基礎とする共通政策は、理念自体においてグローバル・レベルと極端な相違があるとはみえない。にもかかわらず、各国の利害を包摂するアウトプットの政策内容としては、グローバル・ガバナンス機構と齟齬を生じている、ということになる。しかし、齟齬はあっても、二つのレベルがグローバル・ガバナンスとして構成されるには、その齟齬が一定の範囲に留まる必要があろう。

本章では、ＥＵの政治過程でこの矛盾を指摘し齟齬を一定範囲に修正しようとする批判的主体の動きとして、ＥＵ域内のＮＧＯや市民社会、および国際機関による、発言や政治的「参加」活動があると考える。同時に、これら非政府主体はグローバル・レベルの主体やネットワークに問題を伝え、正統性を付与する媒体としても機能しているのではないか。そして全体として二つのレベルを非政府主体の存在が結合している。これが、第一の問題設定である。

第二は、このようなグローバル・ガバナンスの有効性の問題である。具体的には、「サブ・レベル＝ＥＵレベルの政策がグローバル・ガバナンスの枠で提示される基準やガイドラインと齟齬を生じるとき、ＥＵの自立性を尊重しつつも最小限の基本線をグローバル・ガバナンスの枠へと包摂しうる範囲に修正できるかどうか」、という問題設定となる。欧州の場合、この正統性と有効性を考えるうえで、かつて一国内部で指摘されてきた「リベラル・パラドックス」の議論が、その地域的特徴を捉えているといえよう。すなわち、ＥＵ共通政策がＮＧＯやグローバル・レベルのリベラルな関与によって実際に修正を余儀なくされるのかという問題になる(3)。ＥＵという地域主体において、国の政府についていわれたリベラル・パラドックスを生じさせるような、グローバル・ガバナンスが存在するのか。

ただし、ＥＵレベルのリベラル・パラドックスの議論では、移民問題の場合、欧州議会（ＥＰ）の批判的修正後に、加盟国政府自身がさらにリベラルな視点からの強力な批判主体になることは、想定しがたい。

では、ＥＵ共通移民政策に対する「有効な」批判主体は誰か。それは第一に、域内の非政府主体すなわち国内およびトランスナショナルなＮＧＯや市民社会、そしてメディア、第二にＥＵを超える主体（グローバルな市民社会やＮＧＯのネットワーク、人権等をテーマとする地域機関、国連およびその他の国際機構）、第三にＥＵ内のいずれかの機関（欧州委員会あるいは欧州議会など）、ということになる。第一、第二の主体は全体として、グローバル・ガバナンスの形成過程を担っているものでもある。第二の主体を決定過程に取り込むことによって、グローバル・ガバナンスは、特定主体にとっての外部的批判の性格を内部批判の性格に転換する機能を持つ。

本章では、これらの問題を、非政府主体（市民社会・ＮＧＯ・国際機関）の参加が、グローバル・ガバナンスとの関係でどのように現れてくるか、検討してみたい。

2　分析枠組み――グローバル・ガバナンス論とＥＵガバナンス論

（1）グローバル・ガバナンス論

本章では、紙数の限定もあり、グローバル・ガバナンスの詳細な理論的説明は他章に譲り、上述の課題検討に絞ることとする。一つだけ述べるとすれば、それはポスト主権国家デモクラシーの世界秩序の問題であるということであろう。

ガバナンス論には、国家主体を議論の基礎とするネオ・リアリズム（Ｈ・ブル、Ｊ・ロズノーなど）と、政治過程における非国家主体の意味を重視し、ソフト・ローや規範、価値の正統性を考慮するリベラリズム（Ｏ・ヤング、Ｒ・フォークなど）の理論があり、両方の立場を含みうる。本章では、両者に共通する「政府なき統治」を基本にしつつ、リベラリズムに軸を置いた議論を行う。

第二に、本章では「民主的過程としてのガバナンス」を論じる。ガバナンスは、「共治」とも訳され、上から下に向かう一方的な統治だけではなく、下から上に向かう市民社会の参加を決定の要素に含む、デモクラシーと密に関係する概念である。すなわち、それは、公的決定過程への市民や民間主体の参加が一定の幅で制度化されていくシステムであり、（中央に必ずしも一元的で集権的権力が存在しなくても、）多元的なアクターが多層的レベルで決定参加する重層的構造を持ち、かつ各レベルが補完的な関係を成しているものである。また、参加形態は既成の議会選挙などの方法に限定されず、様々な「直接参加」を活用したガバナンス構造を持つものである[4]。さらに、多層的・民主的なガバナンス概念は、その政治理念として、連帯・民主政・社会的公正を重視するものである。

第三に、グローバル化とガバナンスの問題がある。ヘルドが「グローバル化する社会」と呼ぶ多面的な歴史展開を総合してみえてくるのは、国家主権の相対的脆弱化と主体の多様化、そして課題の地球化という変化である[5]。その結果、本来、ナショナルな場に実現された民主主義をトランスナショナルなガバナンスにいかに実現するかという、ポスト主権国家デモクラシーにとっての課題が生じる。国民国家は依然として重大な責任を負う主体であるが、政府の機能は変容する。

第四に、移民を争点とするグローバル・ガバナンス論をみてみよう。移民をめぐるガバナンス論として、K・ニューランド（Kathleen Newland）は国際的ガバナンスをトップダウン型とボトムアップ型の二つの対立的コンセプトに分類するが、そこではＮＧＯや市民社会の位置づけは詳細に論じられていない。

第一のコンセプト、トップダウンの国際的ガバナンスは、先述の「共治」における「上からの統治」局面に相当し、国家政府がその主権の一部をより高次の権威に譲渡することによって成立する超国家的ガバナンス（たとえば連邦制的秩序）である。この権威を制限しうるのは、「補完性の原理」[6]によるが、その権威が認知された問題領域の範囲内では、超国家機関が国家主権に対して最終権限を持つ[7]。移民問題の場合、超国家機関は、たとえばＷＴＯ（世界貿易機構）に倣った形のＷＭＯ（World Migration Organization　世界移民機構）といったグローバル機構を想定しうるが、ニューランドは、これまでの歴史と実績をみる限り、国家が主権を放棄する契機を見出すのが当面困難だと述べる。[8] なぜなら、たとえば西欧諸国の多くでは、移民は経済と労働市場の柔軟性の確保に不可欠であり、それこそが超国家的コントロールが忌避される現実の理由だからである。したがって、移民に関しては、トップダウン・モデルに代わるものの方が成功の見込みが高いという。

これに対し、第二のコンセプトは、ボトムアップ型の国際的ガバナンスである。この種のガバナンスは、しばしば政府高官達（官僚、監督機関、立法機関、司法機関の高官達）の間の相互行為を基礎として生み出され、Ａ・Ｍ・スローター（Anne-Marie Slaughter）が「グローバル化時代の世界秩序形成における基礎的要素としての『政策ネットワーク』」、あるいは、より直接的には、スローターが「統治ネットワーク（government network）」と呼んでいるものである。[9] このようなガバナンスにおいては、政府高官達は法律上拘束的な合意・協定よりも、むしろ現実に発生した越境的な共有問題に対する持続的な情報交換、最適の行動の開発、そして非拘束的な行為規範の形成をとおして問題を解決する。この概念は、コーヘインとナイが既に一九七四年に論じた、「トランスガバメンタルな協力関係」すなわち「各国政府のサブユニット間の直接的な相互作用」に対応しようが、ここではＮＧＯや市民社会の位置づけはそれほど明確ではない。[10]

Ｂ・ゴーシュ（Bimal Ghosh）は、現在の世界的な移民人口の増大と問題を指摘しつつ、この問題への対応は自由主義ドクトリン・制限的原則のいずれのみでも不十分であり、今後のレジームはグローバル公共財という認識の下での政治的に達成可能で現実的なアプローチであるべきだと強調する。ゴーシュはこれを「規制された開放性原則」と呼び、その特性を「排除ドクトリンを回避しながらも、他方で主権国家を超えた完全に自由で拘束のない移動は擁護しないもの」としている。[11]

（２）ＥＵの政治体制とガバナンス論——地域的ガバナンス

ＥＵの政治体制としては、国家主権重視の国家連合説と超国家主義の連邦制説との対立を主軸として、これまで多くの議論が行われてきた。現在でもこれらの主張がなくなったわけではない。しかし、今日、欧州統合の歴史的経緯の分析から、現実はこのような二分性を超えており、ＥＵの政体は従来の国家形態の類型論を超えた、他に類をみない「前例をみない政治体制」を形成しているという議論が大きくなっている。[12]ＥＵは、分権性の強弱の差はあれ最終的には中央政府が調整機能を発揮しうるような政治構造とは異なるものであって、かといって国際機構でもない、全体としてあるまとまりを持った政治主体である、とされる。この「新しい政治体制」とも称されるＥＵ政体の性格は、①政治決定の多層性あるいは重層性（補完性の原理）、②アクターの多様性、③デモクラシーの重視（制度と理念）、を特徴とする。ただし、そのデモクラシーの条件と定義は、ナショナル・デモクラシーと相似形の制度だけをイメージするのでは説明できない。それは、ＥＵの人々の声を多元的なルートで吸い上げるシステム作りを模索する。[13]そして、ＥＵはそのシステムを実現する具体化の方法として、主体や政治過程そして政策の「ヨーロッパ化」とそのあり方を課題とする。[14]

ＥＵをめぐるこのような柔軟な議論は、基本的には多元主義的な議論の系譜で、平島健司の指摘する「政策システム」としてのＥＵやそれをより具体的に論じる小川有美の「ＯＭＣ（開放的協調）システム」、あるいは「政策ネットワーク」のアプローチと関係してくる。[15]移民政策との関連でいうと、たとえば欧州委員会は、二〇〇一年七月、タンペレ・プログラムに沿ったＥＵ共通移民政策の作成に向けて新たなコミュニケーションを提示し、そこで共同体の移民政策形成にOMCの方法を採用することを提起した[16]。これらのアプローチはいずれも、決定過程の開放性とインフォーマル性、組織としての「曖昧さ」などを特徴とする、「拘束的制度と法」の裏側と実態を論じるものでもある。先に述べた、スローターやニューランドの「統治ネットワーク」も、この意味ではこの概念のうちの一つに類型化しうる[17]。いずれも組織論としては、マーチ＝オールセン・モデルを祖とする[18]。もちろん、他方でこのような柔軟さに対しては、既存の制度論からは限界も指摘されうる。決定参加者の多様性と曖昧さが議会の民主的正統性の確立を曖昧にするという規範的問題は、EUの中でも、欧州委員会のNGOや市民社会の取り込みに対して欧州議会からときに提起される懸念である。しかしEUの体制は、国境を超えたアリーナでの新たなデモクラシーの模索形態として、既存の議会制における民主的監視構造と新しい開放的柔構造との組み合わせで考える必要がありそうである。補完性の原理と多元的アクターを考慮に入れた「前例をみない体制」アプローチの模索である。

以上の政治体制の特徴は、すでにみた、グローバル・ガバナンスの特徴と近似する。すなわち、EUの体制をガバナンス論で分析する傾向が強まっているということになる。ただ、B・ケーラー＝コッホ（B. Kohler-Koch）は、EUの「ガバナンス」概念自体は実に多様な内容を分析対象としており、場合によりその意味が変化するが、広い意味では、「その中で、市民や官僚が行動し、政治が展開し、また市民社会のアイデンティティや制度を形作る枠組みに影響を与えることを含む」というJ・G・マーチとJ・P・オルセン（March & Olsen）の言葉を採用している[19]。

(3)　本章の分析枠組み

以上の分析枠組みと概念を基礎として本章では、「EUの共通移民政策とその策定過程」と「グローバルな基準やガイドライン等の策定過程とその内容」とをそれぞれ、ガバナンス論の視点からEUガバナンス、グローバル・ガバナンスと捉え、かつ後者が前者を包摂する全体像を提示する。その場合、両ガバナンスの齟齬を含めて、全体を一つのガバナンスであると論じるための方法は、そこにガバナンスの特性としての「決定の多層性」と「多様なアクターの参加」という開放性政治過程の存在の確認によるものとする。以上の問題設定と分析枠組みで、以下にEUの移民・難民政策をグローバルなガバナンスの中に位置づけてみる。対象とするのは、EUの移民・難民政策の共通化が問題化する時期であり、事例としては、不法移民の送還指令の決定過程を扱う。まず、移民・難民問題をめぐるグローバル・ガバナンスの展開からみてゆく。

二　人の移動と移民をめぐるグローバル・ガバナンス

1　UN／国際組織の対応、原則、基準、ガイドライン、提言

世界で移民・難民を扱う国際機関やネットワークには、国連および一般の国際機関がある。具体的には、国連事務総長、国連総会、UNHCR、ILO（国際労働機関）、IOM、UNHCHR（国連人権高等弁務官事務所）、等がある。また経済活動や雇用と関連した領域では、WTOが関与してくる場合がある。グローバルな機関で議論され採用される国際移民に関するガイドラインや基準は、後にみるように、その策定過程で、同様の問題を扱う国内そしてトランスナショナルなNGO／市民社会の提言や批判を様々な形で取り込んでおり、そして各サブ・レベルにおける具体的政策の実施過程でその基準やガイドラインの適用が促されることになる。

UNHCRは、国連総会決議を設立規定とし、一九五一年の難民の地位に関する条約とその附属議定書（一九六七年）を法的な基盤とする国連の補助機関である。これら「ジュネーブ難民条約」は、「ノン・ルフルマン原則」を国際

規範として認識させる上で重要な根拠であり、UNHCRは、ほぼ二〇〇〇年以降、難民条約にいう「難民」を超えて移民に対しても一定の関与を行っている。その活動は、NGOとの協力が不可欠といわれ、UNHCRは通常その予算の二〇％～二五％を世界の五〇〇以上のNGOを通じて活動に支出している。その主要な協力NGOとして、後述するECRE（ヨーロッパ難民・亡命者評議会）の名も挙がっている。また、毎年、NGOとの定期協議が行われ、現在では毎回一五〇程の組織から二〇〇人以上の代表が参加している。[20]

ILOは、国際社会における労働条件の改善と労働基準の向上を通して豊かな生活を確保することを目標とする。また社会正義、国際的に認められた労働権と人権を促進することによって、自由・平等・安全・人間の尊厳という原則を実現するという目的を持つ国連の専門機関である。

これに対しIOMは、国連外のシステムで一般の国際機関である。本来は移住に関して他の国際機関などへの支援活動を行う実践的機関であった。二〇〇八年六月現在、加盟国一二五、オブザーバー国家一八カ国、それに国連をはじめとする国際機関や四〇以上のNGOによるオブザーバーを有している。ヨーロッパの移民関係NGOとの関係で見ると、オブザーバー資格を持つNGOの中にMRI（移民の権利・インターナショナル）があり、その中のリンク・リストにNGOのENAR（ヨーロッパ反人種主義ネットワーク）の名がある。この意味で、IOMは、MRIを通じて、ENARの主張や活動と関係してくると考えることができる。MRIは、五〇〇以上の移民と移民の権利に関係するグループの連合体であり、ECOSOC（国連経済社会理事会）の特別諮問資格を持つ。[21]

国際的な人の移動に関するグローバル・ガバナンスは、各国政府に加えて、これらの機関と協力関係にあるその他の組織やネットワークが関係している。

（1）　世界の諸機関による移民政策の対応と転換点

国際移民のグローバル・ガバナンスの必要が、無関心から多角的な関心へと大きく転回するのは、二〇〇〇年前後、一九九九年～二〇〇四年の時期である。(22)

一九九四年、国連の「人口と開発に関する国際会議（ＩＣＰＤ）」に向けて作成された行動計画には、国際移民の章が設けられ一六〇カ国から支持を得たが、その後事実上無視されてしまった。また、移民問題を扱う国連会議の開催が繰り返し求められたが、これも主要な移民受入国に拒否され続けた。国際移民のグローバル・ガバナンスは、国家主権への侵害とみられていたのである。また、すでに移民労働者の権利条約は一九九〇年に国連総会で採択されていたが、この間発効に必要な二〇カ国の批准すら得られないままであった。移民労働者の保護を任務としてきたＩＬＯですら、移民過程を優先的課題とし得ておらず、国連システムの外部に位置するＩＯＭは、加盟国へのサービス提供という狭量な仕事範囲にとらわれていた。

ところが、これら全てが突然に、世紀の変わり目に大きく変化したという。突如として、「移民」は国連システムの内外で姿を現わすことになった。一九九九年から二〇〇四年までに、以下のような行動が取られた。つまり、当時の五三カ国の人権委員会は移民の人権に関する特別報告官を任命し、ＵＮＨＣＲは、優先的な追加政治日程として「難民の庇護―移民総合問題」を設定。ＩＬＯは移民問題を二〇〇四年の国際労働会議のテーマとし、移民労働者条約は二〇カ国目の批准を得て二〇〇三年七月に発効した。そして、国連総会は、「（国際）移民と開発に関する（国連）ハイレベル・ダイアローグ」を特別セッションとして二〇〇六年に開催することを決定した。(23)このような転換を少し個別にみてみよう。

第一に、ＩＯＭをみる。ＩＯＭは、それまでの実践面での補助的支援活動の範囲を超えて国際移民管理の領域にその活動を拡大し始めた。二〇〇一年、ＩＯＭは「移民に関する国際ダイアローグ（ＩＤＭ）」を立ち上げ、以後、ＩＤＭは持続的に提供され続けている。ここでは、各国政府、政府間組織、ＮＧＯ、他の利害関係者が参加して移民政策問題を議論する。[24] ＩＯＭは上記の二〇〇六年の「国連ハイレベル・ダイアローグ」にも大きく関与している。

次に、ＩＯＭ以外でも、国連システムの外部で同じ時期に多くの構想が噴出した。一つは、スイス政府の主導による二〇〇一年のベルヌ・イニシアティブで、これは移民問題に関して政府間の広範な討議を促した。もう一つはハーグ・プロセスで、オランダの国際開発協会によって一九九九年に開始され、こちらは対照的に、広範な市民社会アクターを移民・難民の移動に関する積極的な討論に引き込んだのである。

他方、国連および国連関係機関にも動きがみられた。コフィ・アナン国連事務総長は二〇〇二年に「国連機関の強化に関する提案」を発表し、この目的のために、彼は同年、事務総長室に「移民に関する作業グループ」を設置、国連事務総長補佐Ｍ・ドイル（Michael Doyle）を中心にすえた。グループは通称「ドイル・レポート」と呼ばれる報告書を提出。事務総長はこれに基づいて、「国際移民の各国・地域・そしてグローバルなガバナンスをいかに強化すべきか」という問題への勧告を作成する独立委員会の設置を要請した。この「独立委員会」が、「国際移民に関するグローバル委員会（ＧＣＩＭ）」である。

以上が、移民のグローバル・ガバナンスをめぐる状況の転換の様子である。そこで、次に、上述のＧＣＩＭの議論と過程を追って、グローバル・ガバナンスの基準・原則の内容と形成過程におけるアクターの多様性の実態をみてみよう。

（2）　GCIM

　GCIMは、二〇〇三年九月～二〇〇五年一二月三一日のあいだ活動した、一九人のコミッショナーから構成される、国際移民問題に対して一貫した包括的かつグローバルな対応枠組みを提供するための委員会である。委員会は二〇〇五年一〇月五日に、『相互接続した世界における移民―新しい行動の方向性』[25]という報告書を国連事務総長、加盟国、他の利害関係者に提出。その趣旨は、国際社会が移民の持っている潜在的可能性を十全に活用しておらず、今後はより効果的な国際移民ガバナンスを達成するために、より強い一貫性、協力および能力が必要とされると主張している。

　レポートで提起された「六つの行動原則」と「三三の関連する勧告事項」から、GCIMの国際移民ガバナンスに関する見解、目的、政策の方向などをみてみよう。[26]

「六つの行動原則」は以下の通りである。

ⅰ　選択による移民（移民とグローバル経済）　人々はその母国で彼らの必要と希望を充足させ、その人権が実現されるべきであり、移民という方法は必要の結果ではなくこれらの諸条件を得たうえでの、選択の結果であるべきである。

ⅱ　経済および開発の影響を強化すること　国際移民は、途上国でも先進世界でも双方で、国家・地域そしてグローバルな経済成長戦略の不可分の一部を成す。

ⅲ　非正規移民への対応　各国は、移民の諸権利を保護し、出身国への帰還を望むか送還される市民の再入国を認める責任と義務がある。非正規移民を阻止する行動が、難民の庇護申請の権利を含む人権を脅かしてはならない。諸政府はこの問題で、雇用者、労働組合、そして市民社会と協議すべきである。

iv　統合による社会的結束の強化　　受入国の移民と市民は、受け入れ先の法的義務を尊重し、文化的多様性の中で非差別とジェンダーの公正原則に基づいて「適応と統合の相互過程」から恩恵を受けるべきである。

v　移民の権利保護　　全ての移民が享受すべき人権と労働基準を保護するために、国際移民に関する法的規範的枠組みが強化され、より効果的に実施され、非差別的な方法で適用されるべきである。

vi　ガバナンスの拡大　　国際移民のガバナンスが拡大されるべきである。国家／地域／グローバルなレベルで、一貫性の改善、能力の強化、国家間・国際組織間でより効果的な協議・協力の強化が行われること。その場合、重要な政策連環を考慮すべきこと。

以上が、ＧＣＩＭの提示した、国際的移民ガバナンスの「六つの原則」である。そしてこれら各々の原則に対して、より具体的な行動指針として「三三の関連勧告事項」が付記されている。その中には、政府が行動やルールの決定にあたって人権法を含む国際法に準じて行動すべきことや、調整の場では多様な非国家的アクターとの諮問を含むべきこと、が含まれている。また国連のハイレベル・ダイアローグを有効に活用することを奨励しつつ、中間組織的なグローバル移民機関に関して検討することを勧告している。

この報告書は、国連事務総長がその後の移民問題の指針とした内容を持ち、国際移民問題に関するグローバル・ガバナンスを論じるうえで、明確な指針と考えることができる。しかもこのＧＣＩＭの報告書の作成は、多様な地域や主体との協議・諮問を基礎に行われた。そこで次に、この過程で、ＮＧＯや市民組織がどのように関与したか検討してみる。

（3）ＧＣＩＭの地域公聴会――ヨーロッパ

前項でみたグローバルな移民政策への原則・ガイドラインを導出する根拠となったものとして、ＧＣＩＭの国際移民に関する実態調査がある。これは当委員会が二一カ月にわたって実施した、世界全ての地域で行った地域状況聴取活動と利害関係者への諮問、そして専門家会議である。地域別事情聴取活動は主として二つに分かれ、一つは「地域諮問プロセス」と呼ばれ、ＧＣＩＭとＩＯＭが中心になり、各国政府代表と世界中の地域諮問プロセスの事務局を糾合して開催された（二〇〇五年四月一四―一五日）ものであった。(27)

これに対し、地域の事情聴取には、第二の別の重要なルートがあった。それは、各地域における「地域公聴会」（欧州は二〇〇四／一一／二五―二六、ブダペスト公聴会）と「地域のＮＧＯ諮問会議」（欧州は二〇〇四／九／二四、ジュネーブ）から構成されていた。「公聴会」には、政府やＥＣ、多様なグローバルな国際機関、他の地域的機関やイニシアティブ、研究機関・政策機関はもちろんＮＧＯと人権組織・民間セクター・メディアの代表達も出席しており、ＧＣＩＭにおけるグローバルな状況把握と政策・行動に関する枠組み作りに、政府・非政府主体が具体的に関わっている姿をみることができる。

まずはヨーロッパの「地域公聴会」の論点と意見をみてみよう。(28)

①　ヨーロッパ地域における移民政策形成の一般的な文脈として、第一に、ＥＵ各国が直面する移民問題とヨーロッパの移民構成との複雑さ（難民と帰還民、国内避難民（ＩＤＰ）、不法移民と通過移民などを全て含む）の指摘。第二に、ヨーロッパにおける移民問題の政治課題化と感情的争点化の悪影響の指摘。第三に、ＥＵの「域内国境管理の廃止」を除くそれ以外の国際移民分野（庇護政策の共通化、移民と開発、移民の統合問題など）における実績評価や、ＥＵとグローバルなレベルとの整合性については意見が分かれたという指摘、がみられる。

②　個別の論点でみるとまず、「非正規（不法）移民（irregular migration）」という概念の曖昧さの指摘。たとえば、これは、不法な手続きでの入国、正規の入国後に滞在期間を超えて滞在すること、庇護申請を拒否されたものの移転が失敗した場合、その他多様な内容を含む概念で、「庇護申請者」と「不法移民」との混同が起こり、非正規移民全体が否定的な印象を生み、安全への脅威とみられる事態が生じるという指摘。

③　次に非正規移民の問題への「取り組みと戦略」について参加者全体が認めた点は、ヨーロッパの公的政策が包含する矛盾である。すなわち、ヨーロッパ社会が一方で非正規移民に対しては概して敵対意識を持ちつつ、他方で一定の経済セクターが労働市場で非正規移民達の安くて柔軟な労働に大きく依存しているという矛盾である。また非正規移民の問題解決には長期的で「包括的戦略」が必要であり、移民の送り出し国、通過国、そして目的国の間のより緊密で協力的な対話が必要である、とされる。ただし移民の管理強化の方法については意見が分かれた。

④「非正規移民と人権」の問題については、第一に、非正規移民が国際法の下で保証されている権利の具体的な範囲の確定や、移民の法的地位にかかわらず国家が負うべき義務の議論、第二に、人々が別の国で庇護を申請しその恩恵を受ける権利を害してはならないこと、難民・庇護申請者・非正規移民の区別の必要、第三に庇護申請者の保護のために警官や国境警備員が受けるべき適切な訓練、各国による「迅速で慎重な」庇護手続きの確立、などである。最後に、人身売買を防ぎ、被害者、特に女性と子供に対して、適切な保護と心理面での支持を提供するよう特に要請した。

⑤「国際的移民ガバナンス」については、第一に、政府が、その内部の対立とその調整メカニズムの欠如等のために国際移民問題への一貫したアプローチに失敗しているという批判。第二に、移民を直接に扱う地方や自治体権力による政策決定過程への関与の不十分さと、政府と他のアクターとのコミュニケーションや諮問の欠如に関する指摘。

⑥　移民問題の「地域的イニシアティブ」に関しては、ヨーロッパ地域がEUによって、他地域に例をみないガバナンスを域内的にも域外的（庇護政策など）にも形成しているが、現実にはEUと各国個別の政策間でより広い一致も必要であること。

⑦　移民ガバナンスのグローバル局面については、グローバル・レベルの包括的な対話の推進には比較的一致した賛意が表明された。組織化の面では、トップダウンによる超国家的組織を新たに創設することは望ましくもないし現実的でもなく、むしろ既存の諸機関の間での調整による対応が望ましいとされた。また、グローバルなあるいは地域的な主体の機能としては、統計的データの収集・普及、研究、国際移民に関する事実や参考になる行動の評価作業に責任を持つような機能が推奨された。

以上、政府・非政府の多様な主体を含む公聴会からは、政府の政策やEUの移民政策に対して、一方では非正規移民への不信と管理の必要性を強調する意見、他方では非正規移民の複雑な性格と個別の現実的事情への配慮や人権の強調という二つの流れの交錯がみて取れる。それでは、次に、非政府主体としてNGOの意見を中心にみてみよう。

（4）　GCIMのNGO諮問会議（NGO Consultation Meeting）

地域公聴会に加えて、欧州のNGOとグローバル・ガバナンスとの関係性をみるうえでは、地域事情聴取のもう一つの過程、「NGO諮問会議」（二〇〇四年九月二六日実施）が参考になる。およそ一二五のNGOがジュネーブでの諮問に参加した。[29]この会議で特に注意を喚起したテーマは、「不法移民、国家安全保障および人間の安全保障」（庇護を要請する人々の状況と諸権利に焦点）と「国際移民と人権」である。議論の論点として挙げられたのは、議論上の用語、不法移民に対する国家政策、再定住を戦略的に活用することを含む庇護と移民問題における最近の提案、「出身地域での保護」、そして不法な移動を回避する手段としての労働移民プログラムの確立、などである。

① まず、「移民と庇護」の問題。NGOは、近年の難民保護状況について、許可認定の引き伸ばし等の懸念を表明し、難民保護レジームの機能不全を指摘して、難民が労働および移動の自由を享受する権利などへの配慮を要請した。また、最近の「海外における庇護処理施設（域外国境外での移民阻止）」構想の倫理性と実用性に関して疑義が示された。

② 公聴会と同じく、諮問会議でも用語法の問題が出され、いわゆる「不法移民」の表現として何が適切なのかが論じられた。非正規（irregular）、ビザなしの・非登録の（undocumented）、不法な（illegal）、そして密入国移民（clandestine migration）が議論され、“irregular”と“undocumented migration”が好ましいとされた。

また、「非正規移民」に関連しては、手段と動機とを区別する必要があるという点で合意した。真に保護を必要とする人が、致し方なく非正規の方法でしか移動できないというケースは十分にありうるからである。また、最初に入った国で保護を受けられず、第二番目の国へ移動することを非正規移動とみなすべきではないとも指摘された。関連して出席者は、難民の地位の認定において、UNHCRの認定は公正さ、厳密さ、そしてその手続きの透明性に疑問があり、この点に関して今後はNGOや難民達そして庇護申請者達と公開の対話を行うようにUNHCRに要請した。また、現実には困難な「出身地域（Regions of origin）」における保護の問題について、NGOは、これは先進国が、自国への庇護申請者の到達数を減らすための手段として考えていると指摘。

③ 最後にGCIMが「国際移民ガバナンス」の考え方について説明した。「移民管理」は「移民のコントロール」や「庇護行為の限定」という言葉の婉曲的表現として使われることがあるが、これに対し、「ガバナンス」は国際的移民に関連した様々な国際的法律文書、合意・協定、基準、政策理解、フォーラムや機関を包摂する概念であり、幅

広く使用できると説明された。

そのうえで、ガバナンスの状況についてNGOによる発言が行われ、第一に、法の実施状況について、移民に関する法的保護の枠組みは存在するが、各政府内部での協力の欠如のために各国の実施状況はいかにも貧しい、とNGOは述べる。また移民に対応する途上国世界の（行政）能力の欠如に触れ、政府高官や役人達への教育と訓練が強調された。第二に、「テロとの闘い」の影響により移民と保護の問題は、国際機構の重複的な網に絡め取られており、却って新たな脅威の下に晒されている。いまや、移民、エスニック・マイノリティ、そして国家安全保障という問題間の連合ができ上がり、それが自国外で生活する多くの人々の権利と安全を脅かしていると指摘。第三点として、問題解決のための単独の国際機関の創出に関しては、NGOは一般的に懐疑的であった。たとえば、国連外の機構であるIOMが、そのような単独の機構候補になりうるのかといえば、それは無理だという意見であった。(30)

以上、GCIMの「NGO諮問会議」の議論である。

2　世界の中のNGO——グローバル・ネットワークへのリンク（移民と関連して）

以上にみたように、UNHCR、GCIM、IOMというグローバルな機関が国際移民に関するガイドラインや政策を形成し提示する過程で、各国政府、関連国際組織、国際NGO、市民社会のトランスナショナルなネットワークといった多様なアクターが、情報を提供し、政府や地域機関の具体的な政策に対して理念や実施形態を評価し、問題提起と解決方向を示唆してきた。なかでも、GCIMは、国際移民のグローバル・イッシューとしての性格を前提に、一貫性のあるグローバル・ガバナンスの可能性とあり方を最初から自覚的に検討に入ったプロセスであり、その意見聴取の過程で、政府関係者とともにNGOに発言・評価の機会を与え、それらを制度形成のための不可欠の要素と位置づけた（上記、報告書）。上記の報告でも、政府に対しては同時に国家レベルのガバナンス形成においても「非政府組織への諮問を含むべきである」という言及がみられる。[31] この過程からはこれら国際機関の行動自体にみられる、国家政府の責任を重視しつつ国家中心主義的体制とは異なる「ガバナンス」作りの想定が見て取れる。

もとより、これまでみた非政府主体の「参加」形態は、諮問・協議であったり、対話あるいは情報提供であり、特定の政策決定権を直接行使するものではない。しかし、グローバルな決定主体の現実の判断のために他の政府主体の情報提供と並んで聴取されることの「意味」は、決定過程の要素として軽視することはできないであろう。

三　ＥＵの移民問題と政策

1　ＥＵの移民・難民政策と域内ガバナンスの形成——共通移民政策形成とＮＧＯ・国家・ＥＵ

ＥＵは、欧州憲法条約[32]の段階で、連合の基本目的の一つとして、域内の国境管理を撤廃し、市民に自由、安全および正義の地域を提供することを掲げた。この背景には、ＥＣ／ＥＵがシェンゲン協定から、マーストリヒト条約、アムステルダム条約へと、その移民・難民政策のＥＵ共通化のプロセスを進めてきたという歴史的蓄積がある。一九九九年一月施行のアムステルダム条約は、ＥＵに共通移民政策の策定に関する権限を与え、ＥＵの責務として三つの内容を規定している。[33] 以後、本章で問題とするのは、ヨーロッパ市民権を付与された域内移民ではなく、「第三国国民」と呼ばれる域外移民、特に非正規移民の問題である。

（1）　EUの法的枠組みと「人の自由移動」および「共通移民・難民政策」

　ECにおける「人の自由移動」を対象とする政策は一九八五年、シェンゲン協定の締結で大きく前進し、一九九〇年のシェンゲン実施協定と併せて展開したが、あくまで、欧州共同体条約の枠外での協力関係であった。他方では、一九八七年の単一欧州議定書の締結と市場統一の実現によるEU域内での人の移動の自由化の裏面として、域外国境管理の厳格化が主張され実施されていく。合法移民の社会統合や不法移民対策が中心であった。また、これとは別に、シェンゲン実施協定と平行して、欧州域外からの難民に対する対応を共通化するための条約が、一九九〇年に締結されたダブリン条約である。この条約では、難民が地位申請できる国は最初に申請を行った一カ国に限定されるなど、申請者にとっては厳しい内容であった（この条約に対する技術的保証はSIS／シェンゲン情報システムによる）。

　このような経過の後、移民政策共通化（「政策の共同体化」）の第一段階は、マーストリヒト条約で行われる。一九九二年のマーストリヒト条約において、三本柱からなるEUが成立した。第一の柱は欧州共同体（ECs）、第二の柱は共通外交安全保障政策（CFSP）、第三の柱が司法・内務協力、である。この時点では、共同体政策の対象は第一の柱だけである。一般的に司法・内務分野に属する「EU市民権」、「ビザ協力」、「司法内務協力（JHA）」のうち、前二者は「第一の柱＝共同体事項」へ、最後の一つ、JHAだけが独立して「第三の柱」に含まれることになる（しかし、以後JHAの管轄は次第に拡大され、一九九六年には、放射性物質の違法取引や、不法移民、盗難車両の取引などがこれに加えられた）[34]。

　共通政策化の第二段階は、アムステルダム条約（一九九七／一〇／二調印、一九九九／五／一実施）である。この動きを導いた主たる要因は第一に、東欧の民主化とユーゴスラヴィア紛争等による難民・移民の流入が増大したことであり、第二は、すでに七〇年代の後半から徐々に進んだEU域外からの移民の増大（家族呼び寄せや「不法」移民）とそれに伴う域内の移民の社会統合問題から生じる反発や危機感が、雇用不安や文化的摩擦を増大させ、九〇年代半ばに入るとヨーロッパ社会にポピュリズムや極右グループの台頭をもたらしたことである。こうして、アムステルダム条約では、JHA分野のうち、さらにビザ、難民庇護、移民および人の自由移動に関する政策が「人の自由移動（FMP）」政策として欧州共同体に組み込まれ（共通政策化）、国家間主義に基づく対象は、残された「警察・刑事司法協力（PJCC）」の分野だけになった。こうして、EUの移民・難民政策の中核部分は、FMP政策として、欧州委員会の権限が強化され決定方式・政策内容ともに共通政策化へと進んだ。(35)

ただ、この一連の移民・難民政策の共通化は、PJCCの協力体制の強化と密接に関係しつつ展開され実施されていく現実があり、この点で移民・難民政策の治安政策化の傾向を伴っている。(36)二〇〇一年九・一一を契機としてテロ対策分野の協力は大きく進み、EUの移民・難民政策共通化は、この流れと対になっている。(37)

他方、以上のような展開の中で、アムステルダム条約によって司法・内務政策の大部分が「EU化」されたことに伴い、その制度変更のもとでの人権のあり方を保障するために、二〇〇一年発効のニース条約で「EU基本権憲章」が採択された。

以上がEC／EUにおける「人の自由移動」および移民政策との関係からみた、EUの法的制度枠組みの進展と全体的背景である。以下、アムステルダム条約以後の共通移民政策の形成に関してみてゆく。

（2）　タンペレ・プログラム以後（ヨーロッパ化）

ここでは、まず移民政策をみる。一九九九年一〇月、タンペレでのEU首脳会議は域内人口移動が急増していることを受け、EU共通移民政策の構築に向けた、一九九九年〜二〇〇四年の五年間を対象とする多年次計画「タンペレ・プログラム」を採択した。このプログラムは、その後、「ハーグ・プログラム（二〇〇五年〜二〇一〇年）」に引き継がれ、合法・非合法移民に関するEU共通政策の策定が進められることになった。[38] これらの背景には、ヨーロッパにおける移民の可視化と非正規移民の増大がある。[39]

①　まず、タンペレ・プログラムに基づき、EU理事会は二〇〇二年二月、「不法移民と人身売買の阻止に関する包括的計画」を採択（この計画は、ビザ（査証）、加盟国間協力、国境管理、警察協力、送還、罰則強化、という六つの政策分野を挙げて、短期的・中期的措置を明記する）。タンペレ・プログラムでは「不法移民」に関しては、行動計画の作成、不法移民の送還、第三国との協力関係、という三点から具体的措置を提起している。これに基づき、二〇〇四年六月に加盟国間で査証データを共有できる「査証情報システム（VIS）」に関する理事会決定が採択され、これはテロの未然防止にも寄与すると期待されてきた。なお、ビザ手続き時の個人識別情報の収集についても、欧州委員会は二〇〇六年六月、「VISにおける生体情報採取に関する規則案」を採択し新たな制度を検討している。[40]

②　第二に、EU対外国境管理体制の統一性を強化する機関としては、「欧州対外国境管理協力庁（FRONTEX）」が創設され、二〇〇五年、ポーランドのワルシャワに本部を置き活動を開始している。[41] FRONTEXは、ユーロポールやVIS制度との協力を前提に活動が行われる。

③　第三に、「不法移民の送還」に関する共通政策化も進められた。二〇〇八年に採択された「送還指令」はハーグ・プログラムで概要が決められた欧州委員会の共通移民および庇護政策の一部を成す。二〇〇二年一〇月の「不法移民の送還政策に関する文書」[42]を受け、EU理事会は二〇〇二年一一月、「行動計画」を採択。この行動計画は、送還にあたってのEU共通ガイドラインの設定や加盟国間協力を促進するための措置を多く提示している。

そして、この計画を「ハーグ・プログラム」の要請に沿って実行するため、欧州委員会は二〇〇五年九月、「第三国の不法滞在者を送還するための共通基準と手続きに関する指令案」[43]を提出。これは、公正かつ透明性ある送還手続きの確立、出国期限の付与による自発的帰国の促進、手続きの遂行や強制送還にあたってのミニマム・セーフガードの設置、一時的な強制収用の制限、EU全域での再入国阻止の体制確保などの方策を含んでいる。この指令案を基礎に欧州議会（EP）と理事会との間で共同決定のルールに従って欧州議会から様々な修正要求が出され、両機関の間で交渉が繰り返され、二〇〇八年六月にほぼ最終合意、六月に本会議投票、同年一二月に両機関で採択して、「送還指令」が確定成立した[44]。

これと前後して、二〇〇八年六月一八日、欧州委員会は、二つの文書を採択。一つは、A Communication on "A Common Immigration Policy for Europe : Principles, Actions and Tool" [COM (2008) 359 final] であり、もう一つは、A Policy Plan "Asylum — an Integrated Approach to Protection across the EU" [COM (2008)] である。両者を合わせて、「一括移民問題文書（the Migration Package）」とも呼ぶ。このコミュニケーションは、一〇原則を規定しているが、それらは一九九九年のタンペレ理事会の工程、二〇〇四年のハーグ・プログラム、二〇〇五年の「移民に対するグローバル・アプローチ（Global Approach to Migration）」に基づいて構築されており、内容は繁栄、連帯、安全という三つの問題領域に類型化されている。なお、共通移民政策は、新しい監視および評価メカニズムによって定期的に追跡されることになっている。後者の「政策計画（Policy Plan）」の方は、ヨーロッパ共通庇護システム（CEAS）の第二局面（段階）の構成を提供するもの（第一局面は、一九九九年—二〇〇四年：ダブリン・システム）。この「計画」は、保護基準のEUレベルの定義を、ハーグ計画実行のために改善するもの。そのために、「ヨーロッパ庇護支援オフィス（European Support Office on Asylum）」を設立する予定である。

コミュニケーションも「政策計画」もいずれもハーグ・プログラムの残りの要素を扱っている。これらは、二〇〇八年一〇月一五日の欧州理事会で承認され、二〇〇九年に入って、司法・自由・安全領域における新たな五カ年計画へと流れ込むことになるだろう。[45]

以上が、不法移民に関する送還指令をめぐる流れである。

④　移民共通政策をめぐる第四の論点は、移民送り出し国への援助を通じての移民流入阻止である。出身国の貧困状況を改善することで不法移民を減少させることができるという考えから、ＥＵは主にアフリカ諸国との対話と財政支援を強化している。アフリカからの不法移民の多くは海上ルートで欧州（主にスペイン、イタリア、マルタ沿岸）へ漂着するためスペイン領カナリア諸島は特に深刻。不法移民対策の一環として、ＥＵは、二〇〇八年から二〇一三年にわたって、アフリカ諸国の雇用創出とインフラ整備のため、総額一八〇億ユーロを拠出する予定。[46]

⑤　共通政策化の第五の論点は、合法移民の統合政策である。

統合政策は基本的に、加盟国レベルで決定されるが、近年、ＥＵレベルでの情報や経験の共有に関心が高まっている。この動きは、二〇〇二年に「統合に関する各国連絡窓口（national contact point）」が設置されて以来、急速に進んだ。二〇〇五年九月、欧州委員会は、「統合のための共通アジェンダ　第三国民の域内統合のためのフレームワーク」と題するコミュニケーションを採択。その中には、移民の統合のための基金創設や、二〇〇三年加盟国に設置された「統合に関する各国連絡窓口」の強化、情報交換のための措置強化などが挙げられていた。[47] 欧州委員会は、移民が直面する障害を取り除くため、基本権、無差別、機会均等を確実に保障することを強く主張している。加盟国は、このコミュニケーションを基盤に包括的な統合戦略を策定するよう求められている。

（3）　ＥＵ移民問題と民主的ガバナンス――ＮＧＯへの諮問とＮＧＯからの意見

すでに、グローバル・ガバナンスにおけるＮＧＯや国際機関の関与をみたが、ＥＵの共通移民政策は、グローバルな移民ガバナンスの対応と相互作用をしながら形成されてきた。ここでは、ＥＵの地域政治ガバナンスにおいて、ＥＵの民主化の一環として、決定へのＮＧＯ／市民社会の関与が行われる様子を検討してみたい。

① ＥＵの民主化　欧州委員会は、マーストリヒト条約をめぐるデンマーク・ショック以降、ＥＵの民主的構造を進化させ市民社会との接触を深めるために、欧州のＮＧＯや市民社会に対し、直接のコンタクトを試みる様々なプロジェクトやチャンネル作りを強化した。二〇〇一年の欧州委員会の「ガバナンス白書」はこれを受けた動きで、欧州委員会の政策決定に市民社会の意見と主張を反映させるために、決定プロセスの民主化の原則と方法を包括的に提示したものであった。(48) そのためにも、各国のＮＧＯを争点ごとにヨーロッパ化しヨーロッパ・レベルのＮＧＯを組織化するイニシアティブを取ることに積極的に関与した。この動きが、ＥＵの政治過程と体制を政策ネットワーク論として論じる基盤を創り出した要因の一つでもある。ＥＵガバナンスにおける「審議デモクラシー型」「直接参加型」の民主主義を想定したこれらのＮＧＯや市民社会組織が、ＥＵの移民政策の共通化（ヨーロッパ化）にどのように関わったか、以下に検討を加えたい。

民主化に関わる市民社会とのチャンネルやプロジェクトには、社会プラットフォーム（Social Platform　ＥＵレベルのＮＧＯネットワークの代表的ネットワーク）、ＣＯＮＮＥＸ（ＮＧＯ情報を含む。現在このプロジェクトは終了）などがあり、二〇〇五年の憲法条約に対するフランスとオランダの国民投票での否決以後は、「プランＤ」のプロジェクトの開始などがあるが、総合的なＮＧＯの移民政策への基本的姿勢を表したものとして、ここでは、社会プラットフォームの見解を検討する。

② 社会プラットフォーム

社会プラットフォームは、一九九五年に設立され、その後、包摂的な社会を構築しＥＵの社会的次元を促進しようとするおよそ四〇に上るヨーロッパのNGO、連盟、ネットワークを一つにまとめ上げたものである。二〇〇五年段階での社会プラットフォームのメンバーは、広範な市民社会の利害を代表する、地方・地域・国家・そしてヨーロッパの各レベルで組織された何千という組織、協会、自発的グループを代表している。(49)

社会プラットフォームは、人権およびすべての人による参加の保護と進展に基礎を置く公正な社会を促進することにおいてNGOが重要な役割を負っており、ヨーロッパの行方をめぐる公の論議において正統なパートナーにならなければならない、と主張する。だからこそ、社会プラットフォームは、ヨーロッパのNGOとEUの機関との間に「市民対話」を発展させ強化することに努める。以下に、社会プラットフォームの移民問題に関する基本的姿勢を、二〇〇五年一〇月に社会プラットフォームが開催した「基本権に基づく社会政策の構築」と銘打ったヨーロッパ会議とその『会議レポート』から探ってみよう。

この会議の参加者は、欧州の社会的NGOs、研究者、ヨーロッパ諸機関からの代表者から構成された。社会プラットフォームとメンバーは、社会的公正が欧州社会政策の目的であると明言し、そのために平等・連帯・反差別、という原則の進展、欧州におけるすべての人の基本権の尊重に関与するものである、と述べている。(50)会議では、カリタス・ヨーロッパとPICUM（The Platform for international Cooperation on Undocumented Migrants）によって、「不法移民の諸権利に関するセミナー」が組まれ、不法滞在移民（undocumented migrants）の諸権利の推進と尊重のための国際的・地域的な法的手段と協調的な支援行動の可能性とを議論した。(51)ほぼ二五名の参加者は、欧州審議会をはじめ、社会プラットフォームのメンバー組織、(52)全国レベルのNGOsから出席した人々であった。

セミナーの第一部では、EUの政策は不法滞在移民の基本権への言及が少なく、域外境界線の安全という管理問題に極めて強く焦点が絞られていると指摘された。社会プラットフォームの移民政策の結論と勧告をまとめると、次のようになる。EUに対しては、不法滞在移民の状況監視の可能性と方法の研究と政策の影響アセスメントを勧告、そしてEU諸国には「国連移民労働者条約」の批准を呼びかけている。また、NGOに対しては、まず、国連とヨーロッパの人権枠組み双方のメカニズムを活用し、非正規滞在移民問題をNGOそれぞれの活動の中心に置く（主流化する）よう、戦略的勧告をしている。[53]

ヨーロッパ・レベルの包摂的NGOの代表格である社会プラットフォームは移民問題について以上のような基本ラインを提示する。そこで次に、事例として、本章では「送還指令」の策定過程を幾つかのNGOの議論を通じて検討し、移民問題に関するEUガバナンスとグローバル・ガバナンスとの関係を見てみたい。

2　事例研究——「送還指令二〇〇八」策定過程におけるNGOの役割と位置づけ

（1）「送還指令」策定の概略と資料

①「送還指令」策定経緯

二〇〇五年九月、欧州委員会は加盟国から不法移民を追放・排除するうえで多様な局面を規制する場合の最小限の基準を設定する目的で、「不法滞在の第三国国民に対する加盟国における共通基準と手続きに関する欧州議会と理事会の指令提案（以後「送還指令案」または「指令案」）」[54]を提案した。指令は理事会の特定多数決にかけられ、欧州議会との共同決定（法案採択に際して、理事会と欧州議会とに平等の権限を与えるもの）を手順とするものであった。[55]

移民問題の対応は、各国で独自の政策によって行われていたため様々な対立を内包したが、特に各国の内務関係省は追放・排除に関して最小限の基準を設定することに乗り気ではなかった。二〇〇七年の前半期、ドイツ議長国の期間中、加盟国は一致してそのテクストを骨抜きにする作業を行ったとされるが、続くポルトガル議長国の時期、それまでに議論された基準を改善するという方向で交渉努力が払われた。それは欧州議会との合意について現実的な機会をつかむためであった。[56] その結果、議会の市民的自由委員会（The LIBE Committee）は二〇〇七年九月に指令の修正を含むレポートを採択したが、欧州議会がいまだ指令の内容について理事会との交渉を行えるように、欧州議会の本会議における投票は遅れていたのである。二〇〇八年二月に、理事会は欧州議会に対して多くの譲歩を示して理事会の新しい指令草案を策定した。次いで欧州議会と理事会間交渉で三月案が出され、さらに四月に再び新たな合意に達した。しかし理事会議長国（スロベニア）は理事会で加盟国の支持が得られず、今度はテクストに加盟国への譲歩を盛り込み欧州議会に新案を提示、これを欧州議会が拒否する事態になったが、六月第一週の最終交渉で、欧州議会と理事会は漸く合意に達した。

こうして、指令案は六月一八日の欧州議会本会議投票の結果、賛成三六九、反対一九七、棄権一〇六、で採択された。本案は、当初の委員会案に七三の修正を加えたものだが、重要な変更は強制手段の行使に対し追加的保護措置と制限を加えた点である。しかし、それでも最終的な妥協線は、社会党グループ、緑の党と左派の小グループＧＵＥ／ＮＧＬの議員からはＥＵの人権基準から見て問題ありとされ、反対にあった。今回の採択において推進役として中心的動きをしたのは、欧州自由民主同盟（ＡＬＤＥ）であった。指令の内容については幾つかの問題が指摘され、特に、送還前一八カ月に及ぶ拘留が認められるなど（フランスでは二〇〇八年現在、一〇日間）の条件に対し、人権グループなどから厳しい批判が出ている。欧州議会でも、緑の党グループ（Vert/ALE）や左派勢力（La Gauche）、そしてドロール元欧州委員会委員長らから、反対意見が表明された。[57]

② 送還指令の内容

第一章は、指令の原則・目的・用語の定義を規定する。第一条で、この指令は、ＥＵ基本権、難民の保護と人権に関する義務を規定する国際法に従って、ＥＵに不法に滞在する第三国国民の送還措置をめぐって加盟国で適用される共通基準と手続きを規定するものとされ、第二条の適用対象では、適用対象外を特定することで範囲を限定し、第三条では「第三国国民」「不法滞在（illegal stay）」「送還（return）」「送還決定」「移転（removal）」「入国禁止」「逃亡の惧れ（risk of absconding）」「自発的出国」「弱者（vulnerable persons）」という用語の定義を行っている。(58)また、第五条は、当該指令の実施に当たって考慮すべき原則と基本として、ノン・ルフルマン、子供・家族生活および健康状況の最善の利益を挙げる。

第二章は、不法滞在の終了を扱う。第六条では、送還決定を規定する。第七条は、自発的出国、第八条は移転、第九条は、移転の延期、第一〇条は、同伴者のいない未成年者の送還と移転、第一一条は入国禁止、を規定している。

第三章は、手続き的な保護措置を扱い、第一二条は情報やコミュニケーションの様式についての規定、第一三条は送還措置等の見直しへの救済措置に触れ、第一四条は送還決定から実際に送還されるまでの保護手続きが規定されている。

第四章は、移転を目的とする拘留に関する条文で、第一五条は拘留、第一六条は拘留中の条件、第一七条は未成年および家族の拘留、第一八条は緊急状況への対応、が規定される。

第五章は、最終規定で、第一九条は指令の適用の追跡報告や改定措置、第二〇条は国内法化に関して加盟国が二〇一〇年一二月二四日までに当該指令を実施するための国内法整備を行うことを求め、第二一条はシェンゲン協定との関係、第二二条は指令の発効期日条件が規定されている。

（2）移民問題および送還指令とヨーロッパNGO

直接に送還指令の策定過程に批判的に関与したNGOとして、本章では、ENAR、ステートウォッチ、ECREによる議論を取り上げる。

①　ENAR

i　組織概略および目的

ENARは、一九九七年の「ヨーロッパ反人種差別年」の結果生まれたヨーロッパ・レベルの包摂的NGOである。[59]それは反人種差別主義を掲げる多様なレベル（国家／地域レベル）の六〇〇以上のNGOが、一九九八年、国内とヨーロッパ・レベルのラウンド・テーブルに参加し、同年、これら組織から二〇〇以上の代表者達がENARの設立会議に集まり、共通行動プログラムを起草したところから始まる。[60]その目標は、人種差別がなく個人が平等に社会参加のできる社会であり、[61]NGO間の調整された協力によって地方・地域・国家のイニシアティブをEUのイニシアティブと結合し、法的な発展を監視することである。[62]現在、ENARは、各国を代表する二七の各国支部を包摂するものであり、ENAR自体は、組織としてはヨーロッパ・レベルで一個の組織を構成、同時に「社会プラットフォーム」のメンバーでもある。[63]

ii　ENARと送還指令

ENARは、「不法滞在者送還をめぐる共同体政策に関するグリーンペーパー（COM《2002》175 final）についてのENARによるコミュニケーション」[64]において、EU移民政策への批判を行っている。これは、二〇〇二年七月一六日付のECからの意見聴取に対して準備した文書である。ここでENARはその活動目標の視点からみて、委員会の提示した政策案の再考と、より積極的なNGOへの諮問を要請し、用語法については、'undocumented'（ビザなしの）という用語法を強く推薦している。またＥＮＡＲとして、自発的帰還への優先順位付与や指令が国際諸人権法と両立することを求める点など、七項目にわたって委員会案の「歓迎点を」挙げているが[65]、ＥＮＡＲは、これらの「歓迎点」が原則論への言及に終わり、その実施面については不明確で実質に欠けると述べている。

こうしてＥＮＡＲは委員会案に対し次のような修正を求める。

まず、一般的文脈の指針。a. 送還政策においては自発的帰還を推奨する、b. 人権と基本的自由の尊重に関する表現はより厳しい規定表現を用いる、c. ＥＵ送還政策において人権と基本的自由の明確な尊重を保証するために、独立した監視機関の設立を行う、d. 拘留（detention）に代わる選択肢を開発する、e. 人権の明確な尊重が保障されることを条件としつつ、追放・国外退去（expulsion）、拘留、そして移転（removal）についての行為規範の開発と実施をする、f. 拘留中の身の安全と事態の推移に関する情報の透明化、g. 移転の措置を受けている人々の履歴を考慮するなど、個別のケースへの配慮が必要。

第二に、「特別の保護を必要とする集団」には以下の四者を加えるよう勧告する。a. 未成年者、b. 妊娠中の女性、c. 重病者、d. 出身国あるいは通過国において危険に晒される人々、である。そして、前三者はいかなる場合も拘留されるべきではないとされる。

第三に、拘留中の移民への対応の義務的条件の基準に関して、次の権利を考慮するよう見直し要求を行う。a. 被拘留者は彼らの移転と拘留の理由について、理解可能な言語によって速やかに情報を与えられる権利を持つ、b. 法的なものを含む事実上の救済策を与えられる権利、c. 他者（特に外交当局と人権保護団体あるいはＮＧＯ）と連絡を取る権利、d. 十分な（必要なら無料の）法的支援を受ける権利、e. ジェンダー、信仰等の多様性の現実的な尊重、f. 家族の結合と子供の権利とを保護、および関連する収容所基準の再考、g. 個人の財産（所持品）の回復や、文化的配慮を含む物理的・精神的健康への権利、h.拘留は一五日を超えないものとし、延長は厳格な条件下で七日を超えないものとする。

最後に、「移転」に関しては、移転措置に先立って司法的確認を行うことや送還実施スタッフへの訓練に人権と反差別に関する訓練を含むことが求められている。

以上が、二〇〇七年七月付のENARによる、委員会の「二〇〇二年グリーン・ペーパー」に対する批判と見直し意見である。

② ステートウォッチによる送還指令に関する分析（S. Peers）

ステートウォッチは、一九九一年に設立されロンドンに拠点を置く、非営利ボランティア団体である。ヨーロッパ一七カ国の法律家、学者、ジャーナリスト、研究者、コミュニティ活動家から構成され、国家・司法・内務・市民的自由・アカウンタビリティ・公開性をテーマとして、市民社会に関連する調査・研究分析・資料・データを提供し、市民自身が自らの判断ができるように支援することを目的とする。(66)

ステートウォッチは、欧州委員会が提示する送還指令案の改訂版が出る度にコメントと批判を加えてきた。まず、二〇〇八年二月および三月の理事会案に対する二〇〇八年四月付の分析を基に、送還指令に対する問題点をみてみよう。二〇〇七年一二月の指令案（テクスト）の後、二〇〇八年一月～四月の期間、共同決定手続きに従って、欧州議会と理事会との間、および理事会内部で、この指令について議論が続けられてきた。欧州議会はこれにより、多くの点で欧州委員会のオリジナルな提案を改善したが、四月の「分析」は、二〇〇八年三月のテクストに関して、「一八カ月にのぼる不正移民の拘留可能期間」という提案を代表例として挙げ、いまだ残る問題を指摘している。まず、「分析」により修正の事実関係を確認して、欧州議会による理事会へのチェックがどのようなものかをみる。

二〇〇七年一二月の理事会案テクストには人権基準を侵害する可能性のあるものが含まれていたが、二〇〇八年二月案では欧州議会の修正意見を入れて多くの実質的な進歩的変更がみられたという。この修正のほとんどは欧州議会への理事会からの譲歩であり、この限りで各国政府代表の方針に対して欧州議会からのチェックが機能したことを示しているとされる。特に、自発的出国に対する最小限の期間を設けることが付け加えられ、また、拘留期間は、無期限ではなく、最大期間で一八カ月と一応区切られた。しかし二〇〇八年三月版になると、理事会が硬化する。それでも二〇〇七年一二月案に比べると、全体として欧州議会は一〇件以上の改善を保証してきたと欧州議会を評価している。(67)

しかし、それでも残る問題点がある。まず何よりも、「拘留の最大期限の問題」であり、この点については、一八カ月という不当な期限は欧州議会・理事会ともに、共同責任がある。またその他多くの問題の指摘がある。(68)「分析」は「欧州議会と理事会は彼らが口癖のように繰り返す、公正、人権、そして人間的尊厳という原則への支持が本物の約束なのか、単なる空虚なレトリックなのか、決断しなければならない」と結論づける。

次に、ステートウォッチの二〇〇八年六月の分析をみる。理事会からの四月案および六月の最終案についてである。(69)主たる問題点をみると、特に、拘留の理由は削られたとはいえ（延長を含めて）最大一八カ月の拘留期限はいまだ変更されず、追放に対する実質的な保護措置は十分に強化されてはいない。また指令の保護対象となる範囲も限定的で、強制的入国禁止を義務づける条件、被追放者に与えられる情報の制限の可能性も余りに広範であり、上訴による自動的差し止め効果は改正されていない。

このような状況では、この指令を国内基準の引き下げの口実に利用するおそれのある国が出現するかもしれない。報道によるとすでに、イタリア政府が非正規移民の拘留を指令が規定しているように最大一八カ月までに延長しようと計画しているという。こうしてステートウォッチの「分析」は、結論として、指令案は欧州議会が関与することで明らかに基準を高めたが、結果として六月合意の最終テクストは「比例性、公正さ、人間性の最小基準を保証する水準にまでは至っていない」と手厳しい。最終局面では、これ以上欧州議会がテクストに積極的修正を強行しようとすれば、「理事会の次期議長国はこれ以上修正を考慮した討議を行わない」という危険が生じる、と述べて政治的圧力にも言及している。

③　ＥＣＲＥ（人道的で寛容なヨーロッパ庇護政策を促進する、アムネスティ・インターナショナルを含む六九の難民支援ＮＧＯのヨーロッパ・レベルのネットワークである。人間の尊厳と人権、そして連帯倫理に基づく活動を行う。庇護申請者、難民、国内避難民の保護と統合。）

送還指令案が理事会から欧州議会に送られる時期に、ＥＣＲＥはアムネスティ・インターナショナルと連名で次のような批判を記した声明を欧州議会の議員達に対して発した[(70)]。それは、議員達がこの妥協の産物であるテクストが擁する重大な欠陥に対処すべきであり、このテクストを承認しないように求めつつ、非正規滞在の第三国国民の送還が安全と尊厳、そして基本的権利の十分な尊重において行われることを保障するよう要請している。二〇〇八年四月合意の草案についての批判は、（再）入国に関する強制的規定、拘留の最大期限の不当性、弱者グループの人々の安全の保障（同伴者のいない未成年者など）、であった。

なかでも特に三点に絞って懸念を表明。第一は、成人、家族、同伴者のいない未成年者の、不当に長い最大拘留期間は、ＥＵの共通基準として受け入れがたいこと。また拘留は、犯罪を犯していない人々に対する極端な制裁であると考えており、その効果も証明されていない。したがって、このような措置は不要であり非人道的である。第二は、自発的出国原則の優先的位置づけの原則が十分に保障されていないこと。しかも出発までの猶予期間は、二〇〇七年の案に比べ大きく短期化されている。第三は、入国禁止の問題。送還決定と同時に入国禁止（それも五年間）とする措置は場合によってはノン・ルフルマン原則に違反し、保護を必要としてEU加盟国の領域に入国しようとする送還された人々を拒否することになるおそれがある、としている。加えて、四月案は、EUに非正規に滞在する潜在的に大量の第三国国民集団をこの指令（が保障する権利（第二条））から排除することになると述べている。

六月一八日の欧州議会による送還指令案の本会議採択後に、ECREはプレス発表を行い、「EUは人権の支持に失敗した」と批判的評価をしている。(71)ビヤーテ・ヴァンビーク事務局長の会見として、「ECREは、EU領域から排除されようとする人々の基本的権利がこの法的手段では十分に保障されないだろうということに極めて失望している」と述べている。基本的な批判は、五月のものを受け継いでいるが、この会見発表では、欧州議会の役割に対する危機感が強調された。つまり、この本会議に向けて、理事会から、第一読会で合意が得られないならば指令そのものが成立しないことになるという政治的圧力が繰り返しかけられたことに対し、ECREは、このようなことはEPが新たに得た、庇護と移民問題に関する共同決定手続きという理事会に対抗する権限を欺くものである、と厳しく批判した。最後に事務局長は、「欧州議会は、民主的に選挙で選出された機関として『人々のヨーロッパ（people's Europe）』の構築に資するために決定的な役割を負っているのであり、それは、国家の利益が個人の基本権と適正なバランスを取ることを保障することによって実現されるはずである」と付け加えた。

④　その他のNGO

その他、ETUC（European Trade Union Confederation）、赤十字社EUオフィス、ソリダール（Solidar）など、多様なNGOが送還指令に批判を寄せている。ソリダールは、"illegal"という用語は不当であり、欧州審議会も"irregular migrants"が基本用語であると指摘。個人は、その法的地位とかかわりなく、人として普遍的権利を持つと説明している。また、CEC（Conference of European Churches）は、特に二点に懸念を示した。一つは、拘留期限と拘留措置、第二は再入国禁止措置で、五年間は長過ぎるしダブル・ペナルティになる。また、これは、ノン・ルフルマン原則にも反すると述べている[72]。

以上、送還指令をめぐるEU域内のNGOからの批判と提言である。

(3)　送還指令に関する国際組織からの批判、評価——UNHCR

送還指令に対しては、グローバル機関からも評価・批判が行われている。ここでは、UNHCRの評価を取り上げてみる。

UNHCRは、EUの移民政策について早くから関心を示し[73]、送還指令に関しても主たる草案策定の都度コメントを出してきた。ここでは、最終盤、欧州議会の本会議投票を前に二〇〇八年六月九日に出された、送還指令に対する厳しい批判を概観してみる[74]。

UNHCRは、二〇〇五年にEUが提示した送還指令の最初の提案時から[75]、送還基準は基本的な難民の権利と人権規範を反映したものでなければならないと強調してきた。しかし、今回のテクストには、「送還が安全に尊厳をもって行われることを保障するのに必要なセーフガードがすべて盛り込まれているとはいえない」と述べ、さらに「UNHCRは現在の提案を支持する立場にはない」と、厳しい結論を出している。

①　まず、最初の批判は、この提案が国際難民法における、ノン・ルフルマン原則を侵害する危険があると指摘する。UNHCRはENARと同様に、送還指令案にノン・ルフルマン原則への言及があること自体は歓迎するが、提案の中には、保護を必要とするかもしれない人々に対する明白な手続き的セーフガードが欠落しており、その場合、実際には依然としてルフルマンのおそれが生じる可能性があると懸念する。

ＵＮＨＣＲとしては、「安全な第三国」その他の実質的でない理由によって加盟国が保護申請を拒否した個々人に、この送還指令が拡大適用される可能性を警戒する。これは、対外国境を非正規に超えたとみなされ滞在資格を取得していない人々がこの指令の保護の範囲から排除される危険性を指しており、それはルフルマンの危険性を持つ。これも多くのＮＧＯが繰り返し批判した点である。これでは指令に含まれる保護の多くは、ＥＵ諸国に合法的に入ってきた第三国国民にのみ適用されることになるが、現実の入国制限を考えると、保護申請者の多くはＥＵ領域に入るのに非正規の方法で入ってこざるを得ないのが実情なのである。しかも通訳あるいは情報を提供しない選択を加盟国に許している限り、個人が送還過程で上訴する可能性も事実上損なわれている、と指摘される。

② 効果的な保障措置（保護）

第二に、送還指令の全範囲に及ぶ「保障から排除された第三国国民」に対する最小限の保護に対する各国の義務は、この指令の中で限定された場合だけであるために、法的救済へのアクセスなどが困難となり、ノン・ルフルマン原則の尊重を事実上、阻害することになる、と危惧する。「弱者」の特殊なニーズについても加盟国による保護内容は何も特定されていない。また、指令案は外国人の最大拘留期間の長期設定は、移転前拘留期限をより短く制限している諸国に新たな（悪い）規範となりうる懸念を表明してきたが、今回、それが逆に一八カ月に延長され懸念を深めている。

③ 入国禁止について

二〇〇五年のコメントの中で、ＵＮＨＣＲは個人が（再）入国禁止措置を受けた後でも、国際的保護を求め享受する権利に支障を及ぼさないということを保証するために多くの提案を行った。しかしそれらは受け入れられず、反対に入国禁止の強制的性格は強化され、またその範囲は拡大されている。しかも今回の提案では送還決定と入国禁止が強く連動していて、この規定が事実上多くの人々に課される可能性があるが[76]、もし国際的保護が必要になる場合には、彼らが現実的な方法でＥＵ領域への入国を求めることができなければならない。最後に、自国以外の加盟国が入国禁止を撤回した時は、自国の同措置を撤回および／あるいは他国の撤回を認めうるようにするために、追加規定を加盟国に促している。

④　総合評価

今回提案の送還指令案は、移転（をめぐる人権）基準を下げるおそれがある、というのが、ＵＮＨＣＲが危惧するところである。当送還指令案の説明条項第五は、ＥＵの送還政策に基本的不可欠なものとして、ＥＵにおける公正で効果的な庇護システムの必要を確認しているが、今回その条件は充たされていないと、ＵＮＨＣＲは考える。また今回の指令案は、すべての加盟国が他国によって発せられた移転決定（否定的決定）に対してそれを認め行動することを事実上要求しているが、これは、これまでに採択された庇護関係の法律文書が他の加盟国の積極的決定を認める義務を含んでいないのに、庇護をめぐる否定的決定についてはその相互承認を要求していることになる。今回の提案はこのアンバランスを強化するが、ＥＵにおいて国際的保護の必要に関する積極的決定の相互承認に向けた主導的構想は存在していない、とＵＮＨＣＲは述べる。

最後にＵＮＨＣＲは「今回の指令案は、移転措置が国際難民法の義務や他の基本権に違反する形では実施されないと裏づけるための、手続き上あるいは内容上満足のいく保障のレベルに達していない」と、結論づける。以上、ＵＮＨＣＲによる送還指令への評価である。

ここでは、共通移民政策というＥＵの移民政策のヨーロッパ化の経緯を追い、その政策形成過程の具体的事例をＮＧＯやＵＮＨＣＲの関与の実態をみながら検討してきた。また、これまでみたように、ＮＧＯや国際機関が移民政策の原則・規範として提示するものと、EUが政策として具体化する内容との間には、幾つもの齟齬が存在し、EUは厳しい批判に晒されている。ただ、先の検討によって明らかになるのは、送還指令については、複数のNGOの意見とUNHCRの意見とはその論点においてほとんど重なっていることである。このことも含めて、EUのガバナンスとグローバル・ガバナンスとの関係を結論部分で検討してみたい。

おわりに

以上、移民問題をめぐるグローバル・ガバナンス形成の一端とEU地域ガバナンス形成の一端とを、EU共通移民政策における「送還指令」策定を事例として、NGO・市民社会組織や国際組織という「参加」主体の関与の過程を検討することで概観してきた。

本章での検討課題は、二つあった。第一に、「移民問題において、グローバル・ガバナンスは『決定の多層性』と主体の多様性（開放系）によってEUガバナンスを包摂し、構造化された一つのガバナンスとしての特徴を持つという関係が成立している」という仮説を検討することであった。これを操作化するために、「二つのレベルのガバナンスが、民主主義の手続き論としては共通項を持ちつつアウトプットの政策や法的内容では対立要素を擁している場合、その対立にもかかわらずそこに全体として一つのガバナンスが形成されているというためには、そのような二つのレベルの齟齬を解消ないし縮小してメタ・ガバナンスのルールやガイドラインをサブ・レベルのガバナンスに適用・実現するための媒介項として、NGOや市民社会の存在と行動が意味を持つのではないか」という検討課題を設定した。

第二の検討課題は、全体としてのグローバル・ガバナンスの有効性である。サブ・レベル＝EUレベルの政策がグローバル・ガバナンスの枠で提示される基準やガイドラインと齟齬を生じるとき、EUの自立性を尊重しつつも最小限の基本線をグローバル・ガバナンスの枠へと包摂しうる範囲に修正しうるかどうか、という問題となる。

そこで、まず、第二節では、人の移動に関するメタ・ガバナンスとしてグローバル・レベルのルール・ガイドライン・基準の形成に責任を負う国際組織である、UNHCR、国連の独立委員会GCIM、IOMを取り上げた。そこでは政府代表だけでなく、地域的／グローバルなNGO・市民社会組織やトランスナショナルなネットワークがガイドライン等の決定に参加し、重要な政策資源となっている状況を検討した。国連事務総長への報告書作成過程でGCIMが行った地域公聴会やNGO諮問会議、IOMのIDMや機関が擁する多様なNGOのネットワークと国連をはじめとする国際機関との協力関係、などは、国際移民のグローバル・ガイドライン形成過程における「ガバナンス」の条件の一つ、開放系で多様なアクターの「参加」を示していると考える。

同時にそこでは今後のガバナンス内容として人権と人間の尊厳の尊重を基礎とし全体の経済活動の調整を行うための行動規範やガイドライン・基準・ルールを採択して、実施主体に対しそれらを実現することを促し、グローバル・レベルで一貫し調整された国際的移民管理レジームや国際移民ガバナンスを形成するという機能が自覚されていた。これらは、「グローバル・ガバナンス」の政策内容と決定手続きの両面の特性を有する過程と考える。

他方、EUの共通移民政策における「送還指令」策定過程においても、第一に、二〇〇二年の最初の素案以降、[77]二〇〇八年六月および一二月の最終確定に至るまで、実に多様なNGO主体とグローバル機関とがEC／EUの諮問に答えて回答を送ったりあるいは独自に問題点を指摘し、同時に彼らは欧州議会に対しキャンペーンや行動喚起の文書の送付などのロビー活動などで働きかけを行った。本章で引用した「ECREとアムネスティ・インターナショナル(EU office)」による欧州議会議員へのアピールの発信などはその一例である。また、NGOの送還指令案への修正は、具体的な文案による逐条修正案の形を取って行われてもいた。本章では、このような多元的アクターの参加の要素を把握するために、活動の一部ではあるが、ENAR、ステートウォッチ、ECREとUNHCRを中心に、地域NGO諸組織とグローバル・レベルの国際機関とが行ったEUの「送還指令」策定に対する厳しい批判による「参加」と関与の様子を検討した。

送還指令について第二に、グローバル・レベルで決定される基準・ガイドライン等は、現実の実施レベルであるサブ・レベルでは、基本的に遵守されつつもサブ・レベルの独自の条件と利害の枠の中で具体的政策化や法化が行われる、という「決定の多層性」（補完性の原理）を構成しているであろうか。この点、地域NGO諸組織とUNHCRに代表されるグローバル・レベル組織からの批判内容は、送還指令が世界的な国際規範である国際人権条約や国際難民法・EU基本権憲章などを適用した実施規定に到達していないという点にあり、ここに「両ガバナンス間の内容的齟齬」がみられる。すなわちこの送還指令案を、より普遍的価値で批判してグローバル規範や基準の持つ人権・平等・公正という方向に修正するように、二つのレベルをここで媒介しているのは地域NGOとグローバル・ガバナンスの担い手の国際機関であった。しかも、これら地域NGOの一部は、すでに述べたようにグローバル・レベルでの決定過程に関与したNGO主体と重複していることも示された。（たとえばIOMとの協議関係にあるNGOであるMRIの関係NGOリストにはENARの名前が挙がっていた。）

第三に、残るはグローバル・ガバナンスの有効性の課題検討である。本章の場合、理事会と欧州議会との妥協案に対して、国際機関からの批判が地域NGO・市民社会組織の媒介によって強化され、結果としての修正を実現したかどうかである。確かに反証は幾つもある。たとえば、ほとんどの批判において「不法移民 "illegal migrants"」の表現は不適切とされたが、結局、EU送還指令のタイトルと指令本文においてそれが変更されることはなかったし、全ての批判が最重要とした拘留最大期間一八カ月の条件も結局変更されなかった。しかし、ステートウォッチの「分析」が示したように、現実に多くの箇所が変更され、ユール・アクティブ（Eur Activ）のニュースは欧州議会本会議投票の結果が七三箇所の修正を示していると指摘している。もちろん、修正それ自体を実際に決定しうるのは投票権を持つ欧州議会の議員であり欧州議会政党グループである。しかし、問題点と論点を明確にし、国際機関としての権威を持つＵＮＨＣＲなどと議論の方向をほぼ同じくして行動したＮＧＯ諸組織が、この修正への圧力として無意味であったとはいえない。

今回のＮＧＯ諸組織の主張と資料や文書は、「ＥＵガバナンス白書」以来の　民主化と市民社会との協力という枠を活用した、これら組織の意見表出の一例を示していると考えられる。欧州委員会の政策決定過程での諮問に加えて、欧州議会での議会内委員会・公聴会・グループ間協力の場・特定問題に関して招集される会議、という意見表出の場は多数である。本章では、これらの決定過程のダイナミックスを直接に対象とすることはできなかったが、今回引用したＮＧＯはほとんど越境的にヨーロッパ・レベルで編成されたＮＧＯあるいはそのようなＮＧＯ間のネットワークであり、すでに触れたようにＥＣ／ＥＵからの諮問に答えた資料も含まれている。その意味で、移民問題に関しては、決定の多層性と部分的な有効性を備えたグローバル・ガバナンスが形成途上にあり、その条件を支えているものの一つが、開放系のガバナンスの中で異なるガバナンス・レベルを媒介しているトランスナショナルなＮＧＯや市民社会という非政府主体なのではなかろうか。敢えていえば、ＧＣＩＭのＮＧＯ諮問会議の紹介でみたように、ＮＧＯからＵＮＨＣＲの難民認定の公正さに疑問が呈されることも起こり得たことを考えると、ＮＧＯがメタ・レベルとサブ・レベルの間の単なる媒介項であるだけではない位置づけを知ることもできる。ただし、有効性については、判断基準が難しく、あくまで部分的であるという結論に留めおく必要があるであろう。

以上が、本章の検討課題についてのまとめと結論である。しかし、ガバナンスの全体としての一貫性や有効性については、「参加」「関与」の直接的過程など別の視点からの検討や精査した証明が必要であろうが、これにはまた別の政策決定過程資料が必要となろう。今後、グローバルな課題であり続けるであろう移民問題は、各国あるいは地域に独自の条件とグローバル・レベルでの調整とをいかに両立させていくか、世界にとって回避できない問題となろう。

（１）デヴィッド・ヘルド編『グローバル化とは何か』京都、法律文化社、二〇〇二年（原書 David Held (eds.), *A Globalizing World? — Culture, Economics, Politics*, Routledge, 2000)。

（２）前掲書。

（３）リベラル・パラドックスとは、現実の利害関係から編み出した政策が、その社会に本来定着したリベラルな政治理念（正統性の付与の根拠）と齟齬を生じる場合、自らの理念によってその政策が批判の対象となり、結局、リベラルな理念に縛られた政策への修正を迫られる、という状況を表した言葉である。西欧各国では、一九七〇年代に移民の新規申請の停止を行った後に、国内外の人権団体や政党、そして欧州の人権機関などからの批判の結果、「家族呼び寄せ」という選択をすることになった経験がリベラル・パラドックスとして論じられた。確かに、この決定の全てが規範的・倫理的な考慮によるわけではなく、政治判断によるところもある事実は否定できないが。

（４）Marie-Claude Smouts, “Multilateralism from Below : A Prerequisite for Global Governance”, in Michael Schechter (ed.), *Future Multilateralism : The Political and Social Foundations*, London, Macmillan Press, 1997, pp. 292－311.

（５）ここでいう、グローバル化の要点とは、1）社会的諸関係の拡張、2）フローの強化（国民国家を超えた相互作用と相互連関のフローおよびネットワークの強化）、3）相互浸透の深化（経済的・社会的実践の相互浸透、他の文化や社会への直面等）、4）グローバルなインフラストラクチャー（制度的インフラの越境、市場のグローバル化、経済・政治的ガバナンスのグローバル化）、である。

（６）　Newland, Kathleen (2005), "The governance of International Migration: mechanisms, processes and institutions", [A Paper prepared for the Policy Analysis and Research Programme of the Global Commission on International Migration], p. 3.「決定は、可能な限り最も低いレベルであって、かつ効果的であるのに必要な限りで最も高いレベルで行われる。」

（７）　*Ibid.*, pp. 3–4.

（８）　たとえば、例外的に移民労働者問題を扱うＩＬＯ第九七号条約（一九四九）は四二カ国、第一四三号条約（一九七五）は一八カ国の批准しか得られていない。（*Ibid.*, P .4)

（９）　*Ibid.*, p. 4. ; Anne-Marie Slaughter, "Global Government Networks, Global Information Agencies, and Disaggregated Democracy", SSRN, http://papers.ssrn.com/so13/papers.cfm?abstract_id=283976# ; *A New World Order*, Princeton UP, 2004.

（10）　R. Keohane & J. Nye, "Transgovernmental Relations and International Organizations", *World Politics* 27 (1) pp. 39–62.

（11）　Bimal Ghosh ed. (2000), *Managing Migration, Time for a new international regime?*, New York, Oxford UP, p. 25, p .245.

（12）　Rainer Eising & Beate Kohler-Koch, (1999), "Introduction — Network Governance in the European Union", in Beate Kohler-Koch & Rainer Eising (eds.) (1999) : *The Transformation of Governance in the European Union*, Routledge, pp. 3–13 ; R. O. Keohane & S. Hoffmann (1991), *The New European Community—decision making and institutional change*, Colorado, US : Westview Press. ; 平島健司『ＥＵは国家を超えられるか』東京、岩波書店、二〇〇四年。平島健司編『国境を超える政策実験・ＥＵ』東京、東京大学出版会、二〇〇八年。

（13）　'formal process, semi-formal process, informal process' のアプローチ。小川有美「ＥＵのインフォーマル政策システム」平島健司編、前掲書、二〇〇八年一七三―二〇〇頁。

（14）　K. Featherstone は、「ヨーロッパ化」の概念は多様で、用語の使用については概念の意味を区別して用いることが必要と注意を喚起する。Kevin Featherstone and Claudio M. Radaelli (eds.) (2003), *The Politics of Europeanization*, Oxford UP.

（15）　平島健司「変化する政体と変革革新のメカニズム」、平島健司編、前掲書、二〇〇八年、一―一八頁。小川有美「新しい統治としてのＯＭＣ（開放的協調）とヨーロッパ化する政党政治」、中村民雄 編『ＥＵ研究の新地平』東京、ミネルヴァ書房、二〇〇五年、五一―七三頁。Beate Kohler-Koch (1999), “The Evolution and Transformation of European Governance”, in B. Kohler-Koch & Rainer Eising (1999), *op. cit.*, London, Routledge, pp. 14–35.

（16） EU homepage justice and home affairs, http://ec.europa.eu/justice_home/fsj/immigration

（17） Newlandはスローターも引用しながらこのように述べて、ＥＵは「統治ネットワーク」の実例であり、その高度に発展した形であると論じる。しかし、ＥＵに関するこの視点は、市民社会を視野に収めつつも、対象の中心は政府官僚を主体とした視点である。この場合、かつての統合論にみられた新機能主義による超国家性への移行プロセスへの関心との比較が曖昧な印象も受ける。

（18） Ｊ・Ｇ・マーチ、Ｊ・Ｐ・オルセン『組織における曖昧さと決定』東京：有斐閣、一九八六年。

（19） B. Kohler-Koch (2003), “Interdependent European Governance”, in B. Kohler-Koch (ed.)(2003), *Linking EU and National Governance*, Oxford UP, 2003, pp. 10–23.

（20） UNHCR homepage >partner> NGO.

（21） IOM homepage : http://www.iom.int/jahia/jsp/index.jsp

（22） Newland, *op., cit.*, p. 1.

（23） Newland, *ibid.* p. 1.　女性の地位向上部門は北京の「世界女性と開発会議」の一〇年後再検討のテーマとして「移民」を選択。これが国連人権高等弁務官事務所によって行われる、条約監視機関の創設への契機となった。また、ＷＴＯのドーハ・ラウンドは、サービス貿易問題でサービスの人的提供者をめぐって移民問題の討論に巻き込まれることになった。世銀や幾つかの多国間地域開発銀行は、移民による本国向け送金が世界の公的開発援助総額を超えていることに気づき、この資金と開発との関係について研究努力に力を入れ始めた。

（24） IOM homepage, http://www.iom.int/jahia/jsp/index.jsp

（25） *Migration in an interconnected world : New directions for acton : Report of the Global Commission on International*

Migration（*GCIM*）; GCIM homepage.

(26) GCIM, *ibid.*, "Principles of Action", p. 4, pp. 79–82.

(27) http://www.gcim.org/en

(28) GCIM, "Regional Hearing for Europe", Budapest, Hungary, 25–26 November 2004. http://www.gcim.org/en/reportbudapest.html

＊ 地域公聴会は、委員会がその地域の特性を理解する上で重要な機会を提供する。公聴会出席者は約一九〇人、GCIMに協力する非欧州地域からの一二の関係中核メンバー諸国代表、欧州三〇カ国以上からの官僚達を含んでいた。欧州委員会、多様な非政府アクターもまた、出席して証言をしている。公聴会は、本会議と作業部会パネルの双方で行われ、第一は政府関係者、第二は地域機関、国際組織、そして各分野の専門家、第三は、NGO、民間セクター、メディアを含む、市民社会諸組織、と三分類された。

(29) これは、GCIMと国際ボランタリー機関評議会（International Council of Voluntary Agencies : ICVA）が共同議長を組み、UNHCRが実際の会議準備を支援したものである。

(30) GCIM : NGO Consultation Meeting, 26 September 2004, http://www.gcim.org/en/ngoconsultation.html

(31) GCIM, *op. cit.*, Report no. 28.（原則六―勧告）

(32) 二〇〇四年一〇月署名、二〇〇五年、フランスとオランダの国民投票で拒否されて後、リスボン条約として再生、さらにこれが二〇〇八年、アイルランドの国民投票で否決されて現在に至っている。

(33) 1．自由、安全および正義の地域を維持、発展させること、2．人の移動の自由が保障された地域とすること、3．外部国境管理、庇護、移民、犯罪の予防と撲滅に関する適切な政策を結合させること。

(34) 中林啓修（二〇〇五）「司法・内務分野におけるEUの対中東欧支援政策―『人間の安全保障』実現に向けた国際協力構築の一形式」、総合政策学ワーキングペーパーシリーズNo.66、一一頁。JHAの政策分野は、1．難民の庇護政策、2．加盟国の域外国境の人の通過および国境管理に関する規定、3．入国管理および第三国国民に関する政策、4．薬物中毒対策、5.国際不正行為対策、6.民事司法協力、7.刑事司法協力、8.税関協力、9.特にテロリズムや不正麻薬取引などに関するEUROPOLにおける警察協力の九つとされ、うち、4、5については7―9で扱われない範囲での対策とされた。

(35) 中林、前掲書、一二頁。庄司克宏『EU法　政策篇』東京：岩波書店、二〇〇三年、一八―五二頁。

＊アムステルダム条約のこの変更全体は、条約の第二条「自由・安全・公正領域（国境管理、難民庇護、移民および犯罪防止と撲滅に向けた措置と結びついて人の自由移動を実現するための空間）」としてまとめられている。

(36) 佐藤俊輔「統合か政府間協力か―移民・難民政策のダイナミズム」、平島健司編、前掲書、九四―一三五頁。

(37) EU条約第二九条一段、庄司、前掲書、第三章。

(38) 駐日欧州委員会代表部「EUの移民政策」『ヨーロッパ』二〇〇六年 Autumn、二―五頁。

(39) ゴーシュによれば、すでに二〇〇〇年に入る段階で世界の移民人口は一億三千万人に上り、うち非正規移民は三千万人（全体の1／5）に及ぶであろうと推察している。そして年間でみると、三〇万～五〇万人の非正規移民の流入（全体の年間フローの1／3）が西ヨーロッパに向かうものと推定されると述べている（Ghosh, Bimal, *op. cit.*, p. 18）。また二〇〇三年の統計によると、EUが受け入れた第三国からの移民は、二一七万六、三五八人に達し、最多受入国はスペイン、それに英国、ドイツ、イタリアが続き、以上の四カ国で移民全体の四分の三を占めているという。このような合法移民に関しては、EUは可能な限り加盟国国民と同等の権利と義務を与える方針で法整備を準備している。他方で、非合法ルートでEU域内に流入する移民や人身売買に対しては、取り締まりの強化と「不法移民」の送還に関して共通のアプローチを検討し、二〇〇八年の送還指令はその一つの集大成である。二〇〇五年の不法移民の逮捕件数はEU全体で四一万七、二二二人となり、前年比六～七％の上昇をみた（『ヨーロッパ』誌、二〇〇六年 Autumn、二頁）。

(40) この規則は、ビザ申請者の生体情報（顔写真および両手全ての指紋）を採取することを義務づけることを目的とし、加盟国任意参加の「共通査証申請センター」の創設も予定されているが、生体情報の採取に際しては欧州人権条約および国連児童の権利に関する条約に規定されたセーフガード措置に準ずる形で運用することを規定し、例外規定によって、指紋採取は六歳以下の児童と外交パスポートや公用パスポート保持者には適用されない（同上、四―五頁）。

（41）*Ibid.*, p. 4, なお、ＦＲＯＮＴＥＸは、European Agency for the Management of Operational Cooperation at the External Borders of the Member states of the European Union の略である。

（42）Commission of the EU, *Communication from the commission to the council and the European Parliament on a Community Return Policy on Illegal Residents*, Brussels, 14. 10. 2002,［COM (2002) 564 final］.

（43）"Proposal for a Directive of the European Parliament and of the Council on Common Standards and Procedures in Member States for Returning Illegally Staying Third-Country Nationals", Brussels, 1. 9. 2005 *COM (2005) 391 final or 2005/0167 (COD)*.

（44）Directive 2008/115/EC of the European Parliament and of the Council of 16 December 2008, *Official Journal of the European Union 24. 12. 2008*.

（45）"Taking forward the common immigration and asylum policy for Europe", EU News 120/2008 – 2008/06/17, or IP/08/948, Brussels, 17 June 2008.

（46）駐日欧州委員会代表部、前掲書、四頁。

（47）*Ibid.*, p. 5. なお、移民の社会統合政策に関する説明は、大島秀之、（二〇〇六）「欧州連合の共通移民政策」『欧州における外国人労働者受け入れ制度と社会統合―独仏英伊蘭五カ国比較調査』労働政策研究報告書 No. 59、第六章、に詳しい。 http://www.jil.go.jp/institute/reports/2006/documents/059.pdf

（48）COM (2001) 428 final / *European Governance — A White Paper* (Brussels, 25. 7. 2001).

（49）Social Platform, *Conference Report on "European Conference : Building Social Policy on Fundamental Rights 11 – 12 October 2005 — Brussels*, p. 2.

（50）*Ibid.*

（51）*Ibid.*, pp. 8 – 9.

（52）社会プラットフォームは、それ自体がヨーロッパレベルのＮＧＯ連合やネットワークの代表達がメンバーとなっている連合体である。したがってヨーロッパ・レベルで最も包摂的なＮＧＯの総合体と考えてよい。社会プラットホーム支持の下で活動する反差別問題を中心とするヨーロッパ組織ネットワークとしては、ＥＮＡＲ（European Network Against Racism：ヨーロッパ反人種差別主義ネットワーク）、Caritas Europa（カリタス・ヨーロッパ）、ＥＵＦ（European Youth Forum：ヨーロッパ青年フォーラム）など。また、協力関係にある組織は、ＥＤＦ（European Development Fund）やＡＧＥ（Advisory Group on Energy）など、ＥＵの関連機関も含めて幅広い。（“Social Platform : News ――“Anti-discrimination directive : Parliament votes on report next Wednesday”［16/01/2009］）

（53）　*Ibid*., p. 8.

（54）　“Proposal for a Directive of the European Parliament and of the Council on Common Standards and Procedures in Member States for Returning Illegally Staying Third-country Nationals”, Brussels, 1. 9. 2005 *COM*（*2005*）*391 final or 2005/0167*（*COD*）.

（55）　イギリスとアイルランドは指令からのオプトアウトを声明しており、デンマークは枠外であった。もし、採択されれば、指令は部分的にシェンゲン協定国であるノルウェイ、アイスランドに適用され、そして少し時間を置いてスイスとリヒテンシュタインにも適用されることになっていた。

（56）　Steve Peers, Statewatch Analysis : The Proposed EU Returns Directive, January 2008.

（57）　Steve Peers, Statewatch Analysis : The Returns Directive, 9 June 2008. 今回採択されたのは、ＥＰＰ-ＥＤグループの修正案であり、法案を排除措置の対象となる個人に対しより有利に修正しようとしたＰＥＳやGreens／ＥＦＡ、そしてＧＵＥ／ＮＧＬの修正案は、退けられた。本会議審議終盤での欧州社会党議員による修正案が通っていたら、協定成立は二―三年遅れることになったであろうといわれる。これで、二〇〇二年の理事会で合意された目標である、ＥＵ共通の移民政策の確立へ、第一歩を踏み出した。“EU rules on illegal migrants anger human rights groups”, EuroActiv.com, 2008/06/19 ; EU Europarl Press Release, 2008/06/18, http://www.europarl.europa.eu/news /expert/infopress_page018-31787-168-06-25-9020200861....; EuroParl news（欧州議会）2008/06/18.

（58）　たとえば、「送還」：第三国国民が自発的にせよ強制にせよ出身国か通過国、あるいは第三国へ赴く過程。「送還決定」：第三国国民の滞在が不法であると宣言する行政的あるいは法的な決定あるいは行為。「移転」：送還の義務を執行することと、つまり物理的に加盟国から外へ移動させること。

（59）二〇〇六年に磯村がブリュッセルで行ったインタヴューで、ＥＮＡＲのベルギー組織のメンバーでブリュッセル自由大学移民問題研究センターのイザベル・カルル（Isabelle Carles）教授は、一九九〇年代半ばからのＥＵのイニシアティブによるＮＧＯのヨーロッパ化について説明し、これはＮＧＯをＥＵの中に制度的に位置づけることを意識した動きであったことを指摘している。また、移民問題に関してこの時期からＮＧＯの提言や移民当事者達の意見を積極的に要請したが、当初は肝心の移民への広報が不十分で移民からの反応が鈍かった。ＮＧＯからの指摘でＥＵはそれを認識し、移民への広報の方法を模索することになったという。

（60）ENAR homepage> about ENAR : http://www.enar-eu.org/Page_Generale.asp?DocID=15278&langue=EN

（61）*Ibid.*

（62）"ENAR Communication on the Green Paper on a community return policy on illegal residents" [COM (2002) 175 final], July 2002.

（63）組織構造は、ＥＮＡＲのホームページ参照。http://www.enar-eu.org/Page_ Generale.asp?DocID=15280&langue=EN

（64）ENAR, ibid. http://cms.horus.be/files/99935/MediaArchive/pdf/JUL02_Undocumented_migrants.pdf

（65）*Ibid.*, p. 2, 七点のうち残りのものは以下の通りである。第三、人権と基本的自由（item 2.4）の尊重の義務が存在すると理解すること。上訴権、公正なる管理（judicial control）、そして家族生活を営む権利に関連して、欧州人権条約やＣＦＲ（right to life）で述べられている諸原則の喚起を、特に評価する。第四、強制送還を「きわめて重大な、人間の自由（freedom）に対する侵害」と認め、したがって、前提条件に関する最小限基準の確立（item 3.1.2）が必要であるという認識があること。第五に、国外退去への「義務的理由」と「他の正当な理由」（3.1.2.1, 2nd paragraph）との区別がなされていること。第六に、特に極端な、あるいは非合理な困難が生じる場合に強調される措置の比例的性格（違反行為の重大さと罰則内容と対応手段の厳しさとの対応関係）。第七に、拘留と移転に関する最小限の基準を確立しようという委員会の意図。

（66）　Statewatch homepage, http://www.statewatch.org/about.htm

（67）　Steve Peers, Statewatch Supplementary Analysis—The EU's Returns Directive, April 2008, p. 5.　それは、排除される集団の保護、自発的出国までの最小限の期間設定、移転措置の延期、同伴者を伴わない未成年者の移転、再入国に対する強制的な禁止の範囲を限定すること、救済のための権利の範囲拡大、送還決定に関する情報提供、法的支援の権利、拘留根拠、拘留の非強制的な性格、拘留の見直し、拘留条件、そして子供の拘留に関して。（ただし、再入国禁止に対する例外事項、拘留の根拠に関する譲歩と拘留の見直し、の修正は三月版までには全て削除された。）

（68）　*Ibid.*　移転に対する実質的なセーフガード、強制的な再入国禁止に関するルール（五年間にわたる禁止期間を含む。これは、理事会の提案と何も変わっていない）、指令の規模・範囲、移転の強制的延期に関するルール、移転予定の対象者に与えられる情報制限の中途半端な根拠、上訴の自動的移転決定停止効果の欠如、そして拘留根拠と拘留見直しをめぐる不十分な内容、などに問題が残っている。

（69）　Steve Peers, Statewatch Analysis — The Returns Directive 9 June 2008.

（70）　ECRE & Amnesty International EU Office : "Letter for EP member", Brussels, 13 May 2008, http://www.ecre.org

（71）　ECRE, "Returns Directive : EU Fails to Uphold Human Rights", Press Release, Brussels 18 June 2008.

（72）　Conference of European Churches — Office of Communications, "CEC Central Committee Concerned About Administrative Detention of Migrants and Re-entry Ban in EU Countries", Press release No. 07–45/e, 19 November 2007, http://www.cec-kek.org/content/pr-cq0745e.shtml

（73）　岡部みどり「ＥＵと国際機構」『慶應法学第四号』二〇〇六年。一九九八年に当時の議長国オーストリア政府は、欧州委員会が一九九一年に提出したコミュニケーションを移民政策立案のモデルにしつつ「移民政策に関する戦略報告書」を提示した。ところがこれは一九五一年のジュネーブ難民条約に基づく国際人道上の規範を再検討することを訴えたものであったため、ＵＮＨＣＲがこれに対して急拠声明を発し、「強い論調で」非難した。

（74）UNHCR, "UNHCR Position on the Proposal for a Directive on Common Standards and Procedures in Member States for Returning Illegally Staying Third-Country Nationals", June 9, 2008.

（75）*COM (2005) 391 final or 2005/0167 (COD)*.

（76）「送還決定は、自発的出発が許可されなかった場合か、あるいは送還の義務が遵守されなかった場合には、入国禁止を伴うことになる。また他の場合には、送還決定自体が入国禁止を伴うかもしれない」と規定している。また、二〇〇八年六月指令案第六条aの四項は、逃亡のおそれを含んでいるか、あるいは法的な滞在申請がＥＣ法のもとで明らかに根拠がないとして却下された場合、広範な理由で、加盟国に自発的出国の可能性を与えないでおくことを認めている。

（77）Commission of the EU, 14. 10. 2002 : COM (2002) 564 final.

第七章　問われる海洋ガバナンス

――深海底遺伝資源問題の新動向――

都留康子

はじめに

人類は、地球の七〇%を占める海洋を様々に利用してきた。船舶の航行、漁業、石油資源の採掘など、技術力の上昇とともに海洋の用途は広がり、時には各国間の対立を生み出しながら、今日の海洋ガバナンスの根幹である国連海洋法条約（UNCLOS　United Nations Convention on the Law of the Sea）が一九八二年に採択された。その第XI部を構成する深海底レジームは、深海底と当時開発の実現が近いと考えられた深海底鉱物資源を「人類共同財産」とし、新たな国際海底機構の創設による開発、管理、途上国への利益配分などを行う制度を構築した画期的なものであった。

しかし、人類の知識、技術は制度を超えて進化していくものであり、今日のバイオテクノロジーの発展、そして海洋遺伝資源の利用は、UNCLOS交渉時にはまったく想定されていなかった問題である。一方、地球規模での環境破壊が国際問題化してくる中で一九九二年に採択された生物多様性条約（CBD　Convention of Biological Diversity）は、遺伝資源などにより構成される生物多様性の保全を一つの目的としているが、国家管轄権の外の領域を扱うことを前提としていない。すなわち、ここに、問題としてはＵＮＣＬＯＳが想定せず、領域としては生物多様性条約が射程においていなかった深海底遺伝資源問題が存在する。科学的にも資源として未知の部分が多いながらも、その潜在的利用価値への期待が高まる中で、各国の思惑が異なり、既存のガバナンスの中で調整、対応が可能なのか、あるいは、制度的欠缺―ガバナンス・ギャップ―が存在し、それを埋めるべく新たな制度構築が必要なのか、今日、激しい議論が展開されている。

ところで、一国で対処できない国際社会の問題群を考察するうえで、近年、「ガバナンス」は一つのキー概念となっている。しばしば援用されるのが、一九九五年のグローバル・ガバナンス委員会の定義[1]であるが、本章で「海洋ガバナンス」を論じる際には、その中から抽出される要素でもある、制度の束とそのプロセスに焦点をあてる。これまで海洋の問題を調整するにあたっては、ＵＮＣＬＯＳを頂点として、海洋汚染の防止や各海域の漁業資源の保全を目的として様々な制度が構築されてきており、ガバナンスの存在それ自体に疑いはない。しかし、制度がそこに存在するということと、それぞれの制度が十分にその機能を果たしているか、また、その制度間の相互作用が調整された上で効率的にガバナンスが機能しているかは別問題であろう。

本章の目的は、深海底遺伝資源というまさしくここ数年に着目されてきた問題の議論動向を明らかにするとともに、新たな問題群の出現に対し、既存の制度でどのように対応、調整し、ガバナンスを機能させていくことが可能となるのか、また制度間の調整の問題を一般化した場合にどのような課題があるのかを考察することである。一節では、遺伝資源の保全が国際的な課題となった背景と、生物多様性条約の意義を概観するとともに、深海底遺伝資源問題とは何か、これまでの資源問題との違いを考察する。二節では、海洋の問題として、ＵＮＣＬＯＳの適用を考えた場合に、どのような論点と対立があるかを整理する。そして、三節では、生物多様性条約締約国会議、そして国連下のフォーラムでの議論の進捗状況を時系列で追いながら、問題解決へ向けての今後の課題を考察する。人類は、過去の深海底の議論から何を教訓として学び、新たな問題に取り組もうとしているのであろうか。

一　深海底遺伝資源問題の所在――UNCLOSとCBDの狭間で――

地球全体の環境問題、そして生物多様性の喪失と保全の必要性が世界的な関心を集め、制度構築のきっかけとなったのは、一九八七年のブルントラント委員会報告である。その後、「国連環境計画」（UNEP）を中心に条約草案が作成され、一九九二年の国連環境開発会議において、「生物多様性条約」は、署名に開放された(2)。この条約で示された生物多様性とは、「すべての生物（陸上生態系、海洋その他の水界生態系、これが複合した生態系その他の生息または生育の場のいかんを問わない）の変異性をいうものとし、種内の多様性、種間の多様性、生態系の多様性」である。その目的は三つあり、生物多様性の保全、その構成要素の持続的な利用、そして、遺伝資源（genetic resources）の利用から生じる利益の公正かつ衡平な配分である（筆者傍点）。ここで条約は、遺伝の機能的な単位を有する植物、動物、微生物その他に由来する素材を「遺伝素材」とし、現実のまたは潜在的な価値を有する遺伝素材を「遺伝資源」としている。一見してわかりにくくはあるが、遺伝子の操作が可能になった今日、生物の遺伝子の部分に着目して生物遺伝資源、あるいは遺伝資源という呼び方をしているにすぎず、まさしくすべての生物資源を対象としているのである。本章では、以下、遺伝子に関連して生物資源を扱う場合に、遺伝資源という言葉で統一し、海洋に特化して記述する際に、海洋遺伝資源、あるいは深海底遺伝資源とすることとする。

それまでも、国際捕鯨取締条約（一九四八年発効）、公海生物資源保存条約（一九六六年）、ラムサール条約（一九七五年）など、個別生物資源に関して、あるいは、領域ごとの保全のレジームは存在していたが、生物資源全体を包括的に扱う条約はＣＢＤがはじめてであった。遺伝資源としての生物資源に対する注目が集ったのは、生物多様性の喪失が問題視されたこともさることながら、一九八〇年代にバイオテクノロジーの急速な進歩により、その利用価値が急速に上昇したことにある。しかも、遺伝子を利用するということは、魚など動植物の固体そのものを収穫し、資源として利用するのとは異なる特徴がある。何よりも遺伝子から得られる情報とその応用が重要なのであって、収穫量は問題ではなく、また、収穫イコール即時的な利益が期待できるわけではない。しかし逆に、少量であっても資源を取得し研究を重ね、あるメカニズムを発見し、応用可能となれば、医薬品やその他の生命体に関連した化学製品を生み出し、さらに莫大な特許料を得ることになる。したがって資源取得の段階で市場原理のみを考慮して利益計算ができるのと異なり、将来の利益への過剰期待のみが先行することが予想される。また、資源と技術の偏在性が顕著にみられる問題でもある。実際に生物資源とその多様性に富んでいるのは熱帯を中心とする途上国であるにもかかわらず、自ら開発をする技術力がないまま、これまで陸上の植物遺伝資源を技術力に富む先進国がフリーアクセスし、研究開発に伴うすべての利益を独占してきた。いわゆるバイオパイラシーの問題である。(3)

当初、ＣＢＤの交渉に熱心であったのは、現在、批准を行っていない数少ない国の一つのアメリカであり、その交渉目的は、生物資源の豊富な途上国にこそその保全を迫り、資源への安定的なアクセスを今後も確保することにあった。しかし、途上国は、植民地時代さながらの不平等構造の脱却をはかる絶好の機会としてこれを捉え、結果的に成立したＣＢＤは、アメリカの思惑をはるかに超えたものとなった。まず、同条約は、自国の生物資源について各原産国が主権的権利を有することを明確にしている。そのうえで、先進国がひき続き途上国への資源アクセスを確保するための妥協として、途上国はその遺伝資源の利用から生じた利益の公正かつ衡平な配分を条約の目的の一つとすることに成功した。ここに、保全を目的として開始されたはずの交渉が、結果的に利益配分条約を生み出したのである。[4]

　ＣＢＤの交渉時点で実際に利用されていたのは主に陸上の植物遺伝資源であり、海洋遺伝資源、まして、国家管轄権領域外の深海底に存在する遺伝資源に関心がなかったことは、[5]条約の第四条に反映されている。すなわち、ＣＢＤの適用される範囲は、他国の権利を害さないことを条件として、a 生物の多様性の構成要素については、自国の管轄権下にある区域　b 自国の管轄または管理のもとで行われるプロセスおよび活動については（それらの影響が生じる場所を問わない）、自国の管轄下にある区域およびいずれの国の管轄にも属さない区域としている。[6]すなわち、ＣＢＤは、国家管轄権領域を越えての構成要素、そのアクセスと利用については、直接の規定がないことになる。

　そして、ＣＢＤの第四条にいうところの主権的権利が及ぶ範囲がどこまでかといえば、海洋の領域規定を示すＵＮＣＬＯＳが根拠となる。ＵＮＣＬＯＳでは、領海の外にあって、その基線から二〇〇海里までを排他的経済水域（以後、ＥＥＺ）として、沿岸国に対して、「海底の上部水域並びに海底およびその下の天然資源（生物資源であるかどうかを問わない）の探査、開発、保存、および管理のための主権的権利」を認めている。そして、上部水域については、ＥＥＺ以遠は公海である。一方、海底については国家の主権的権利が及ぶ大陸棚が二〇〇海里を越えることもあるが、この大陸棚以遠が深海底であり、いずれの国家も主権または主権的権利を主張し、行使してはならない領域である。[7]

　そもそもＵＮＣＬＯＳの採択にいたる第三次国連海洋法会議開催のきっかけは、六〇年代はじめに深海底でマンガンノジュールと呼ばれる鉱物資源が発見されたことによる。当時、小国マルタの国連代表であったパルドは、技術力にまかせた先進国による資源独占を避けるとともに、その利益を途上国の発展のために利用することを目的とし、深海底とその鉱物資源を「人類共同財産」とする新たな制度構築を提案した。このことが、それまでの「広い公海、狭い領海」のもとにあった先進国優位の海洋秩序全体の見直しという機運につながり、最終的に、UNCLOS、そして深海底レジームを生み出した。この交渉は、冷戦時代にあって、軍艦をはじめとする船舶の航行の自由を確保することを先進国が最優先事項と考えていた中でのパッケージ・ディールであり、その果実を得るために、先進国は、他の問題での途上国側の要求に譲歩を余儀なくされた。深海底レジームはその代表格であり、途上国は、パルドの提案を具体的に規定した制度を構築することに成功している。ところが、実際の深海底鉱物資源の開発は、今なお採算ベースに合わないため、制度はあれど実際には具体的な運用にいたっていないというのが現実である。

一方、一九七七年にガラパゴス海嶺（水深約三、〇〇〇メートル）の熱水鉱床の探査によって新たな生態系が発見されたことは、海洋遺伝資源に新たな地平を開くことになった。海底火山の活動に伴い地殻に入り込み熱せられた海水が噴出し、海底の噴出口周辺に多数の金属硫化物を堆積させている熱水鉱床では、太陽の届かない海底で光合成をすることなく化学物質をエネルギー源として生息する高温生物遺伝資源が五〇〇種以上発見されており、八〇％から九〇％は新種であるとされる(8)。今日まで約三四〇箇所の熱水鉱床が発見されているが、国家管轄権外の海域にも多くの存在がわかっており、UNCLOSが想定していた深海底の鉱物資源開発よりもはるかに開発の実現性が高いものと考えられている(9)。

以上のようにして、UNCLOSとCBDは、交渉の年代や背景が異なるだけでなく、アプローチや目的、プライオリティが違っている(10)。前者は領域的アプローチをとりながら海洋全般を扱っているが、遺伝資源については、交渉時、認識さえされていない。一方のCBDは、生物資源の問題に特化し、遺伝資源としての生物資源を念頭にその原産国に主権的権利を認め、バイオテクノロジーの移転や知的財産権から生じる利益配分の問題も含みこんでいるが(11)、国家管轄権外を適用範囲とはしていない。すなわち、深海底遺伝資源は、一見すると、UNCLOSとCBDの両者から零れ落ちている問題であり、制度的欠缺がそもそもあるのかどうか、あるとすればどのように埋めるかが議論されているのである。

二　UNCLOS下での論点

UNCLOSが遺伝資源の問題を想定していなかったとはいえ、すでに開発を目指した行動が一部先進国において行われていることから、深海底遺伝資源へのアクセス、取得をめぐって、海の憲法ともいわれる既存のUNCLOSでどのような解釈が可能なのか、その論点を本節では明らかにする。

1　取得の視点から見る深海底遺伝資源——公海自由の原則vs人類共同財産

漁業資源同様に資源の取得として考えた場合に、UNCLOS下で二つの対応が可能性として存在する。一つは、UNCLOSの第Ⅶ部の公海に関する規定が適用されるとする考え方である。EEZの導入など、UNCLOSでは領域的に公海は狭められることになったが、公海がすべての国の利用に開放されているという伝統的な「公海自由の原則」は慣習法でもあり、第八七条では、公海自由に含まれる具体の内容が記されている。航行、上空飛行、漁獲の自由などを列挙するにあたって、文頭に「特に」としており、公海自由に該当する行動がすべてリスト化し尽くされているわけではない(12)。したがって、遺伝資源の取得が公海自由のリストから排除されるものではないと考えるのである。そして、その際、公海における生物資源の保存および管理として、具体的に漁業資源と海産哺乳動物を扱う第一一六条から第一二〇条が条件となるとする(13)。

次に、ＵＮＣＬＯＳの第Ⅺ部の深海底レジームを適用する可能性である。一九七〇年の国連総会において、第三次国連海洋法会議の開催が決定されたが、その同日に採択された「深海底を律する原則宣言」[14]が、反対票なしの圧倒的多数で採択されたことからもわかるように、その一項に示された「深海底を人類共同財産とする」ことは、理念として広く合意が成立していた。[15]にもかかわらず、一九七三年から開始された国連海洋法会議がＵＮＣＬＯＳを採択するまでに一〇年を要したのは、深海底の具体的な開発方法をめぐって、市場原理を優先する先進国と、衡平な利益配分、開発の権利を徹底して求める途上国との間で対立があったからである。結果的に、ＵＮＣＬＯＳ第Ⅺ部は、深海底およびその資源は人類の共同財産であるとし（第一三六条）、これまでとはまったく異なる制度を構築した。いずれの国も主権的権利を主張、または行使してはならないとし、その活動については、人類の全体の利益のために行うこと（第一三七条）、そして、得られる金銭的利益その他の経済的利益の衡平な配分を適当な制度を通して、かつ無差別の原則に基づいて行うとしている（第一四〇条）。さらに、具体的に技術移転や生産制限、また国際海底機構（International Sea-bed Authority）の設立などを規定している。ここでの資源は、自然状態で深海底の海底またはその下にあるすべての固体状、液体状または気体状の鉱物資源と定義されている（第一三三条）。ここに遺伝資源を加えることにより、人類共同財産として、ＵＮＣＬＯＳでの管理・規制が可能になると考えるのである。

なお、アメリカをはじめとする先進国が、市場原理に基づく自由競争での開発に制限が加えられるとして深海底レジームに異論を唱えたことが一因して、ＵＮＣＬＯＳが交渉の最終段階で難航し、採択から発効までさらに時間を要したことは周知の事実であろう。先進国の条約批准を促すため、一九九四年には、この第Ⅺ部を修正する実施協定が採択されており、「人類共同財産」の原則自身に変更はないものの、市場原理を大幅に導入するものとなったこと、また、依然として採算ベースでの鉱物資源の開発可能性は不確実で、現実との乖離がある制度であることは確認しておく必要がある。

また、CBDにおいて、生物資源を「人類共同財産」とする議論も存在したが[16]、陸上種に代表される生物多様性の構成要素の大部分は国家管轄権内にあることから、交渉初期の段階で、「人類共同財産」は妥当しないと結論づけられ、かわってCBDの前文では、生物多様性の保全を「人類共通の関心事」とした経緯がある。ただし、CBDの目的の一つであり原則でもある遺伝資源からの利益の公正かつ衡平な配分は、現在その具体的な方法をめぐって交渉が難航してはいるが、UNCLOSのいうところの「人類共同財産」に通じる理念、目標を持っていると指摘できる[17]。

2　海洋科学的調査の視点から見る深海底遺伝資源

すでに述べたように、遺伝資源が、漁業資源などとは取得、開発の形態が異なり、少量のサンプルを取り出す概要調査（prospecting）でも利益を得る可能性があることから、UNCLOSが規定する科学調査との関連も問題となる。UNCLOSでは、生物概要調査という言葉が登場していないのはもちろん、科学的調査それ自体を厳密に定義をすることをしていない[18]。

伝統的には、領海であっても沿岸国の許可のもと、自由に行われることが前提であった科学的調査に各国の利害対立が生じるようになったのは、二〇世紀も半ば以降、大陸棚の石油等資源開発が可能となってからである。最終的に大陸棚の資源開発、搾取へとつながりかねない科学的調査に、沿岸途上国が制限を加える方向へとむかったことによる。そのため、一九五八年の「大陸棚条約」では、科学的調査を、純粋調査（pure research）と応用調査（applied research）に分けて考え、前者については、技術力のある先進国の自由な調査が確保できる妥協がはかられている。すなわち、大陸棚に関する調査であってそこで行われるものは、沿岸国の同意が必要であるとしながら、資格ある機関が大陸棚の物理的または生物学的な特質について純粋に科学的な調査を行う目的で要請を行う場合は、通常同意を与えることを拒否することはできないとしている（第五条八項、筆者傍点）。しかし、その後も、先進海洋国による純粋調査を理由とする軍事目的の調査などが後を絶たなかった。そのため、ＵＮＣＬＯＳの交渉過程では、ＥＥＺ導入が既定事項になる等、沿岸国の主権的権利が及ぶ領域が拡大して行く中で、科学的調査に沿岸国の同意を必要条件とするなどの制限を加えようとする動きがさらに強まることになった。これに対して先進国は、純粋調査と応用調査を区別したうえで、資源開発や経済的利用に関係しない純粋調査は、伝統的な自由の一部として維持されるものと主張した。[19]結局、この問題での両者の対立は、ＵＮＣＬＯＳが、パッケージ・ディールとして一括採択することが求められていたことに埋没し、定義なきまま科学的調査が規定されることになったのである。それでは、このことは、遺伝資源の問題にどのような影響を与えるのであろうか。

ＵＮＣＬＯＳは、第XIII部で海洋の科学的調査について規定し、すべての国はおよび権限のある国際機関は、この条約に規定する他の国の権利および義務を害さないことを条件として、海洋の科学的調査を実施する権限を有するとする（第二三八条）。また、一般原則として、もっぱら平和的目的のために実施するとする（第二四〇条）。そして、この他国の持つ権利義務については、領域ごとに規定が置かれており、[20]国家管轄権外では、深海底と公海についてそれぞれ、すべての国および国際機関は、海洋の科学的調査を実施する権利を有すると規定し（第二五六条、第二五七条）、深海底については第XI部の規定に従ってとの文言がつけ加えられている。そして、深海底を扱う第XI部でも、深海底における海洋の科学的調査は第XIII部の規定に従い、もっぱら平和的目的のため、人類全体の利益のために実施するとしている（第一四三条一項）。[21]

第XIII部では、純粋、応用調査の区別がないことはもちろん、科学的調査の定義がないことから、そもそも生物概要調査が科学的調査に位置づけられるとすれば、情報及び知識の公表、頒布を求められ（第二四四条）、特許との関係で遺伝資源の開発にとってはマイナスと考えられる。一方、深海底を扱う第Ⅺ部は、深海底を「人類共同財産」とし、国際海底機構に対し、深海底鉱物資源の概要調査、探査、開発に関する活動に多くの権能を与えている（第一五三条）。すなわち、第Ⅺ部の中でも科学的純粋調査を規定する第一四三条とは別個に、資源開発につながる調査に言及しており、実質的に両者を区別していることになる。後者は概要調査なども含めて国際海底機構に服すると考えられるが、開発につながる情報は、一般的に考えて所有物であり、秘匿される対象である。しかも、深海底開発は、高度の技術と大金をつぎこんだ大型プロジェクトによって実施されるものであり、鉱物資源の探査と生物概要調査を区別して考えることは合理的ではない。すると、鉱物資源の概要調査、探査であることを主張することによって、将来的には商業的利益につながるであろう生物概要調査の情報開示を免れることも可能となる。遺伝資源とその開発の特質はとりわけ、科学的純粋調査か、商業利益につながる応用調査かの区別を難しくしており、さらに科学的調査それ自体に該当するかどうかも紙一重で、結局、深海底の遺伝資源に関連した活動をどこに位置づけるかは、その行動主体の意図がどこにあるかに帰着し、恣意性に左右されかねない。

以上のようにして、新たに登場した深海底遺伝資源問題ついて、資源取得、あるいは科学的調査のいずれの視点からも、ＵＮＣＬＯＳをそのまま適用していくことに疑義があることは明らかである。しかし、皮肉なことに、鉱物資源以上に、深海底での遺伝資源の有用性、開発可能性が現実味を帯びてきており、もはや各国の解釈にまかせて、制度的欠缺を放置できない問題となっているのである。

三　深海底遺伝資源をめぐる国際交渉の動向

それでは、深海底遺伝資源は、いかにして国際的に取り組むべき問題として認知されるようになり、今日どのような議論が進んでいるのであろうか。

1　CBD締約国会議からのはじまり

CBD締約国会議が本来の条約の適用範囲を超えて、国家管轄権外の海洋の生物多様性を議論の対象としたのは、早くも一九九五年の第二回締約国会議であった。「海洋及び沿岸の生物多様性の保全及び持続可能な利用に関する決議」は、CBD事務局長に対して、将来的にCBDの「科学技術助言補助機関」（以後、SBSTTA）[27]が深海底遺伝資源の生物概要調査に関連した科学的、技術的問題に取り組みが行えるよう、深海底遺伝資源の保全と持続的利用に関するCBDとUNCLOSの関係について検討を進めることを求めた[28]。一九九六年時点での事務局のアセスメントでは、深海底遺伝資源の利用可能性などをめぐる情報や知識は十分でないため、どのようなタイプの管理が望ましく、また現実的であるかは決定できないとしており[29]、その後、最終的な事務局長の報告が公表されるのに二〇〇三年の第八回SBSTTAまで待たなければならなかった[30]。このタイミングは、開発の現実性が高まるとともに、リオサミットから一〇年にあたる二〇〇二年の「持続可能な開発に関する世界首脳会議」（ヨハネスブルグサミット）において生物多様性の損失への警鐘がならされたこととほぼ一致し、放置されていた国家管轄権外の海洋の生物多様性、そして、深海底遺伝資源の問題が再度CBDの俎上にのせられたのである。

この報告書の中では、深海底遺伝資源を扱ううえで考えられる三つのオプションとその問題点が指摘されている[31]。第一のオプションは現状維持のまま、公海自由原則による自由競争である。しかしながら魚など公海生物資源同様、過剰取得の危険性が内在し、同じ深海底にありながら、「人類共同財産」として鉱物資源の開発を規制し管理している深海底レジームとの整合性がないことになる。そこで、予防アプローチならびに衡平原則に基づくアプローチを採用し、特別なレジームの確立が必要であるとにする。第二のオプションは、UNCLOSの深海底レジーム、国際海底機構の利用である。利益配分や資源管理という点では望ましいが、鉱物資源に限定していることから、UNCLOSの改正、または、議定書などの採択が必要となる。第三のオプションは、CBDのフレームワークのもとで行うことである。CBDが適用範囲として国内アプローチをとっていることから、国家管轄権外の遺伝資源を扱うためには特別な機構の創設が必要となるが、UNCLOSよりもCBDの改正のほうが容易であるとされる。なお、後者二つのオプションは統合可能であると指摘している。そして、この第八回のSBSTTAでは、CBDが国家管轄権領域を越えた深海底に関与するかどうかという根源的な問題から議論は始まったのである[32]。

その後、二〇〇四年の第七回の締約国会議では、ヨハネスブルグサミットの合意文書である「実施計画」[33]に盛り込まれた提言の一つである海洋保護区のネットワークの創設がはじめて議論されるとともに、中でも海山や熱水噴出孔など脆弱な生態系の保全の必要から国家管轄権領域を越えた海洋環境問題への急速な対応の必要性が指摘され、遺伝資源の保全について関係機関と協力して情報収集を求める決議が採択された[34]。さらに、二〇〇六年の第八回締約国会議では、深海底遺伝資源の保護（protection）のために利用できるオプションとして、i　行動規範、ガイドライン、原則の利用　ii　海洋保護区の創設や、脆弱な領域に破壊をもたらす行為の禁止などが挙げられ、国連下のフレームワークでさらなる協議が必要であることが強調された[35]。二〇〇八年の第九回締約国会議は、海洋生態系および生物学的に重要で海洋保護区とする必要がある場合の「科学的評価基準」「科学的ガイドライン」が採択されるという具体的な成果があり、その過程で、海洋のすべての活動が行われる法的枠組みとしてUNCLOSの重要性が確認されている。[36] ただし、これまで議論が最も紛糾してきた国家管轄権内の遺伝資源に対するアクセスと利益配分の問題でさえ、区切りのよい二〇一〇年の第一〇回締約国会議に先送りするといった状況の中で、深海底遺伝資源の直接的な議論は行われていない。

2　国連フォーラムでの議論

こうしたCBDの締約国会議とともに、ヨハネスブルグサミット以降、「海洋と海洋法に関する国連非公式協議」(以下、UNICPOLOS)[37]でも海洋環境、海洋の生物多様性の保全が同時平行的に議論されている。二〇〇三年の第四回UNICPOLOSで、脆弱な海洋生態系の保全が議題の一つとなったのに続いて、二〇〇四年の第五回UNICPOLOSでは、国家管轄権を越えた深海底の生物多様性の保全と管理を含む、海洋の新たな持続的利用について集中的に審議された。[38] そして、深海底遺伝資源問題に緊急の対応が必要であるとの認識が示される中で、先進国と途上国の間の対立構造とその論点が明確になった。すなわち、開発技術のないG77と中国は、深海底遺伝資源を「人類共同財産」として利益の恩恵を得ることが可能となる深海底レジームの適用を主張している。これに対して、調査活動などをすでに行っている先進国[39]は、深海底レジームは、鉱物資源のみを扱うもので遺伝資源は該当しないと反論したうえで[40]、生物多様性の保全を理由に活動が制限されたり、途上国への利益配分によって経済的利益を手放したくないため、公海自由の原則の適用を主張している。結局、具体の対応を提示することはできず、この第五回のUNICPOLOSの報告を受けて国連総会は、同年末に「国家管轄権外の海洋の生物多様性の保全および持続可能な利用を研究するアドホック非公式ワーキンググループ（WG）」の立ち上げを決定した(41)。

そして、二〇〇六年に開催された第一回WGでは、漁業慣行の環境への影響、公海上の海洋保護区、深海底遺伝資源など、国家管轄権を越えた生物多様性に関連した問題に統合的に取り組む必要が確認された(42)。また、この会期では、EUが既存のガバナンスが問題領域ごとに行われており実行が十分ではないと指摘したうえで、ガバナンス間の協力関係構築の必要性、さらに、現在調整枠組みのない国家管轄権外の生物多様性問題のガバナンス・ギャップを埋めるため、UNCLOS下での実施協定作成の提案を行った(43)。これに対して、アメリカ、日本、韓国、ノルウェーなどの先進国からは、実施協定により新たな制度をつくることが生物多様性の喪失を止めるとは限らず、既存の制度の改革に比べて、時間の無駄であるとした。また、こうした提案に対しては、G77と中国も冷淡であった。なぜならEUが念頭に置いていたのは、公海上の海洋保護区の設定であって、途上国が最重要課題と考えている深海底遺伝資源の問題には言及がなかったからである(44)。議論は紛糾し、数年かけても議論はまとまらないだろうとの懸念も広まったが、深海底レジームの適用か公海自由の原則の適用かといった法的論点を横に置いて、プラグマティックな問題から取り組むべきとの意見が、アメリカや途上国を代表するメキシコなど対立する双方から提案され、一致がみられた(45)。そして、最終日には、議長の一般理解という形で、WGで議論となった問題と可能なオプションおよびアプローチに関するサマリーが提示され、国連事務総長への報告に付記されることとなった(46)。

そして、二〇〇七年に開催された第八回UNICPOLOSの議題は、まさしく「深海底遺伝資源」であり(47)、情報を共有し、交渉のたたき台をつくるための最初の会議と位置づけられた。これまでの慣例に従えば、UNICPOLOSの結果は、後に国連総会にて議論されるべき項目（エレメント）として、議長が総会に勧告の形で提出することになっていたが、この会期ではじめて、コンセンサスによる合意文章をつくることに失敗した(48)。根本的な原因は、G77

と中国が議論継続のために深海底レジームと公海自由原則との間での対立の存在を明記することを求めたのに対し、具体的な対応を迫られることを恐れる先進国が同意しなかったためである。[49] さらにこの会議では、遺伝資源に対する知的財産権も議論項目の一つとしてあがっており、原産地表示や資源へのアクセスと利益配分の問題の明記を求める途上国に対して、アメリカなどは、UNICPOLOSは知的財産権を議論するフォーラムとして適当でないとした。このようにして、問題を細部にまで持ち込みたい途上国側と、現状維持のままでも開発を進めることができ、痛みのない先進国との間で、遺伝資源問題への取り組みの温度差が明確に出た形である。[50]

その後、二〇〇八年の第二回WGでは、UNICPOLOSの対立から一転し、WGは交渉フォーラムではないとの確認が会議冒頭で行われたこと、すでに法的枠組みをめぐる各国の相違が克服しがたいという状況の中で、遺伝資源の保全と持続的利用については、今後、実質的な方法について議論を集中していく方向性が示されている。[51] この点は、総会に提出される議長の声明の中でも、生物多様性の保全と持続的利用のための既存の制度の実行性を高めていくこと、国家管轄権領域の内外を含むすべての領域での協力関係を強化していくこととともに確認されている。

以上のようにして、一九九四年のCBD締約国会議以来の議論の進捗状況を追ってきたが、生物多様性の保全の重要性での認識は一致していること、さらにその一環として深海底遺伝資源が存在することは、疑いの余地のないところである。その中で、生物多様性の保全を目的とする海洋保護区の設置については、ヨハネスブルグサミットで採択された実施計画において二〇一二年という時限設定が一応なされていることもあり、各国のガイドライン作りなど議論が進んでいる。一方、深海底遺伝資源の問題は、近々の利益配分がからみ、その管理と調整の制度をめぐる各国の思惑の相違は明確であるがゆえに、問題の顕在化から一〇年すぎても、いまだに議論の入り口で膠着状態にあるといってもいいすぎではない。[52]

おわりに

同じ深海底にあって遺伝資源をめぐる議論、交渉は、パルドの「人類共同財産」提案から深海底レジーム構築へといたった深海底鉱物資源と同じ軌跡を描けるのであろうか。楽観的な答えは許されないであろう。

深海底レジームを可能にしたのは、パッケージ・ディールという第三次国連海洋法会議の交渉上のツールであり、先進国は、航行の自由など他の問題で有利に議論を進めるために、深海底はいわばその取引材料として、ぎりぎりの妥協が図られたためであった。しかも、UNCLOS交渉時には、先進国と途上国の両者間に数年後には開発可能となるであろう深海底鉱物資源問題を、制度なきまま放置するよりも、何らかの制度構築が必要であるとのインセンティブが作用していた。結果として成立した深海底レジームは、一九九四年の実施協定などによる修正を余儀なくされたとはいえ、共同管理、利益配分を目指す制度構築と実現の青写真は、その意義を減じるものではない。ただし、今日なお、経済利益にみあった開発可能性は遠く、制度がその運用を待っている状況にあって、制度の履行と効果を評価することができないのはもちろんである。一方、新しく登場した深海底遺伝資源問題こそが、現実の開発が目前で緊急の対応が必要とされながら、議論に進展がみられないのは、既存の海洋ガバナンスゆえの呪縛ともいえないだろうか。すなわち、現状のガバナンスにおいて深海底遺伝資源の開発をすることにとりたてて問題のない先進国と、自ら開発する手立てがなく、利益配分を得るためにはガバナンスを構成する既存の制度に何らかの再考を迫る必要がある途上国とでは、変更を求める側に交渉上の負荷がかかるからである。UNCLOSという全体の交渉の中で白紙の状態からはじめられた深海底レジームとは異なり、既存のガバナンスの中で新たな制度を構築、あるいは改変して行くことの難しさがそこにはある。パッケージ・ディールとしてではなく単独で交渉される生物多様性の保全、そして遺伝資源の問題は、とりわけ国家管轄権外の問題である以上、途上国側が交渉上の取引材料をみつけるのは容易ではない。

また、制度的欠けつ、すなわち、ガバナンス・ギャップがあるのかどうかは別にしても、制度間の連携が今後の課題となろう。CBDとUNCLOSでの議論が平行して行われている現状は、まだ問題の洗い出しという局面に過ぎないため、対立関係にあるわけではない。しかし、実質的な問題での解決の積み重ねという方向が何度か示されていく中で、どのフォーラムで何をどこまで決めて行くのかという点で、制度間のせめぎあいが出てくることも予想される。より危惧されるのは、議論が進まないまま問題が放置され、現状維持で有利な先進国の独占開発が先行し、気がついたときには海洋の生態系そのものが大きく崩れていることであろう。

パルドの提案からほぼ半世紀が経過し、人類は再び深海底の資源に取り組まなければならなくなった。生物多様性の喪失という現実の問題の中で、深海底遺伝資源の可能性を将来世代のために生かす英知をわれわれが持ち合わせているかどうか。UNCLOSを頂点とする海洋ガバナンスは、今、新たな問題の出現によって、その存在意義と機能を問われているのである。

（1）　委員会はガバナンスを、「個人と機関、私と公とが共通の問題を取り組む多くの方法の集りである。相反するあるいは、多様な利害関係の調整をしたり、協力的な行動をとる継続的プロセスである。承諾を強いる権限を与えられた公的な機関や制度に加えて、人々や機関が同意する、あるいは自ら利益に適うと認識するような、非公式の申し合わせもそこに含まれる」と定義している。グローバルガバナンス委員会（京都フォーラム監訳）『地球リーダーシップ―新しい世界秩序を求めて』日本放送出版会、一九九五年、二八―二九頁。なお、日本語では、原題 *Our Global Neighborhood*

が改題されている。この定義の含意として、①共通事項の管理という目的　②公私を問わない主体の参加　③フォーマル、インフォーマルなレジーム、機構を含む多くの方法　④利益を調整し協力的な行為の継続的なプロセスに基づく行動規範、が抽出される。深海底レジームはこの①と④を理念的に体言したものと位置づけられよう。ガバナンス論については、山本吉宣『国際レジームとガバナンス』有斐閣、二〇〇八年、第六章「グローバル・ガバナンス」一六九頁。

（2）CBDは、一九九三年に発効している。二〇〇九年七月現在の締約国数は一九〇カ国とECで普遍性の高い条約となっている。なお、UNCLOSは、一九九四年に発効し、現在の締約国数は一五八カ国とECである。アメリカは両方の条約を批准していないが、UNCLOSの場合は、アメリカが採択時に問題としていた深海底資源に関連する第XI部が一九九四年の実施協定により決着しており、実質的な反対理由はもはや存在していない。

（3）バイオパイラシーについては、ヴァンダナ・シヴァ（奥田暁子訳）『生物多様性の保護か、生命の収奪か』明石書店、二〇〇五年などを参照。途上国による批判の対象となった先進国のバイオパイラシーの事例として、インドのニームや、マダガスカルのニチニチ草などがある。

（4）CBDの交渉過程については、Fiona McConnell (1996), *The Biodiversity Convention A Negotiation History*, Kluwer Law International.

（5）G. Verhoosel (1998), "Prospecting for Marine and Coastal Biodiversity : International Law in Deep Water," *International Marine and Coastal Law*, Vol.13, p. 91 et seq.

（6）両者の規定区別についての解説としては、Craig H. Allen (2000–2001), "Protecting the Oceanic Gardens of Eden : International Law Issues in Deep-sea Vent Resource Conservation and Management," *Georgetown International Environmental Law Review*, Vol. 13, p. 653 ; Lyle Glowka (1996), "The Deepest of Ironies : Genetic Resources, Marine Scientific Research and the Area," *Marine Science and Technology*, p. 165; Catherine Tinker (1995), "A "New Breed" of Treaty : The United Nations Convention on Biological Diversity," *Pace Environmental Law Review*, Vol. 12, pp. 205–206. aの構成要素とbの活動と

プロセスの間の定義が明確ではないが、構成要素には、少なくとも、植物、動物、微生物、遺伝素材、およびそれらが見つかる生態系が含まれると考えられ、管轄権下の構成要素について保全と持続的利用の義務を締約国は負うことになる。一方、bによって示された範囲において、締約国が、条約の目的を達成できるように自国の活動主体の行動を規制するものと解釈される。直前の第三条では、一九七二年の人間環境宣言の原則二一でも示されたのと同様に、自国の管轄権下の活動が他国の環境または、いずれの国の管轄にも属さない区域の環境を害さないことを確保する責任を有するという規定をおいており、そのことに呼応していると思われる。

（7）　深海底とは、UNCLOSの規定によれば「国家管轄権の及ぶ区域の境界の外の海底およびその下」、すなわち、大陸棚の外延部の外側をいう。大陸棚が二〇〇海里を越える場合もあることから、公海の海底がすべて深海底となるわけではない。大陸棚に関しても、天然資源開発に沿岸国の主権的権利が及ぶことが規定されているが、大陸棚における天然生物資源とは、定着性の種族に属する生物、すなわち、採捕に適した段階で海底もしくはその下で静止しており、または絶えず海底もしくはその下に接触していなければ動くことができない生物としている。しかし、熱水鉱床などで見つかる遺伝資源をこの定着生物であるとする主張はこれまでのところはみられない。主権的権利の及ぶ大陸棚資源であると主張したところで、多くの沿岸途上国には開発する能力がなく実利をもたらさないためと思われる。

（8）　David Kenneth Leary（2007）, *International Law and the Genetic Resources of the Deep Sea*, Martinus Nijhoff Publishers, p. 15.　熱水鉱床ごとの独自の生態系が注目されている。

（9）　熱水鉱床の探査は限られた先進国が行っているものであるが、国家管轄権内であるEEZの熱水鉱床については現在一四の生物化学関連他企業が遺伝資源の派生物からの製品開発に従事し、そのうち六企業については、商品化も行っている。Levy, *ibid.*, chap. 7, p. 169.　なお、巻末には企業リストが掲載されている。世界の熱水鉱床の分布状況については、Salvatore Arico and Charlotte Salpin（2005）, *Bioprospecting of Genetic Resources in the Deep Seabed : Scientific, Legal and Policy Aspects*（UNU-IAS Report）.

（10）　Rudiger Wolfrum and Nale Mats（2003）, *Conflicts in International Environmental Law*, Springer, pp. 15－31.

（11） ＵＮＣＬＯＳの多くの条文が海洋環境の保全を求めており、大きく生物資源の保全という意味で、両者に齟齬はないという見方もある。Wofrum and Matz (2000), "The Interplay of the UN Convention on the LOS and the Conventon one CBD," *Max Planck Yearbook of UN Law*, Vol. 4, pp. 445-480.

（12） ＵＮＣＬＯＳの解釈などについては、R. R. Churchill and A. V. Lowe (1999), *The Law of the Sea*, 3rd ed., Juris Publishing, 島田征夫、林司宣編著『海洋法テキストブック』有信堂、二〇〇五年を参照。

（13） 無条件に資源が取得できるわけではなく、第一一九条によれば、入手できる最良の科学的証拠に基づく措置であって、環境上および経済上の関連要因（開発途上国の特別の要請を含む）を勘案することや、最大持続生産量を維持する水準であることなどが求められる。

（14） UN Doc. A/Res/2749 (XXV): Declaration of Principles Governing the Sea-bed and the Ocean Floor, and the Subsoil thereof, beyond the Limits of National Jurisdiction. 決議は、賛成一〇八、反対なし、棄権一四で採択されている。

（15） 当初、深海底資源の開発に公海自由の原則を適用しようとする提案はいずれの国からも行われていない。技術力を持たない途上国にとっての公海自由に基づく開発は、自らの開発の手立てがないことを意味し、一方、先進国も、膨大な投資の上に探査活動を行い開発を準備しているところに第三国が現れて優良鉱区だということで横取りするような事態をさけるために、排他的な権利を取得できるような新しい国際制度を必要としていたからである。この点の指摘は、田中則夫「深海底制度の設立・修正・実施」日本国際法学会編『海』三省堂、二〇〇一年、一九二―一九三頁。

（16） 当初、先進国側は、それまでの実行を正当化するように、遺伝資源を人類共同財産とすることで、途上国の管轄権内であっても資源にフリーアクセスできることを目論んでいた。

（17） Tullio Scovazzi (2007), "Bioprospecting on the Deep seabed: a Legal Gap Requiring to be Filled" in Francesco Francioni and Tullio Scovazzi, *Biotechnology and International Law*, Hart Publishing, p. 93.

（18） 生物学の専門領域であっても生物概要調査の定義は曖昧であるといわれている。

（19） 島田、林編著『海洋法テキストブック』第一二章「科学的調査と技術協力」一六一頁。

(20) 領海では、科学的調査にあたって沿岸国の明示の同意が必要であり、その条件に従わなければならない。一方、ＥＥＺと大陸棚については、沿岸国の同意が必要であるとする一方、平和目的でかつすべての人類の利益のために海洋環境に関する科学的知識を増進される目的で実施する科学的調査については通常は同意を与えるとし、同意を与えないケースの一つとして、計画が天然資源（生物資源であるか非生物資源であるかを問わない）の探査および開発に直接影響を及ぼす場合を挙げている（第二四六条五項（ａ））。なお、ここでこのような事例が敢えて列挙されていることを根拠として、他の一般原則で示されている科学的調査は、限定がない以上、商業開発につながる調査も含まれるとする考え方もされる。Scovazzi, *op. cit.*, p. 85.

(21) 同三項は、締約国が科学的調査を実施するにあたって、国際協力の促進を求めている。具体的には、国際的な計画への参画、各国や深海底機構の要員による海洋の科学的調査への協力、開発途上国等の利益のための調査能力の強化や、要員訓練を目的とする計画が策定されること、調査、分析結果を効果的に普及することなどが挙げられている。なお、第XI部は、鉱物資源開発を念頭に規定されたものであるが、この第一四三条については、鉱物資源に限定されず、深海底の科学的調査全般に妥当するものと考えられている。Scovatti, *op. cit.*, p. 87.

(22) たとえば、Levy は、生物概要調査を純粋科学であるか商業利益目的であるかを問わず、資源としての生物多様性を調査することとの定義を援用している。Levy, *op. cit.*, p. 158. 一方、二〇〇四年の国連事務総長が国連総会に提出したレポートでは、生物概要調査は、科学的調査ではないとしている。UN. doc. A/59/62, paras. 260－262.

(23) 第一五三条は、深海底における活動は、国際海底機構が人類全体のために組織し、行い、および管理するとしている。ここでの「深海底の活動」とは、第一条でいう深海底の資源の探査および開発のすべての活動をいう。そして、この資源は、鉱物資源ということになる。

(24) 太平洋の深海海底鉱区が集中するクラリオン／クリッパートン断裂帯海域においては、生物多様性や遺伝子資源のフローについての調査が二〇〇二年から二〇〇七年まで行われ（カプランプロジェクト）、開発に際し、海洋保護区の設定の必要性などが提案された。ISBA/12/A/3, 26 May 2007, paras. 68－75.

（25）一四三条の純粋調査が思わぬ発見につながり莫大な利益を生み出すこともありえるが、科学的調査であると位置づける限りは、逆に情報開示が必要となる。

（26）Glowka, *op. cit.*, p. 173.

（27）ＣＢＤの第二五条に規定された下部機関で、生物多様性の現状の科学的、技術的評価、持続的利用に関連した最新技術やノウハウの特定、科学的研究の促進などを目的とし、締約国会議に助言を行う。

（28）CBD, The 2nd Meeting of the Conference of the Parties (COP. 2) (6－17 November, 1995), Decision II/10, para. 12. いわゆるジャカルタマンデートといわれるこの決議は、海洋と沿岸の統合的な管理アプローチのもと、海洋生物資源の重要な生息地が海洋保護区の選定の一つの基準となること、エコシステムアプローチの重要性なども指摘しており（Annex I iv）、ＣＢＤが国家管轄権外の問題にも関心を示す契機となった文書である。

（29）UNEP/CBD/SBSTTA/2/15, para. 19, 24 July 1996.

（30）UNEP/CBD/SBSTTA/8/INF/3/Rev.1, 22 February 2003. この過程については、Levy, *op. cit.*, p. 53.

（31）*Ibid.*, paras. 113－126.

（32）*Earth Negotiation Bulletin*（以後、ＥＮＢ）, Vol. 9. No. 252, 17 March 2003, pp. 9－12. 多くの先進国は、国連総会などＣＢＤ以外で問題を扱うことを強く主張していた。なお、ＥＮＢは、一九九〇年にカナダで創設された政策探求型ＮＧＯであるＩＩＳＤ（International Institute for Sustainable Development）が発行しているもので、環境問題関連の国際会議の審議過程を詳細に報告したものである（ホームページ http://www.iisd.ca/enbvol/enb-background.htm よりダウンロード）。

（33）"Plan of Implementation of the World Summit on Sustainable Development" in Report of the World Summit on Sustainable Development (Johannesburg, South Africa, 26 August－4 September 2002), UN Doc. A/Conf. 199/20, pp. 6－23. 海洋関係については、paras. 29－34.

（34）CBD COP 7 (Kuala Lumpur, 9－20 February 2004), Decision VII/5, Marine and Coastal Biological Diversity, paras. 54－56, 60.

（35）　CBD COP 8（Curitiba, 20－31 March 2006), Decision Ⅷ/21, Marine and Coastal Biological Diversity : Conservation and Sustainable Use of Deep Seabed Genetic Resources beyond the Limits of National Jurisdiction, para. 5.　なお、前年に開催されたＳＢＳＴＴＡの勧告においては、こうした問題は、国連総会およびＵＮＣＬＯＳが扱うべき問題で、ＣＢＤのフレームワーク外のことであるとの意見も出されたことが注記されている。SBSTTA 11（Montreal, 28 November－2 December 2005), Recommendation XI/8, Marine and Coastal Biological Diversity : Conservation and Sustainable Use of Deep Seabed Genetic Resources beyond the Limits of National Jurisdiction.　なお、ＣＢＤ　ＣＯＰ８については、*ENB*, Vol. 25, No. 12, 14 June 2004.　も参照。

（36）　CBD COP 9（Bonn, 19－30 May 2008), Decision Ⅸ/20, Marine and Coastal Biodiversity,　前文。

（37）　正式名称、United Nations Open-ended Informal Consultative Process on Oceans and the Law of the Sea は、一九九九年の国連総会決議（UN. Doc. A/Res 54/33）にて立ち上げられた。毎年国連事務総長が総会に提出する「海洋と海洋法に関するレポート」をもとに協議し、国連総会での新たな議論や国際協力が必要な海洋問題を洗い出し、提示することを目的としている。協議の結果は、その一部は勧告という形で、議長が総会に提出する。

（38）　UN. Doc. A/59/122, Report on the work of the UNICPOLOS at its fifth meeting（New York, 7－11 June 2004), paras. 90－94. UNICPOLOS の審議のために用意された事務総長報告の中では、深海底遺伝資源の問題について詳しく問題点などが分析されており（paras. 229－266）、特に商業ベースにつながる科学的調査についてのレジームが存在せず、資源保全と持続的利用のために法的な空白を埋める必要があることが指摘されている（para. 266). UN Doc. A/59/62, Ocean and the Law of the Sea, Report of the Secretary General.

（39）　数千メートルに及ぶ深海底のサンプル調査を行えるのは、潜水艇や海洋潜水無人探査機を所有するアメリカ、フランス、日本、カナダ、ロシアなど限られている。Levy, *op. cit.*, p. 165.

（40）　*ENB*, Vol. 25., No. 12, 14 June 2004 page. 8.

（41）　UN. Doc. A/Res/59/24, para. 73.　ＷＧの目的としては、ａ　国連や関連国際機関の当該問題での活動のサーベイ　ｂ　科学的、技術的、経済的、法的、環境的、社会経済学的な側面の検証　c より研究が必要な部分の特定　d 国際的な協力関係を促進するための可能なオプション、アプローチの提示を挙げている。

（42）UN Doc. A/61/65, Report of the Ad Hoc Open-ended Informal Working Group to Study Issues Relating to the Conservation and Sustainable Use of Marine Biological Diversity beyond Areas of National Jurisdiction（New York, 13－17 February, 2006), paras. 54－56.

（43）*Ibid.*, para. 55.　なお、この会議の解説として、*ENB*, Vol. 25, No. 25, 20 February 2006, p. 8.

（44）ＥＵは地球温暖化問題などにもみられるように環境への取り組みに熱心であるとともに、海洋保護区の設置に関して非常に積極的である。公海上に海洋保護区を設定する場合の具体の内容や目的は、いまだ国際会議場裡でも議論の途上にあるが、ＥＵにとっては、地中海、北海、大西洋などかつての優良な漁場をかかえ、漁業資源の保全などが念頭にあるものと思われる。一方、遺伝資源については、自ら開発の技術力を持つ国もあることから、「公海自由の原則」か「人類共同財産」かといったどちらの立場にも与しておらず、実利的な問題での解決を主張している。*ENB*, *ibid.*

（45）具体的には、海洋調査を行う際にエコシステムに影響を与えないような行動原則の策定などが提案された。*ENB*, *ibid.*

（46）UN. Doc. A/61/65, Annex I.　将来的な議論を左右するものではなく、またすべての参加者の立場を必ずしも反映するものではないとの説明もなされたが、参加者からは内容についての不満も表明されている。

（47）UN. Doc. A/Res61/222, para. 123.　に基づく。

（48）総会に提出される議長の報告には、会議の合意による勧告は含まれず、合意のあった項目と意見が一致しなかった項目とが議長の了解（understanding）として併記された報告書となった。UN. Doc. A/62/169, Report on the Work of the United Nations Open-ended Informal Consultative Process on Oceans and the Law of the Sea at its eight meeting（New York, 25－29 June 2007), p. 24.　エレメントについては、Annex.　そのタイトルは、Marine genetic resources : Co-chairpersons' possible elements to be suggested to the General Assembly　となっている。

（49）　*ENB*, Vol. 25, No. 43, 2 July 2007, p. 7.

（50）　なお、ＥＵは、構成国の中でばらつきはあるものの、ＵＮＣＬＯＳ下の新たな実施協定の提案により、Ｇ77と中国の見解に歩み寄る姿勢を、ＵＮＩＣＰＯＬＯＳでもとっている。

（51）　UN. Doc. A/63/79, Annex, Joint statement of the Co-Chairpersons of Ad Hoc Open-ended Informal Working Group to study issues relating to the conservation and sustainable use of marine biological diversity beyond areas of national jurisdiction (New York, 28 April – 2 May 2008), para. 38.　同会議のレポートについては、*ENB*, Vol. 25, No. 49, 5 May 2008, p. 12.

（52）　なお、第二〇〇九年六月に開催された第一〇回のＵＮＩＣＰＯＬＯＳでは、これまでの総括が行われ、ＵＮＩＣＰＯＬＯＳはあくまでも交渉機関ではなく、議論のためのフォーラムであることが再確認された。UN. Doc. A. 64/131, Report on the work of the UNICPOLOS at its tenth meeting (17 – 19 June 2009) ; *ENB*, Vol. 25, No. 59, 22 June 2009, p. 7.

第三部

国連の役割

第八章　国際機構によるガバナンス（統治）の諸相

——暫定統治機構を事例として——

望月康恵

はじめに

主権国家によって構成される国際社会に一定の秩序が存在し、維持され遵守されている状況はグローバル・ガバナンスと呼ばれる。「政府なき統治」と表現されるグローバル・ガバナンスは、国際社会の様々な主体が一国では対応できない共通の問題に取り組む活動や現象に着目する議論である。グローバリゼーションによって、国際社会全体として達成が求められる共通の規範や秩序が生み出されており、そのような中で、特に国際社会を体現する国際機構は、グローバル・ガバナンスにおける一主体としての役割を担いながら、グッド・ガバナンスを活動の指針や達成目標として掲げている。さらに国際機構は特定の地域において、グッド・ガバナンスを達成すべく活動を行う。ガバナンスにおいて、国際機構は多様な役割を担いその役割はますます拡大している。

国際機構の活動が拡大する中で、本章は、ガバナンスにおける国際機構の機能について考察する。ガバナンスが多義的に用いられる中で、国際機構、特に国際連合（国連）が、ガバナンスの議論においてどのように捉えられているのかをまず明らかとする。次に、国際機構の活動におけるガバナンスの意義を検討する。さらに、国際機構によるガバナンスの実践として、国連によって設立された暫定統治（行政）機構（暫定統治機構）を取り上げ、その機能を概観する。これら分析を通じて、グローバル・ガバナンスの理論における国際機構の位置づけ、国際機構がグローバル・ガバナンスにおいて担う役割を明確にし、その機能の多様性について分析を試みる。本章の分析を通じて、ガバナンスの理論および実践における国際機構の役割と機能およびその拡大の傾向が、より明らかとなるであろう。

一　グローバル・ガバナンスをめぐる議論と国際機構

ガバナンスは、一九九〇年半ばより社会科学の様々な分野において論じられてきた。[1] グローバル・ガバナンスの方法論として、分析的アプローチと規範的アプローチを参考としながら概念を整理し、[2] これらアプローチにおいて国際機構がいかに捉えられてきたのか検討する。

1　分析的アプローチ

「政府なき統治（governance without government）」[3] と表されるグローバル・ガバナンスは、国内社会のように人々の合意に基づいて設立された普遍的な統治機構が存在しない国際社会において、様々な規則や制度が創設され遵守され、一定の社会として機能することをどのように説明するのかという問題関心に基づいて議論されてきた。[4] グローバル・ガバナンスの提唱者の一人であるローズノーは、グローバル・ガバナンスの概念について次の通り述べる。

「政府なき統治」の概念は、国際政治の研究において特に資する。地球社会の行動において、わずかとはいえ秩序や慣習となった取極が通常は存在するものの、人々の行動の分野においては、集権化された権力は存在しない。地球規模での、決定を強制する能力のない、また集権化された権力のない秩序を鑑みた場合、本来、統治と関係する機能が、政府制度の欠如する世界政府においてどの程度行われているのかを探ることが、主要な問題関心となる。(5)

ローズノーは、集権化された権力が存在しない国際社会において、統治に関連する機能がどの程度実施されているのかを探ることをグローバル・ガバナンス研究の目的として掲げており、国際社会における事実上の秩序、およびその秩序の元となる社会制度の存在に注目する視点を示している。(6)

国際社会におけるガバナンスは、政府などの正式な権威の支援の有無にかかわらず、共通の目標によって支えられた活動として説明される。ここでは活動を行う国際社会が、主権国家の単なる集合ではなく、目標を共有する社会としてまとまりを持つことが認識されている。この議論においては、ガバナンスが「政府なき統治」と表されながらも、政府組織や制度も分析の対象に包含される。ただし統治組織が必要とは考えられていない。国際社会において政府に類する組織が前提とされないにもかかわらず、何らかのガバナンスが機能することからも、統治は社会の大多数によって受け入れられることによって作用すると説明される。(7)また国際社会においては、行動主体として国際機構や非政府組織も活動し、グローバル・ガバナンスの進展において重要な役割を担う。それは、国際機構が、規範のグローバル性を確認し、またその規範に基づいてガバナンスを実践する機能をも果たしているからである。(8)

グローバル・ガバナンスは国際レジームの概念を発展させたものとしても論じられる。国際機構研究においては、組織からレジームそしてガバナンスへの流れがある。[9] 国際レジームの定義や内容は多様であるが、一般的には、「原則、規範、規則、意思決定手続の黙示的または明示的なセットであり、それを中心に国際関係の分野において主体の期待が収斂したもの」[10]と、国家間関係を律する規範とルールのまとまりであり特定の問題領域に成立するものと説明される。[11] レジームとグローバル・ガバナンスの関係については、山本吉宣によれば次の通り説明される。ガバナンスの概念が提示されたのは、企業、地方自治、国家、地域統合そして地球規模と様々なレベルにおいて既存のシステムが機能しなくなったこと、またはその機能が既存の政府やレジームという概念では捉えきれなかったことに由来する。レジームの発展したものがガバナンスであり、その特徴はグローバルに相互依存が進化し共通の問題が出現したこと、またそのような共通の事項を管理解決する機能を持つ点である。他方で、ガバナンスの機能をどのような形で遂行していくのか、すなわち具体的な装置としての主体、方法、問題領域の範囲に関して、ガバナンスはレジームと比較してより広範に取り込んでいる。[12]

レジーム論は、国際機構の研究としては、国家によって作られた組織の研究を含む制度論から実際の政策決定プロセスへ、そして国際関係における国際機構の機能の研究へと進展がみられる。まず国際機構の制度に関する研究が行われ、次に国際機構内の政治力学に着目する研究へと発展し、さらには地域統合論として国際関係の中で国際機構の役割を評価する研究がなされた。地域統合論が行き詰まると、国際機構の研究は、非公式な要素を含むレジーム論へ、さらにはレジームを含むグローバル・ガバナンスへと進展していった。[13] つまり静態的な組織の研究から、国際機構の組織や機能に影響を及ぼす動態的な要因についても検討が行われた。特に一九九〇年代に国際機構の役割や機能がより一層拡大するにつれて、研究の対象の範囲と内容が拡大していった。

以上の通り、分析的アプローチでは、国際社会において規則や制度が作られ遵守され、秩序が保たれる状況における国際機構の役割が着目されていった。

2　規範的アプローチ

グローバル・ガバナンスは、国際社会において達成されるべき目標として掲げられてきた。一九九二年に設立されたグローバル・ガバナンス委員会の報告書においてもその動向がみられる。世界の有識者によって構成された同委員会は、冷戦後の過渡期と二一世紀に向けて人類が進むべき道について共通のビジョンを示すことを目的として議論を行い、一九九五年に報告書 Our Global Neighbourhood を発表した。報告書において、グローバル・ガバナンスが日本語にただちに翻訳できないことが指摘されながら[14]、次の通り説明されている。すなわち、グローバル・ガバナンスは、「個人と機関、私と公とが、共通の問題に取り組む多くの方法の集まりである。相反する、あるいは多様な利害関係の調整を行い、協力的な行動をとる継続的プロセスのことである。承諾を強いる権限を与えられた公的な機関や制度に加えて、人々や機関が同意する、あるいは自らの利益に適うと認識するような、非公式の申し合わせもそこには含まれる。……グローバル・ガバナンスには、一つの決まったモデルや形式があるわけではなく、また、特定の制度、あるいは一連の決まった制度があるわけでもない。これは、変化を続ける状況に対して、常に発展し反応する、広範でダイナミックで複雑な相互作用による意志決定のプロセス[15]」である。グローバル・ガバナンス委員会は、世界的な問題を打開するために、行動を起こすことを呼びかける。この議論におけるグローバル・ガバナンスは、（1）いかに良いグローバル・ガバナンスを実現するのか（実践性）、（2）世界の市民の安全と福祉を目標とすること（市民性）、（3）民主主義に基づいて構成を原理とするもの（規範性）、と捉えられている[16]。

グローバル・ガバナンス委員会の報告書から明らかとなるのは、国際社会において論じられるガバナンスなるものが価値として「良い」ものであり、またガバナンスによってもたらされる効果も実質的に「良い」ものとなる（なければならない）という認識である。つまり、グッド・ガバナンスは国際社会において達成されなければならない目標であり、特に国際社会を体現する国際機構、中でも国連が中心的な役割を担うべきであると指摘される。その理由として、国連は政府代表が同等の立場で世界の問題解決を目指して定期的に集まる唯一の普遍的な場であることが挙げられる(17)。国連は国家の交渉の場であり、普遍的な組織としてその決定や行動の正統性が国際社会によって認められている。さらにまた様々な諸相においてガバナンスに主導的に関わる主体でもある。国連などの国際機構は、世界に共通する問題について多様な方法で対処し中心的な役割を担うものとして認識され期待されている。

二　国際機構とガバナンス

1　政策としてのガバナンス

グローバル・ガバナンスにおいて、国連をはじめとする国際機構は重要な役割を担ってきた。それは交渉や規範形成の場としての役割であり、また国家に準ずる国際社会の主体であった。また国連は、グローバルな規範の制度化とガバナンスの作用すなわち立法、行政、司法の役割を果たしてきた(18)。国連において、国際法が制定され、また基準や規範が策定され国際社会の価値として共有される。合意された基準や規範が当初は法的に拘束力を有さないものであっても、現実には尊重され、国連はそれに基づいて活動を行う。また人権の保護や促進、法の支配の定着に関する規準は、国際機構の活動の指針や目標として用いられてきた(19)。さらに後に法典化され法的拘束力を有する基準もある。これらは国際機構によるグッド・ガバナンスの手段であり、グッド・ガバナンスの達成への要素でもある。

国際機構によるガバナンスの作用は、立法に関しては国際機構の意思決定を通した規範の形成と発展、行政に関しては国家間で合意された業務の国際機構を通しての実施、司法に関しては国際司法裁判所や国際的な刑事裁判所などの活動として現れる。[20] この作用は国際社会における公共政策の実施例であり、国際社会の政策が特定の領域において作用を及ぼす状況もある。たとえば暫定統治機構による特定の領域の管理および運営にかかわる活動として、国連は当時の旧ユーゴスラビア連邦共和国のコソボ自治州や独立前の東ティモールに暫定的な統治機構を設立し、国家に代わる権限を行使し、地域の安定と復興を担った。

国連は内政不干渉原則に基づき、加盟国の国内問題に干渉することは認められていない。「この憲章のいかなる規定も、本質上いずれかの国の国内管轄権内にある事項に干渉する権限を国際連合に与えるものではない」（国連憲章第二条七項）。ただし、内政不干渉原則は、第七章に基づく安全保障理事会（安保理）による強制措置の適用を妨げない。したがって、安保理決議に基づいて設立され活動を行う暫定統治機構は、同原則違反とはならない。さらに国内管轄権の範囲やその判断に関しては憲章に明示されておらず、国連の実行を通じて確認されてきた。憲章上の国内問題の範囲は狭義に解釈され、また国連の活動は実行を通してより自由が認められていった。[21] 紛争当事国が特定の問題について自国の国内管轄事項との主張を行ったとしても、平和の維持や人権侵害などについては、国連の各機関が当該問題について国際関心事項として積極的に関与していった。[22]

国連の達成目標として、また任務の一部としてのグッド・ガバナンスは、実践において次のように表現される。「国連の諸計画は、実質的にはグッド・ガバナンスの主要な要素すべてを目標としている。それらは法の支配の保護、選挙監視、警察の訓練、人権の監視、投資の促進、そして責任ある行政の促進である。グッド・ガバナンスはまた平和のための国連の任務の構成要素でもある。強力な予防の側面を有し、経済および社会開発のための健全な構造を社会に提供する。紛争後の状況において、グッド・ガバナンスは和解を促し平和を強化する途を提供する。」[23]

国際機構は、紛争後の社会において民主的な政府の設立を支援する取り組みを行い[24]、グッド・ガバナンスを志向する。たとえば世界最大の援助機関である国連開発計画（ＵＮＤＰ）において、ガバナンスとは、あらゆる諸相において国家の事項を管理する経済、政治、行政権限の行使である。ガバナンスは複雑なメカニズム、プロセス、制度を含み、これらを通じて市民や集団はそれぞれの利益を明確にし、相互の違いを調和し、法的権利義務を行使する。グッド・ガバナンスは、「参加型、透明性、説明責任を持つ。それは資源の最善の使用において効果的であり、公正である。また法の支配を促進する。グッド・ガバナンスは政治的、社会的、経済的優先度が社会の広範な合意に基づき、経済的資源の分配に関する決定過程において、最貧困層の者や最も脆弱な者の声が聞かれる」[25]ものである。ＵＮＤＰにとって、グッド・ガバナンスはすべての人が決定に参加する民主的な制度であり、また実現されるべき目的である。この実現に向けた人々の能力開発が、貧困削減の主要な手段となることが強調される[26]。ただし危機後の状況や崩壊した社会においては、グッド・ガバナンスの発展よりも、ガバナンスの基本的な制度を構築することが関心事となる[27]。まず制度としてのガバナンスが設立され、その上でグッド・ガバナンスへと改善される。

つまりグッド・ガバナンスは、一定の領域内における統治のメカニズム、プロセス、制度を包含し、社会が貧困から脱却するための手段でもある。ガバナンスが良いものとなるためには、上述した様々な要件の達成と、その達成に向けた戦略的な措置が求められる。国際機構は、グッド・ガバナンスを進めるために、当該地域が健全な立法、行政、司法機関を有する支援を行うなど、統治のために健全な機構（政府）の制定にも関与する。

以上の通り、国際機構は理論上、グローバル・ガバナンスにおいては行動主体や場としての役割を担いながら、実践においても国際社会に共通する価値としてのガバナンスを達成目標として掲げ、紛争後の社会に定着させる機能をも担っているのである。

2　グローバル・ガバナンスとガバナンス

グローバル・ガバナンスの研究において国際機構の役割の重要性が論じられる一方で、国際機構の活動において政策としてのガバナンスが用いられてきた。後者については、国家の再生に関する議論の一つとして、国際機構によって国家の政治的安定、統治の正統性、政治制度の持続性などを総称する概念として用いられている。この背景として、国際社会における暴力の表れ方が変化してきたことや、国連の役割や機能の向上などが認識されてきたことが指摘される。[28]それでは、政府や国家という組織を超えた国際社会における秩序に着目するグローバル・ガバナンスと、国際機構における活動の目標となるガバナンスとの間にはどのような関連性が見られるのであろうか。

グローバル・ガバナンスは、上述の通り主権国家の並存によって構造的に無秩序である国際社会における事実上の秩序と、その秩序の基となる社会制度の存在に注目する視点である。[29]そこには国家を超えた制度によって行われる国際的なガバナンスも含まれる。[30]この事実上の秩序の基盤となる制度として国際機構システムが存在し、統治組織の存在しない国際社会においてもその機能をある程度代替している。[31]したがって、国際機構システムにおいて、国際社会における事実上の秩序がどの程度形成され、維持されているのかという研究を通じて、グローバル・ガバナンスにおける国際機構システムの役割が明らかとなる。グローバリゼーションの議論は、主権国家の重要性がより低くなることにも着目し、国家の代わりを担う国際社会や、国際社会を体現する国際機構の機能や役割に対する関心を高める。

国際機構システムが国際社会の秩序形成機能を担う分析との関連においてもガバナンスは捉えられる。たとえば渡部茂己は、地球的視野からのガバナンスを考える必要性を論じる。渡部によれば、国際社会における一つの統治組織

（覇権国や世界政府または強化された国連）よりも、国際機構のネットワークによるガバナンスを考えることが、地球規模の課題をはじめとする現実の問題解決に有用であるとして、国連の機関による立法機能や市民代表による秩序形成過程への直接参加に着目し分析を行う[32]。この議論は、国際機構のネットワークに着目し、市民社会の役割をも視野に入れた地球規模のガバナンスを論じている。

他方で、紛争後の地域において国際機構によって行われる立法、行政、司法活動に着目することは、具体的には、どのようなガバナンスが特定の地域で行われることが望ましく、また国際機構がどのように実施し、課題に直面するのかを探ることになる。それは、国際機構の活動上の問題を提示し、さらには国際社会における規範の定着の実施過程を検証する。国際社会が紛争後の地域において平和を構築し社会を復興させ安定化させるために、いかなる権限に基づいて何をどこまで行うことが可能なのか、またその際にどのような規範に基づくのか、さらにその活動は現地社会と国際社会においてどのような意義を有するのかが検証される。これはガバナンスの作用における国際機構の実質的な機能と国際社会の秩序形成における意義を検討する作業となる。

三　国際機構によるガバナンスの事例——暫定統治機構[33]

国際機構はグローバル・ガバナンスにおいて場および主体としての役割を担うと論じられてきた。またその一方で、活動においてグッド・ガバナンスを志向する。その一例が暫定統治機構の設立と活動である。本章では、国連によるコソボ国連暫定統治機構（ＵＮＭＩＫ）、東ティモール暫定行政機構（ＵＮＴＡＥＴ）に着目し、その機能について概観する[34]。

ＵＮＭＩＫは、安保理決議に基づいて設立され、一定の地域を統治する権限を有する組織であった。一九九九年、当時のユーゴスラビア連邦共和国のコソボ自治州では、コソボ解放軍とセルビア治安部隊を中心とした紛争が生じていた。ユーゴスラビアのミロシェビッチ元大統領が和平案を拒否したことを受けて、ユーゴスラビア全土において北大西洋条約機構（ＮＡＴＯ）が空爆を行った。その後ユーゴスラビアは和平案を受け入れ、セルビア治安部隊もコソボより撤退した。コソボのすべての住民の平和的および通常の生活条件を確実とするために暫定的な民主的自治組織を設立し、またその発展を監視しながら暫定的な行政機能を担う目的でＵＮＭＩＫが設立された。一九九九年より活動を開始したＵＮＭＩＫは、当初は四つの組織が関与し、国連による民政行政、国連難民高等弁務官事務所（ＵＮＨＣＲ）による人道問題、欧州安全保障協力機構（ＯＳＣＥ）による制度構築、欧州連合（ＥＵ）による復興により構成されていた。二〇〇〇年にはＵＮＨＣＲが任務を終了し、またコソボ暫定自治組織が設立された。ＵＮＭＩＫは後に、現地組織を支援し監視する機関へと縮小された。

ＵＮＴＡＥＴは、東ティモール全域において司法行政を含む立法、行政権限を担い、二〇〇二年五月二〇日の東ティモール独立まで活動した。東ティモールでは、一九九八年にインドネシアの一部として留まるかあるいは独立するのかを決定する住民投票が実施され、投票の結果、独立支持が圧倒的多数を占めた。しかしこの直後に独立反対派による騒乱が発生し治安が悪化したことから、安保理によって多国籍軍が派遣された。治安の回復後に設立されたＵＮＴＡＥＴは、東ティモール全域の安全の提供と法と秩序の回復、効果的な行政の設立、市民・社会サービスの発展支援、人道支援、社会統合、開発支援の調整と供給、自治のための能力開発支援など、必要なすべての措置をとることが安保理決議によって認められた。

1　暫定統治機構におけるガバナンス（統治）の意義

暫定統治機構に着目した研究は、チェスターマン、カプラン、ワイルド、シュターン、山田などによって行われてきた。暫定統治機構は、歴史的な文脈の中で委任統治制度、信託統治制度などの一連の活動として位置づけられ、または多機能型の平和維持活動として研究されてきた。いずれの研究においても、一九九〇年代後半以降の暫定統治機構の設立と活動が分析対象となってきた。

ガバナンスをめぐる議論において暫定統治機構はどのように説明されうるか。国際法学において、暫定統治機構の活動（作用）は、平和維持活動または領域管理の枠組において議論されており、統治の概念を用いた分析は行われない。それは、統治が「主権者による支配」を意味することに由来する。平等な主権国家により構成される国際社会において、国家は他に従属しない主体である。これに対して国際機構の権能は、国家の権能と比較して限定的であることから、国際機構の組織および活動について統治の概念によって説明される適切性が問題とされ(35)、国際的な領域管理（international territorial administration）として分析されてきた。

国際機構は、多数国間条約である設立基本文書に基づいて設立される。したがって国際機構によって設立される暫定統治機構の活動の根拠も、国際機構の設立基本文書に由来し、その権限は、設立主体である国際機構の権限を逸脱しないことが想定される。実際には、国際機構の機能および権限は拡大する傾向にあり、これについて様々な分析がなされてきた。拡大された機能や権限については、国際機構の権限を逸脱するものとして違法性が主張されるよりも、むしろ様々な法理に基づいてその合法性が論じられ、あるいは合法性が推定される解釈がとられてきた(36)。また国際機構の拡大された権限が容認され、先例として国際機構においても援用されてきた。国際機構の権限は、理論のうえでは、主権国家よりも制限的でありながら、実際には状況に応じて動態的に通用されている。

暫定統治機構の組織、機能を統治として説明する意義は、領域管理との違いにおいては次の通り説明される。領域管理は、一定の領域における権限の行使を対象とする。暫定統治機構の活動を詳細に検討した議論によれば、統治は国家による絶対的および排他的支配の権限を示す。国際機構による類似の権限の行使はそのような国家の権能と区別する必要があり、それゆえに、「領域管理」が用いられる[37]。

上述の通り、国際機構の権限は、設立基本文書に明示的にまたは黙示的に付与され[38]、それを逸脱せずに国際機構が行動することが想定される。暫定統治機構の権限も、安保理決議やその源である国際機構の設立基本文書に求められる。またたとえ設立基本文書に明示されていないとしても、安保理が領域を暫定的に管理する権限については問題とされてこなかった[39]。実際の活動において、暫定統治機構は権限の範囲を付与された権限に基づいて自律的に決定し、権限の行使においても裁量を有する。さらに、統治が権力の階層と強制力を前提とした概念であることに着目すれば[40]、暫定統治機構に与えられた広範な権限と機能を説明するうえで、統治の概念を用いる妥当性も考えられる。

次に、議論の射程についてである。領域管理をめぐる議論は、領域管理を行う機関の組織法や活動準則などの適用法、その国際法上の位置づけなど、暫定統治機構の設立や運営にかかわる法の静態的な特徴に着目する。ところで暫定統治機構は地域に適用される規則を随時制定し、機構の活動終了まで自らの権限を決定し行使する。暫定統治機構の実態は立法、行政、司法に関連する一連の権能とその変遷、また地域への影響などをも包含する。さらに、暫定統治機構は国際社会の規範の適用を当該地域に促し、グッド・ガバナンスの定着をも促すなど、地域社会の制度構築にも関与する。加えて、暫定統治機構の広範な権限は、地域社会に法的および政治的影響を及ぼす。このような暫定統治機構の自律的かつ発展性を有する特徴をより明らかとするためには、その機能を統治と捉え考察することも有用と思われる。

2　暫定統治機構の現地における法体系

国際機構による一定の領域の統治は、立法、行政、司法機能を備えた暫定統治機構によって行われる。暫定統治機構は国連憲章第七章に基づいて安保理決議によって設立されてきた。憲章第七章に基づく暫定統治機構の権限は、安保理決議および国連憲章に求められる。暫定統治機構と憲章第七章の関連性については、その結合が同機構の任務の進化という一般的な傾向と単純に結びつくものとは限らない。むしろそれぞれの特有の状況が考慮され、憲章第七章に基づく措置が望ましい場合にはそのような措置が図られてきた。[41] 暫定統治機構の設立が憲章第七章に基づく効果としては、同機構の決定にはすべての加盟国が従い、当該地域との歴史的政治的関係が強い国家に対しても作用すること、[42] さらに国連の諸機関による協力や支援が得られることが挙げられる。

暫定統治機構には、政府に準ずる広範な権限が付与され、暫定統治が行われる領域に関する司法行政を含むすべての立法および行政権限は、暫定統治機構に帰属し、当該機構の長によって行使される。[43] 機構によって定められた規則は機構によって取り消されあるいは後の規則によって置き換えられるまで効力を有する。また現地では国際的な人権基準も適用され、それに抵触する現地の法は修正あるいは廃棄される。[44] 暫定統治機構の規則に矛盾しない限りにおいて、現地に適用されていた既存の法も継続して適用され、[45] これは現地における法の欠缺を妨げる効果を有する。

暫定統治機構は、国連の平和維持活動の一形態としても説明されるが、[46] 両者は次の点において区別される。第一に、立法権限の有無である。上述の通り、暫定統治機構は、自ら法を制定し、公布し、修正し、廃棄する権限を有する。一方で、伝統的な平和維持活動は、展開地域において立法権限は有さない。平和維持活動とその要員に対しては、展開地域の現地の法、活動と関連する国際機構の法、平和維持活動派遣国の法、国際人道法や人権法が適用される。[47] このことは現地の状況への影響と関連する。伝統的な平和維持活動は、現地の政治状況には関与せず、中立性に基づい

図　暫定統治機構が活動中の現地の法体系

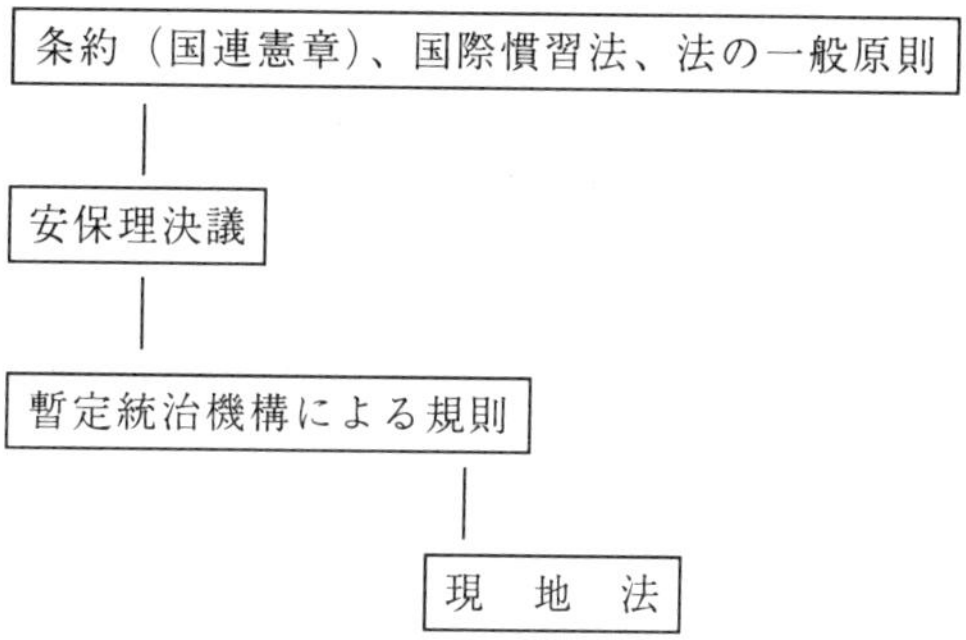

（出所）筆者作成。

て行動する。これに対して、暫定行政機構は現地社会において統治権限を有することから、地域の状況に直接に作用する。(48)

暫定統治機構における現地の法体系は、概念上は上の図の通り説明される。

暫定統治機構が展開する領域においては、国連憲章などの国際法が上位に、そのもとに安保理決議、さらにその下に統治機構によって制定された規則、そして現地法が位置づけられる。安保理決議と暫定統治機構の制定規則は上下関係にあり、また暫定統治機構による規則は、現地の法の上位に位置する。既存の現地の法は、国際的な人権基準や暫定統治機構による規則に合致している場合に限り効力を有する。暫定統治機構が統治を行う状況において、国際法を上位としまた源とする独自の法体系が設立され適用される。(49)

3　機能的特徴

暫定統治機構の機能的特徴としては、第一に当該機構に広範な立法、行政、司法権限が付与される点である。同機構は、コソボや東ティモールにおいて、本来であれば国家が担う法制定の権限を有し行使した。暫定統治機構において公布される規則は、現地の法として適用され、また関連する他の法に優越する。(50) 国連が任命した暫定統治機構の長である暫定行政官や特別代表がこの権限を行使し、現地における最終的な決定権を有する。たとえばコソボにおいて、

UNMIKは現地に設立された暫定自治政府のための憲法枠組をUNMIK規則として制定し[51]、議会、大統領、政府、司法制度を定めた。UNMIKの長である事務総長特別代表は、排他的な権限および責任を有した。また、UNMIKの設立を決定した安保理決議一二四四に合致しない行動を暫定自治政府がとったとみなされた場合には、特別代表は、議会の解散権、予算の最終的な決定権、関税に関する管理、他国や国際機構との対外関係などを行う最終的な権限を有していた[52]。UNTAETにおいても、特別代表には東ティモールの行政について包括的な責任が与えられており、規則制定を通じて、特別代表は住民との協議機関の設置、憲法制定のための議会の議員選挙、独立までの移行期間における暫定政権の設立を決定した[53]。このような暫定統治機構の権限に関しては、事実上の「主権」に相当し、その地位は立憲君主制以前の王政に匹敵するとも指摘されていた[54]。さらにまた、正統性の観点から、暫定統治機構の権限のアカウンタビリティについても論じられる[55]。安保理決議や暫定統治機構の規則においては、アカウンタビリティに関するメカニズムは定められず、国際機構によって設立された暫定統治機構の責任は誰に帰属するのか（暫定統治機構、国際機構あるいは国際機構を設立した加盟国）、またアカウンタビリティを誰に対して負うのか（地域住民、暫定統治機構を設立した国際機構、国際機構の加盟国、加盟国の市民など）、明確ではない[56]。さらにこれは国際機構の法人格や当事者能力に関連する事項としても論じられている[57]。

第二に、暫定統治機構はグッド・ガバナンスを志向する。アドホックな組織でありながらも、同機構の活動は、民主的な社会の構築支援、安定した住民の生活の確保、自治の促進、地域の自立の促進など、社会の制度構築全般に関わる。従来、地域の政治体制は当該地域の住民によって決定され、住民の代表によって実施される。紛争後の社会において民主的な制度の構築が求められながら[58]、その能力が現地社会に備わっていない場合には、国際社会が代わりにその役割を担ってきた。ただし新しい社会の構築においては住民との協議が必要とされる。UNMIKは住民との協議機関を設置し、UNTAETも現地に民主的な制度を発展させる目的で、住民との密接な協議と協力を行う必要性が指摘されていた(59)。暫定統治機構の活動は、施政がなされる地域の利益に基づいて実施されてきたと論じられる一方で(60)、住民のどのような参加が求められているのかについては明らかではなく、協議機関と暫定統治機構との不明確な関係についても指摘されていた(61)。

第三に、国際社会における規範を現地に定着させることも暫定統治機構の活動の目的である。暫定統治機構は国際的に認められた人権基準の遵守を促す規則を制定する。現地において公的な職務に携わる者も、国際的な人権基準を遵守し、あらゆる差別を行ってはならないと定められる(62)。上述した通り、暫定統治機構は民主的な制度、法の支配など国際社会において認められた規範の定着を促す。国際社会を体現する機構が、社会の移行期に法と秩序について責任を持ち、立法および行政上の排他的権限を与えられることは、紛争後の社会において、安定した平和を確保するために自由かつ民主的な政体の設立が最適な手段である、という考えに通ずる。

特定の地域における外部からの指導の必要性については歴史的な経緯がみられる。一九世紀には、被植民地地域に関して主権が認められ国家の共同体に参加するためには、文明国であるヨーロッパ諸国からの指導を受け文明化される必要があると考えられていた。現在においては国際社会の共通の規範であるグッド・ガバナンス、法の支配の定着、能力構築が目的とされている(63)。暫定統治機構による活動を経て特定の領域が自治または独立を達成する場合に、国際的な基準や合意を基礎とする社会制度の構築は、国際社会の共通の認識に基づいている(64)。これに関しては、現地社会に規範をいかに定着させるのか実践上の問題が生じる。東ティモールでは、国際的な基準と合致する現地の法の確定が困難であり、国際的な基準を現地の法にいかに適応させるのか問題が生じている。コソボにおいても国際的な人権基準が現地の最高法規であるのかについて、問題となった(65)。

以上の通り、暫定統治機構は領域内の制度の構築、人材育成、法の支配の定着、人権の保護および促進、民主制度を設立し、民主的な選挙の支援や実施を含む、立法、行政、司法機能を担いながら、現地社会の自立を促している。(66)

おわりに

本章は、グローバル・ガバナンスにおける国際機構の様々な役割を理論、実践の両面から検討するものであった。グローバル・ガバナンスという国際社会の秩序において国際機構が役割を果たしている状況において、ガバナンスは民主制度、人権、法の支配などを達成するために国際機構の活動を通して、特定の地域に導入されており、またそれは定着すべき規範や目的であることを検討した。その一例として、暫定統治機構の機能について考察を行った。

グローバル・ガバナンスにおいて、国際機構は、秩序形成、管理、維持などを行う場であると同時に、共通の価値を形成する主体的な役割も担っている。また国際機構は、国際社会において形成された共通の価値を具体的に実現するべく機能し、行動を通じてグッド・ガバナンスを志向してきた。国際機構は、国際社会における作用としてガバナンスの発展に関与し、国際社会に共通する規範作成に携わり、さらには国際社会の目標としてのガバナンスを実施する。ガバナンスをめぐり国際機構は様々な諸相において機能し、またその活動において国際社会における共通の規範を実施する役割を多面的に担うのである。

(1)　グローバル・ガバナンスについては多数の研究がある。主要なものとして以下を参照。内田孟男、川原彰編著『グローバル・ガバナンスの理論と政策』東京：中央大学出版部、二〇〇四年、緒方貞子／

半澤朝彦編著『グローバル・ガヴァナンスの歴史的変容　国連と国際政治史』京都：ミネルヴァ書房、二〇〇七年、河野勝編『制度からガヴァナンスへ　社会科学における知の交差』東京：東京大学出版会、二〇〇六年、総合研究開発機構（ＮＩＲＡ）、横田洋三、久保文明、大芝亮編『グローバル・ガバナンス「新たな脅威」と国連・アメリカ』東京：日本経済評論社、二〇〇六年、土佐弘之『アナーキカル・ガヴァナンス』東京：御茶の水書房、二〇〇六年、松井芳郎編著『人間の安全保障と国際社会のガバナンス』東京：日本評論社、二〇〇七年、渡邊昭夫、土山實男編『グローバル・ガヴァナンス　政府なき秩序の模索』東京：東京大学出版会、二〇〇一年、山本吉宣『国際レジームとガバナンス』東京：有斐閣、二〇〇八年。Alice D. Ba and Matthew J. Hoffmann (eds.)(2005), *Contending Perspectives on Global Governance : Coherence, contestation and world order*, London:Routledge, Paul Schiff Berman(ed.)(2005), *The Globalization of International Law*, Aldershot:Ashgate, Michael Barnett and Raymond Duvall (eds.)(2005), *Power in Global Governance*, Cambridge : Cambridge University Press, Paul F. Diehl (ed.)(2005), *The Politics of Global Governance : International Organizations in an Interdependent World* (third edition), Boulder : Lynne Rienner Publishers, Alnoor Ebrahim and Edward Weisband (ed.)(2007), *Global Accountabilities : Participation, Pluralism, and Public Ethics*, Cambridge:Cambridge University Press, Gregory H. Fox and Brad R. Roth (eds.)(2000), *Democratic Governance and International Law*, Cambridge : Cambridge University Press, Douglas Lewis (ed.)(2006), *Global Governance and the Quest for Justice : Volume I : International and Regional Organisations*, Oregon : Hart Publishing, Ronnie D. Lipschutz with James K. Rowe (2005), *Globalization, Governmentality and Global Politics : Regulation for the rest of us?* London : Routledge, Oran R. Young (1999), *Governance in World Affairs*, Ithaka : Cornell University Press, Jim Whitman(2005), *The Limits of Global Governance*, London : Routledge, Wybo P. Heere (ed.) (2004), *From Government to Governance*, 2003 Hague Joint Conference on Contemporary Issues of International Law, The Hague : T. M. C. Asser Press.

（２）ガバナンスの方法論については、大芝亮・山田敦「グローバル・ガバナンスの理論的展開」（『国際問題』No四三八）一九九六年、二―一四頁を参照とした。参考とした二つの方法は、グローバル・ガバナンスを分析概念とし、現象を説明する手法と、グローバル・ガバナンスのあり方や実現性について論じる規範的なアプローチである。

（3） James N. Rosenau and Ernst-Otto Czempiel (eds.)(1992), *Governance without Government : Order and Change in World Politics*, Cambridge : Cambridge University Press.

（4） 渡邊・土山編、前掲書、一―一六頁。河野編、前掲書。

（5） James N. Rosenau, "Governance, Order and Change in World Politics", Rosenau and Czempiel, *op. cit.*, p. 7.

（6） 星野俊也「国際機構　ガヴァナンスのエージェント」渡邊・土山編、前掲書、一六八頁。

（7） Rosenau and Czempiel, *op. cit.*, pp. 3−7.

（8） 星野・前掲論文、一七三頁。

（9） 大芝・山田、前掲論文、五頁。レジーム論については多くの研究があるが、邦文としてたとえば山本吉宣「国際レジーム論—政府なき統治を求めて—」（『国際法外交雑誌』第九五巻第一号）一九九六年、一—五三頁。

（10） Stephen D. Krasner (1982), "Structural causes and regime consequences: regimes as intervening variables", *International Organization*, Vol.36, No.2, p.186.

（11） 山本、前掲書、三三—五八頁。

（12） 山本、前掲書、一六八—一七三頁。

（13） 大芝・山田、前掲論文、五—六頁。国際機構の理論(化)については最上敏樹『国際機構論』〔第二版〕東京：東京大学出版会、二〇〇六年。

（14） 京都フォーラム監訳『地球リーダーシップ　新しい秩序を目指して　グローバル・ガバナンス委員会報告書』東京：ＮＨＫ出版、一九九五年、四—五頁。

（15） Commission on Global Governance (1995), *Our Global Neighbourhood A Report of The Commission on Global Governance*, New York : Oxford University Press, pp. 2−4.　京都フォーラム監訳 前掲書、二八—三二頁。

（16） 大芝・山田、前掲論文、八—九頁。

（17）Commission on Global Governance, *op. cit.*, p. 6.
（18）星野、前掲論文、一六八―一八一頁。
（19）滝澤美佐子『国際人権基準の法的性格』東京：国際書院、二〇〇四年。
（20）星野、前掲論文、一七八―一八三頁。
（21）Rosalyn Higgins（1963）, *The Development of International Law Through the Political Organs of the United Nations*, London, New York, Toronto : Oxford University Press, pp. 58－130.
（22）佐藤哲夫『国際組織法』東京：有斐閣、二〇〇五年、二六四―二六五頁。
（23）Kofi Annan（1998）, "The Quiet Revolution", *Global Governance*, Vol. 4, p. 123.
（24）Gregory H. Fox and Brad R. Roth, "Introduction : the spread of liberal democracy and its implications for international law", Fox and Roth, *op. cit.*, p. 2.
（25）United Nations Development Programme（1997）, Governance for Sustainable Human Development New York : UNDP, http://magnet.undp.org/policy（accessed 8 June 2006）.
（26）*Ibid.*
（27）*Ibid.*
（28）河野勝「序章　ガヴァナンス概念再考」河野編、前掲書、六頁。
（29）星野、前掲論文、一六八頁。
（30）Carsten Stahn（2008）, *The Law and Practice of International Territorial Administration: Versailles to Iraq and Beyond*, Cambridge : Cambridge University Press, p. 18.
（31）渡部茂己「国際機構システムによるグローバルな秩序形成過程の民主化―グローバル・ガバナンスの民主化の一位相」（『国際政治』第一三七号）二〇〇四年、六九頁。
（32）前掲論文、六六―八二頁。

（33）　Richard Caplan（2005), *International Governance of War-Torn Societies : Rule and Reconstruction*, Oxford : Oxford University Press, Simon Chesterman（2005), *You, the People : The United Nations, Transitional Administration, and State-building*, Oxford : Oxford University Press, Stahn, *op. cit.*, Ralf Wilde（2008), *International Territorial Administration : How Trusteeship and the civilizing Mission Never Went Away*, Oxford : Oxford University Press.

（34）　暫定統治機構の事例としては、国連カンボジア暫定機構（ＵＮＴＡＣ）や国連東スラボニア、バラニャ、西スレム暫定機構（ＵＮＴＡＥＳ）が検証される。ＵＮＴＡＣは一九九二年にパリ合意を実施するために設立され、その任務はカンボジアの直接の支配ではなく、パリ合意に同意した四当事者の活動を監視することであった。ＵＮＴＡＥＳは、現地のクロアチア政府と現地セルビア人勢力が締結した基本合意に基づいて安保理決議によって設立された。ＵＮＴＡＥＳは、セルビア人勢力による領域の管理を認めるなど、その権限はより制限的であった。ボスニア・ヘルツェゴビナに設立された上級代表事務所（ＯＨＲ）はデイトン合意に基づいて設立され、上級代表は活動を調整し、援助国、国際機構、非政府組織が活動を行った。ＵＮＴＡＥＴ、ＵＮＭＩＫの考察については、拙稿「国際連合による「統治」―国際連合東チモール暫定統治機構（ＵＮＴＡＥＴ）を題材として―」（『法と政治』第五五巻第四号）二〇〇四年、五―四七頁、「国際機構による「統治」―国連の暫定統治機構の事例―」（『法と政治』第五七巻第二号）二〇〇六年、五―四八頁を参照のこと。

（35）　山田哲也「国際機構による領域管理と法」（『国際法外交雑誌』第一〇四巻第一号）二〇〇五年、五三頁。

（36）　たとえば佐藤哲夫『国際組織の創造的展開―設立文書の解釈理論に関する一考察』東京：勁草書房、一九九三年。

（37）　山田　前掲論文、五三頁。

（38）　Reparation for Injuries Suffered in the Service of the United Nations, *I.C.J. Report 1949*, p. 180.

（39）　Chesterman, *op. cit.*, p. 54.

（40）　内田孟男「グローバル・ガバナンスと国連―事務局の役割を中心に―」内田・川原、前掲書、八頁。

（41）　酒井啓亘「国連憲章第七章に基づく暫定統治機構の展開―ＵＮＴＡＥＳ・ＵＮＭＩＫ・ＵＮＴＡＥＴ―」（『神戸法

学雑誌』第五〇巻第二号）、二〇〇〇年、一〇七―一〇八頁。

（42）ユーゴスラビア連邦共和国およびインドネシアは、暫定統治機構への協力が求められ、またこれまでのように当該領域に権限を行使できなくなる。Matthias Ruffert (2001), "The Administration of Kosovo and East-Timor by the International Community", *International and Comparative Law Quarterly*, Vol. 50, p. 620.

（43）Section 1, Authority of the Interim Administration, UNMIK/REG/1999/1, 25 July 1999, UNTAET/REG/1999/1, 27 November 1999.

（44）東ティモールにおいて、国際的に認められた人権基準に合致しない既存の法は適用されないと定められた。UNTAET/REG/1991/1. コソボに関しては、公的な職務に携わる者は国際的に認められた人権規準を遵守することが定められた。UNMIK/REG/1999/1, Section 2. ただし、実際の人権基準の適用については、人権条約の内容が直接に領域内の私人の権利を保障するものではないこと、暫定統治機構の目的である治安維持と国際人権基準との衝突について問題が生じることが懸念されている。山田、前掲論文、六六―六七頁。

（45）Section 3, Applicable Law in Kosovo, UNMIK/REG/1999/1, Section 3, Applicable law in East Timor, UNTAET/REG/1999/1.

（46）United Nations Department of Peacekeeping Operations (2008), *United Nations Peacekeeping Operations : Principles and Guidelines*, 酒井、前掲論文、八一―一四八頁。

（47）Robert C. R. Siekmann (2003), "The legal responsibility of military personnel", Charlotte Ku and Harold K. Jacobson, *Democratic Accountability and the Use of Force in International Law*, Cambridge University Press, pp. 104–105.

（48）Caplan, *op. cit.*, pp. 2–3.

（49）Ruffert, *op. cit.*, pp. 623–624.

（50）ＵＮＴＡＣの事例にみられるように、これら規則の多くは国連の任務終了後にも効力を有し、国内法のモデルになる。Hansjörg Strohmeyer (2001), "Collapse and Reconstruction of a Judicial System : The United Nations Missions in Kosovo and East Timor", *American Journal of International Law*, Vol. 95, p. 47.

（51）Constitutional Framework for Provisional Self-Government, UNMIK/REG/2001/9, 15 May 2001.

（52）*Ibid.*

（53）拙稿、前掲論文、二〇〇四年、三七―四〇頁。

（54）Jarat Chopra (2000), “The UN’s Kingdom of East Timor”, *Survival*, Vol. 42, No. 3, p. 29.

（55）暫定統治機構のアカウンタビリティについては拙稿（二〇〇六）を参照。

（56）Edward Mortimer (2004), “International Administration of War-Torn Societies”, *Global Governance*, Vol. 10, pp. 7－14.

（57）後に、暫定統治機構のチェック機能として、独立したオンブズパーソンなど市民からの申立に対応するメカニズムが設立された。Chesterman, *op. cit.*, pp. 126－153. Chapter 10 Ombudsperson, UNMIK/REG/2001/9, 15 May 2001.

（58）久保敬一『引き裂かれた国家―旧ユーゴ地域の民主化と民族問題』東京：有信堂、二〇〇三年、杉浦功一『国際連合と民主化　民主的世界秩序をめぐって』京都：法律文化社、二〇〇四年。

（59）S/RES/1272, 25 October 1999.

（60）Carsten Stahn (2001), “International Territorial Administration in the former Yugoslavia : Origins, Developments and Challenges ahead, *Zeitschrift für ausländisches öffentliches Recht und Völkerrecht*, 61/1, p. 112.

（61）Anthony Goldstone (2004), “UNTAET with Hindsight : The Peculiarities of Politics in and Incomplete State”, *Global Governance*, Vol. 10, pp. 86－91.

（62）Section 2 Observance of Internationally Recognized Standards, UNMIK/REG/1999/1, Section 2, Observance of internationally recognized standards, UNTAET/REG/1999/1.　東ティモールに関しては同規則により死刑が廃止された。

（63）Stahn（2008), *op. cit.*, pp. 19－20.

（64）これに関しては、現地の治安維持との抵触も懸念されている。山田、前掲論文、六六―六七頁。

（65）Antonio Cassese (2004), “The Role of International Courts and Tribunals in the Fight Against International Criminality”, Cesare P. R. Romano, André Nollkaemper, and Jann K. Kleffner (eds.), *Internationalized Criminal Courts and Tribunals,*

Sierra Leone, East Timor, Kosovo, and Cambodia. Oxford : Oxford University Press, p. 8.

(66)　信託統治制度は人道的な観点から人々の前進という理想を掲げていたが、冷戦構造においては、国家間の政治的抗争の道具でもあった。さらに植民地をめぐる国家間紛争と、植民地内部における反乱を沈静化しようとする国家の利益関心も同制度の発展を促した。したがって同制度においては信託統治を実施する国家の視点によって地域の管理運営が行われていたと指摘される。Inis L. Claude, Jr. (1971), *Swords into Plowshares : The Problems and Progress of International Organization*, Fourth Edition, New York : Random House, pp. 349 – 353. 国連の暫定統治機構は、少なくとも手続き上は現地住民との協議の機会を設けることによって、現地の人々の自治を促す措置を取ったといえる。ただし、暫定統治を経て作られた制度や手続きが、住民の自治を実際に促していったのか、現地社会に対する法的、政治的影響については、さらに検証が求められる。

第九章　グローバル化と国連規範の現代的展開

――国連グローバル・コンパクトを事例として――

庄司真理子

はじめに

国連は、その創設以来、国際社会の規範設定（norm setting）に貢献してきた。国連が生み出した規範は、国連国際法委員会などの法典化活動による国際法のみならず、国連内部法、国連決議、了解覚書（ＭＯＵ Memorandum of Understanding）、宣言など多岐にわたる。国連を取り巻く規範群は、決して法的拘束力を持つ明確な国際法主体である国家間で締結された国際法に限らない。むしろ国際法未満の規範が多様に存在するのである。ことに今日のグローバル化の流れを受けて、国際法主体とは呼び得ないが国際社会に存在するアクターが、国際的な規範の創造、運用などのプロセスに参与するケースも増えてきた。グローバル・ガバナンスの文脈では、これら国家以外のアクターを取り込んだかたちのグローバル規範が必要とされるようになってきた。

本章では、以下に説明する国連グローバル・コンパクト（ＧＣ United Nations Global Compact）に焦点をあてて、二一世紀の新しい国連規範の動きを分析する。国連GCは、参加するアクターも企業、民間団体、NGO、学術団体、自治体と多岐を極めており、かつその成立プロセスも、国際法が求めるような署名、批准、加盟の手続きを経ずして成立した国連規範である。国際法のいうところの法的な拘束力は無く、参加主体の自己規制と自律的規範性を重視している。国連GCは、国際法と同様に国際社会全般に適用されうる国際規範であるが、その性質は、国際法と異なる側面を多々有する。本章では、国際法とは異なる性格を有する国連GCという実態をどう分析し捉えていったらよいかを検討する。

一　問題の視角

1　問題の限定

国連グローバル・コンパクトとは、コフィー・アナン（Kofi Annan）国連事務総長が提唱し、二〇〇〇年七月二六日にニューヨークの国連本部で正式に発足した国連発の企業の社会的責任（CSR　Corporate Social Responsibility）の一種である。GCは、人権、労働、環境、腐敗防止の四分野における一〇原則[1]を企業が守るように促している。企業が守るべき社会的規範として、いわゆるソフト・ローと呼ばれてきた。

国連を規律する規範の多くが、ハードな実定国際法よりは、国連決議、あるいはミレニアム開発目標（MDGs）に代表されるような目標規範など、ソフトな規範が多い。本章で扱う国連GCも国連がかかわる規範の新しい形態として注目できる。

なおCSRは、本来、経営学の研究分野とされてきたが、本章の研究視覚は、企業のビジネス、経営の観点からの研究ではなく、国連の規範研究の観点からの分析である。また扱う一次資料の範囲も国連ＧＣのホームページの資料に限定する。国連ＧＣのホームページにすでに膨大な資料が掲載されており、リンクにまで分析を拡大すると際限がなくなるからである。

２　理論的視座

国連ＧＣという国際規範を検討する場合、この規範は国際政治学のグローバル・ガバナンス論あるいは後述するコンストラクティヴィズム（Constractivism）の理論などであれば、分析対象として扱いうるが、純粋な実定国際法学で分析することは難しい。しかし国際法学の分析視角のアナロジーで、国連ＧＣ規範を検討することはできるだろう。

ところで、グローバル・ガバナンスについても様々な定義がある。渡邊・土山編の『グローバル・ガバナンス』では次のように定義している。「多様なアクターの行動をある場合には導き、ある場合には拘束するのが、それぞれのアクター間の広義のパワーであり規範であり、制度である。国際社会における集合行為問題を解決するためのこうしたプロセスや制度のことを一般にグローバル・ガバナンスとよぶようになった。(2)」「グローバル・ガバナンス」のそもその語源は、一九九五年に発表されたグローバル・ガバナンス委員会の報告書、*Our Global Neighbourfood*(3) に始まるが、この理論の基本的特徴は、多様なアクターの相互作用と地球全体を覆う規範あるいはレジーム（regime）の二つに還元されるとも考えている。

本章では、実定国際法学の三つの分析視角、すなわち１．規範論、２．主体論、３．責任論の観点から国連ＧＣを分析する。

二　国連GCの規範としての意義

国連GCの規範としての意義を、規範論、主体論、責任論の三つの分析視角から検討してみよう。

1　規範論

それでは規範とは何であろうか。我妻栄氏によると「規範とは『ある』という事実に対して、『あるべき』当為の法則をいう」と説明する。また、国際政治学の観点からカッツェンスタイン（Peter J. Katzenstein）は、「アクターが集団として持つ、適切な行動に関する共通の期待」[4]として規範を説明する。規範は「観念の力（Power of Ideas）」[5]であると考える見方もあろう。規範には、現存する実態を凝視する側面に加えて、将来のビジョンともいうべき「あるべき社会のあり方」を描く観念の力が必要になってくるといえよう。ロバート・コックス（Robert W. Cox）は、この観念の力について、「私たちの世界は、それが合理的であれ倫理的であれ、アイディア（観念）に支配されているのであって、明確な利益に支配されているのではない。」[6]と指摘する。またこのように規範における観念の力を重視する見解は、E・B・ハース（Ernst B. Haas）などが指摘するエピステミック・コミュニティ（Epistemic Community）論[7]にも共通する見解である。ハードな実定国際法とは呼べないようなルール・規範が多用される国連の規範にとって、「観念の力」[8]は国連の組織を、ひいては国連に主導される国際社会を動かす原動力となっている。

「観念（アイディア）の力」を重視する視点は、コンストラクティヴィズムの理論[9]にも共通する立場である。この点について大矢根は次のように指摘する。「コンストラクティヴィズムがまず着目したのは、アイディアである。より厳密にいえば観念的要素（ideational factors）であり、具体的には理念や信条、認識、規範などが含まれる。すなわち、アイディアとは行為主体の意識の内容であり、国際関係の持つ性質に関する信条、大国なりNGOなりの役割の認識、地球環境や人権などの特定の問題の捉え方などを指す。[10]」またコンストラクティヴィズムの理論が指摘する観念は、普遍の真理を説くものではなく、価値相対主義の立場から、個々の行為主体の主観を重視する。しかしコンストラクティヴィズムは、アイディアの個別性のみを強調するわけではなく、個々の個別のアイディアの共有認識が国際規範であって、このような国際規範が間主観的な存在であることを指摘する。[11]

国連GCは、規範の起草段階、運用方法の検討段階からコンストラクティヴィズムの研究者であり、コフィ・アナン国連事務総長のもとで事務総長補佐（Assistant Secretary General）を務めたジョン・ラギー（John Gerard Ruggie）[12]、が関わっている。GCの場合、その規範の提唱者は前述のごとくコフィ・アナンとなっているが、実際の運用プロセスでは、規範の間主観性を確保するかたちになっていることは理解できる。

国連GCの間主観性を確保するうえで重要なポイントはこの規範がインターネットを通じて運用されるネットワーク規範であるところである。国連GCのホームページをひとつの基地（ベース）として、ここに企業、非政府組織（NGO）、自治体、学術団体など多様な行為主体が参加し情報を共有し、意見交換をする。国連GCのホームページは、絶えず多様な行為主体の観念を吸収し、かつ発信する相互交流の場となっている。ITの駆使によって、集合的に多数の行為主体の間で間主観性を確認することのできる構成になっている。

その意味で、国連GCは集合的間主観性を確保し、規範そのものの絶えず生成発展していくプロセスを維持する動態的規範創生の場といえよう。集合的間主観性の視点は、ジョン・ロールズ（John Rawls）の指摘する「公共的理性[13]」、ジャン・ジャック・ルソー（Jean Jacque Roussau）の指摘する「一般意思[14]」、さらに心理学[15]の次元から見ればカール・

グスタフ・ユング（Carl Gustav Jung）の指摘する「集合無意識」(16)の次元にまで訴えかけるかたちの規範認識になっている。規範の間主観性を集合的に認識した場合、この規範の集合的間主観性は、限りなく客観的規範に近似しながら、規範参加主体の主観性を担保している規範の認識方法といえよう。

規範の性質を検討するうえで、いまひとつ付け加えておかなければならない論点は、規範の創造主体および参加主体の問題である。どのような行為主体が規範を形成するかによって規範の性質は異なってくる。国際法が原則として、国際法創造主体および参加主体を主権国家としてきたのに対して、国連GCは、参加主体を企業、NGOなどの市民社会、自治体、学術団体に開いている。規範の民主的契機を検討する場合、国際法は主権国家間の民主制を、国連GCは、主として企業市民ではあるが、その他の行為主体も含めた民主制を指向している点が注目される。

国連GCは、国家間の法である国際法と比較して、多様な行為主体を包摂するトランスナショナル規範である。トランスナショナル規範の例として地雷禁止条約がある。地雷禁止条約は、規範策定プロセスにトランスナショナル政治が大きく作用した例として注目されている。また、独立の国際委員会がその概念を提唱し、規範の土台を作成したものとして、「人間の安全保障」および「保護する責任」概念がある。「人間の安全保障」は、その起源は一九九四年に発表されたUNDPの人間開発報告書にあるが、概念の緻密な検討は、日本政府がバックアップして組織したアマルティア・セン（Amartya Sen）と緒方貞子を共同議長とする人間の安全保障委員会によってなされた。また、「保護する責任」概念は、カナダ政府が後押しして組織した「介入と国家主権に関する国際委員会」が詳細な報告書を作成している。地雷禁止条約、人間の安全保障、保護する責任と、いずれの概念も主権国家間の国際会議で策定されたものではなく、非国家的なNGOや独立の国際委員会が提唱した規範概念である。すなわち規範の策定プロセスはトランスナショナルである。

ところでこれらの規範概念の運用プロセスはいかなるものであろうか。地雷禁止条約の場合、その完成した規範は、国家間の国際条約であり法的拘束力のある規範となった。同条約はその運用プロセスも国家責任を問うものである。他方、人間の安全保障の運用プロセスは、日本が主導して国連の中に立ち上げた人間の安全保障基金を、国連を通じて運用するかたちになっている。保護する責任の場合、この責任を負うのは国際社会ということだが、保護する責任の中でも介入する責任については、その判断は安全保障理事会にゆだねられている。

国連ＧＣの場合、その規範の策定プロセスのみならず、成立した規範も、その運用プロセスもトランスナショナルな文脈で適用される。国連ＧＣは、最初の九原則を国連事務総長が提案し、最後の第一〇原則（腐敗防止原則）を国連ＧＣのネットワークを駆使してＮＧＯと企業が策定した。また、成立した規範も、国家間の条約ではなく、企業に社会的責任を求めるトランスナショナル規範である。また、この運用プロセスにも国家はほとんど関与しない。国連ＧＣ事務局を中心に非国家的に運用される。

以上のような理由から、国連ＧＣは規範の生成、判定、執行、すべてのプロセスにおいて非国家的であり、地球規模に適用されるグローバル規範でありながら、地球上の多様な行為主体に開かれた制度ということができる。

２　主体論

主体論の観点から国連ＧＣを検討した場合、まずは国連ＧＣの参加主体は何かを検討してみよう。国連ＧＣが多様な参加主体を包含することから「ＧＣはあらゆる関係する社会的主体を包含している。その活動は、企業、政府、労働者、市民社会組織、国連に影響を与えることを指向している。権威ある招集者でありかつ進行役として、世界で唯一の真正な地球規模の政治フォーラム（global political forum）である。[17]」

国連GCには、アクター（actor）とステークホルダー（stakeholder）の二種類の参加主体が加入している。両者の相違は、企業がアクター、それ以外の主体、すなわち自治体、NGO、CSO（Civil Society Organization：市民社会組織）、学術団体などはステークホルダーと呼ばれている。国連GCが企業の社会的責任（CSR）を規定した規範である以上、文字通り企業がアクター（主体）であることは間違いない。しかしステークホルダーとされている参加主体にも、企業と同様に透明性（transparency）とアカウンタビリティー（accountability）[18]が求められる。

ここでは国際法主体論のアナロジーで国連GCを分析してみよう。まずは国際法主体論をふたつの議論に分けることができる。法の権利・義務の主体たるかを問う受動的主体の問題と、規範創造能力を問う能動的主体の問題である。

まずは権利・義務の問題を検討してみよう。国連GCに参加することは、企業の権利であって義務ではない。国連GCは企業の自発的かつ自律的規範であって、これを遵守するか否かも企業の自発的な意思にゆだねられている。しかしこのことが、国連GCの規範としての性格を薄めることにはならない。実定国際法である。多くの多数国間条約も、これに加盟することは国家の権利であって義務ではない。国際司法裁判所規程第三六条二項の選択条項受託宣言は、この良い例である。規程の当事国は、「裁判所の管轄を、……中略……当然に且つ特別の合意なしに義務的であると認めることを、いつでも宣言することができる。」ここでは、国際司法裁判所規程への加入のみならず、当事国であってもその義務を受託することについての自発性が担保されている。

規範の権利・義務の問題を考察するとき、相対する利害の方向性を持つ二種類の主体間の関係がここに想定される。たとえば、「労働」については、労働者と使用者という相対立する利害の方向性を持つ二者の関係が労働法上明確に、権利と義務の対象主体の関係として説明することができる。国連GCのような企業に責任を求める規範では、四分野の人権、労働、環境についてそれぞれ、個人と企業、労働者と企業、自然と企業というかたちで相対立する利害の方向性をみることができる。実定法であればこれを明確に権利・義務関係と説明することができるが、国連GCのようなソフト・ローの場合、権利と義務のような明確な実態ではないとしても、何らかの権利類似、義務類似の相対する関係を認めることはできるだろう。人権、労働、環境、腐敗防止、いずれも実定の国際法条約に規定が存在する事項であり、参加主体がこの原則を著しく侵犯する場合は、国連GCによる社会的制裁を超えて、世界人権宣言、労働における基本原則と権利に関する国際労働機関宣言、環境と開発に関するリオ宣言、国連腐敗防止条約などの実定国際条約違反の問題に発展し、関係国に法的な制裁が課されることになる。国連GCの一〇原則は、すでに国際条約が存在する内容である。しかしこのことが国連GCの存在意義を薄めることにはならない。国際条約の対象主体は主権国家であるが、国連GCの参加主体は多様な非国家主体である。国際条約は法的拘束力を有するが、国連GCは主権国家が法的拘束力を有する裁断を下す前の段階の「予防的措置」として位置づけられている。

次に能動的主体、すなわち国連GCの参加主体の規範創造能力について検討してみよう。国際法は、主権国家間の外交交渉を経て成立する。国連GCは、国家間で話し合われて策定される規範ではない。国連GCの規範成立プロセスは通常の条約策定プロセスとは異なる。前述のごとく、国連GCは二〇〇〇年に国連事務総長の発案によって形成された。第一〇原則である腐敗防止原則のみ、トランスパレンシー・インターナショナル（Transparency International）というNGOの主導のもと、参加企業の合意を得て成立した。すなわち「第一〇原則は、トランスパレンシー・インターナショナルが入れるべきだという議論を出して、それを国連が引き受けた。実態としては二〇〇四年の春頃から、各参加企業にこういうものを入れることをどう考えるかというアンケートを取って、圧倒的多数が入れることに異議なしという形で賛同を得られたので、リーダーズサミットのときにこれを加えようという決議を採択した。(19)」すなわち国連GCの最初の九つの原則は国連事務総長、最後の第一〇原則はNGOと企業が策定したことになる。いずれにせよ非国家的な主体が規範創造主体であることに変わりはないが、特に第一〇原則は、企業自らが発案し自らの準則としたことは、規範参加主体の民主的契機として注目される。

国連GCのホームページそれ自体が規範創造のための公共空間となっている。国連GCに参加している学術団体が主体となって、二〇〇七年六月に「責任ある経営教育原則、the Principles for Responsible Management Education（PRME）」[20]を採択した。この原則の内容のほとんどは、国連GC事務局が起草したものではあるが、採択にいたるプロセスは、国連GCのステークホルダーである学術団体の審議にゆだねられていた。このことからも理解できるが、国連GCにかかわる規範は、アクターである企業のみに規範創造能力を付与するものではなく、ステークホルダーである学術団体にも開かれることとなった。またPRMEは、国連GCの公共空間で提案されたものであるが、国連GC本体とは異なり、PRME独自の公共空間では、学術団体がその中心的なアクターとして認められる。このようにメインの公共空間が、リンクでつなげることによってサブ・システムとしての第二の公共空間を創出するような仕組みにもなっている。

国連GC本体が、このように副次的に新たな公共空間を生み出したごとくに、PRME以外にも国連GCのサブ・システムとしての規範が創生している。「最高経営責任者の水に関する使命：国際社会とのパートナーシップによるビジネスリーダーのイニシアティブ（The CEO Water Mandate : An Initiative by business leaders in partnership with the international community）」[21]も二〇〇七年七月の国連GCリーダーズ・サミットで確認された。この規範への企業の参加は自発的なものであり希望的観測でもあるが、参加したCEOはこの規範に従って行動する責任（a commitment to action）を有する。また二〇〇八年一〇月二〇日から二一日は、「気候の維持：ビジネス・リーダーへの要請（Caring for

Climate : A Call to Business Leaders)」[22]という内容の規範への署名が開放された。

国連GC本体の規範は、第九原則まで国連事務総長の発案であったが、その後の前述の国連GCのサブ・システムとしての規範群は、企業などのアクターや学術団体などのステークホルダーが創造している。そのような意味で、国連GCの公共空間では、アクターやステークホルダーの規範創造能力、すなわち能動的主体としての規範（法）主体性[23]が認められる。

グローバル・デモクラシーの観点からみた場合、国際条約は参加主体である諸国家が、国家間の民主制を確保する場である。他方、国連GCは、企業や学術団体などの多様な非国家主体が規範創造プロセスに参与するという意味でのグローバル・デモクラシーが認識される場とみることができる。

3　責　任　論

次に国際法上の国際責任（国家責任）の観点から、国連GCを分析してみよう。国際法学の指摘する国家責任論は、次のような内容である。「国際違法行為を犯した国家には、事後救済義務という国家責任が生じる。[24]」すなわち、規範の主体が規範を守るためにいかなるかたちの責任をとるか。また、規範を守らなかった場合にどのような責任をとるかが問題となる。これを国連GCにあてはめて考察すると、次の七点が見出される。

まず第一に国連GCは、いわゆる「企業の社会的責任（Corporate Social Responsibility）[25]」といわれるジャンルの規範あるいはソフト・ローである[26]。したがって読んで字のごとく、企業は法律的責任とはいえないまでも社会的責任を負っていることとなる。どのようにして社会的責任を負うのかを疑問とする見解もある。これは国連GCの実施にあたって重要な論点の一つであるトランスパレンシー（transparency）に関係がある。企業が情報開示することによって、国連ＧＣに盛り込まれた項目をどの程度尊重し守っているかが明確になる。その情報開示の方法を示したものが、ＧＲＩ（Global Reporting Initiative）やＩＳＯ（国際標準化機構：International Organization for Standardization）が示す報告書のガイドラインである。すなわち報告書の作成プロセスが社会的責任の実行プロセスとなる。

第二に、このトランスパレンシーと対概念として考えられているものが、アカウンタビリティー（accountability）である。前述のごとく、この日本語訳は「説明責任」であったり「行為主体責任」であったりするが、前述の報告書を作成することによって情報開示するとともに、これを説明できる必要があるという意味では、「説明責任」も妥当するだろう。しかし単に言説だけで実際に実行していなければ意味がない、ということも考えれば「行為主体責任」も妥当するだろう。グローバル・ガバナンスの文脈でアカウンタビリティーを用いた場合、多様な主体を責任主体として認知する必要性から、「行為主体責任」なる訳語も一定の位置づけがなされていくであろう。

第三に国連ＧＣの参加主体としての責任がある。国連ＧＣの参加主体は、アクターのみならずステークホルダーもコミュニケーション・オン・プログレス（ＣＯＰs Communication on Progress）[27]と呼ばれる報告書を提出しなければならない。ＣＯＰsには次の三項目が含まれなければならない。「ａ．ＧＣ支持継続の表明を、最高経営責任者、会長、又はその他の経営幹部の公開状、又はメッセージによって示す。ｂ．ＧＣの原則に沿って実際に行った前会計年度の活動を、文書によって示す。ｃ．活動の結果得られた成果、あるいは得られることが期待される成果を、できる限り二〇〇二年のグローバル・リポーティング・イニシアティブ（ＧＲＩ）ガイドラインなどの指標を用いて計測する。[28]」国連ＧＣの参加主体である限り、上記三種類の報告が義務づけられる。この報告は国連ＧＣのホームページ上で公開されるため、トランスパレンシーが確保されるかたちになる。求められれば説明もする結果になるだろう。その意味ではアカウンタビリティーも満たすこととなる。

第四に、法律の場合、これに違反すると処罰の対象となる。もし国連GCの原則を遵守しなかった場合、参加主体はいかなる処罰を加えられるのだろうか。国際法違法行為に関する違反と処罰の関係に相当するような状況が、国連GC不遵守の場合にもあるのだろうか。国連GCの場合、企業の自発的かつ自律的規範であるため、これを守らなかったからといって、法的な制裁が課されるわけではない。しかし毎年提出することになっているCOPsを一年の期限を過ぎても提出しなかった参加主体は、連絡のない参加主体（non-communicating participants）[29]としてイエロー・カードがつけられ、二年以上連絡がない参加主体は、行動のない参加主体（inactive participants）[30]ということでレッド・カードが出される。このイエロー・カードやレッド・カードは国連GCのホームページ上に名指しで発表される。さらに二年に一回開かれる国連GCリーダーズ・サミットでは、国連GCの参加主体として不適切と判断された主体は、国連GCのメンバーからはずされる[31]。「除名」という手段は、国際機構でも制裁の一つの手段として採用されている。これは法律上の処罰に近似した手段といえるだろう。また、広告および宣伝をライフ・ラインとする企業にとって、国連GCからイエロー・カードやレッド・カードを出された企業は、法律的制裁以上の社会的制裁を受けることにもなる。

第五に、国際法のパクタ・スント・セルバンダ（*Pacta Sunt Servanda* 合意は守らなければならない）[32]の観点からも責任の問題が観察される。国連GCの「コンパクト」という言葉は、口約束と契約の間ぐらいの穏やかな状態である。法律的な拘束力はなく、あくまで自己規制と自律的規範性に拠って維持される約束である。国連GCは、統制レジームと任意の行動の中間的な位置づけにある約束事であり、参加主体の間の対話を通じた学習プロセスによって原則の遵守を図っている。その意味で、規範の間に存在する真空を埋めるための意欲的で先例のない実験といえる。

このように国連GCは法的拘束力はないが、国際法の大原則であるパクタ・スント・セルバンダの観点からみた場合、企業は自発的に合意をして国連GCに加盟する。その意味で、慣習国際法規範よりも明確に企業を自律的に拘束する力のある規範といいうる。慣習国際法の場合、国家が対象となる規範に明確に同意していなくとも、慣行と法的確信さえ国際社会に存在すれば、その国家を法的に拘束することになる。他方、国連GCの場合、明文の合意があってはじめて参加主体がメンバーとなる。パクタ・スント・セルバンダの原則が適用しうる明確な規範ということができる。

第六に、企業が国連安全保障理事会（安保理）の経済制裁の対象となる可能性に言及しておきたい。

この問題はすでに別稿において論じた問題であるが[33]、本来ならば主権国家のみを対象とするべき国連の集団安全保障制度に基づく経済制裁が、非国家主体をも制裁の対象とする可能性が出てきた。正統政府ではない内戦の紛争当事者、テロリスト、戦争責任を有する個人などはもちろんのこと、アフガン戦争後のタリバン（Taliban）との関係で、二〇〇二年にはアリアナ・アフガン（Ariana Afghan）航空の飛行機、およびアリアナ・アフガン航空の資金について、安保理の経済制裁を解除する決議が出されている[34]。このような制裁の対象主体の多様化は、今後、企業にも国連の集団安全保障の文脈で必要とあらば、制裁の対象としての責任を迫る可能性があるということができる。グローバル・ガバナンスの文脈では、国家のみが制裁対象として責任をとる、というのでは済まされなくなってきている事態が生じていることも理解できよう。

第七に責任論と権力論の接点についても言及しておきたい。権力と責任の関係を考察したときに、権力は責任をとった側に移行する、という議論が頭に浮かぶ。もちろん杉田敦氏が指摘するごとく、「本当の権力者は、責任を回避するだけの権力を有する可能性がある。」[35]しかし、国家権力のみが国際社会において主権を持ち、第一義的本来的国際法主体性を有すると考えられていた時代と比較すると、今日の国際社会は、地球上に存する多様なアクターの主体性

表　国連GCと多数国間条約の規範の観点からの比較

	国連GC	多数国間条約
主　　体	企　　業	国　　家
規　　範	ソフト・ロー	条　　約
規範創造能力	あ　　り	あ　　り
責　　任	アカウンタビリティー	国際責任
不 遵 守	社会的圧力・制裁	処罰・責任の解除

（出所）筆者作成。

とその責任を検討する必要が出てきた。もちろん、「責任者を多数見出すと、責任を拡散させることになり、結局誰も責任をとらないという無責任体制になり易い」(36)こともまた事実である。とはいえ、グローバル・ガバナンスの将来展望を考えた場合、すべての責任を主権国家に帰すには、あまりに国際社会がグローバル化しすぎている。国境を越えるトランスナショナルな問題は、その実行者たる非国家主体に自らの行動の責任を負わしめてしかるべきであろう。杉田氏も指摘するごとく、「権力を一方的に行使されているという考え方をやめ、権力過程の当事者であるという認識を持ったときに、すなわち、責任者はどこか遠くにいるのではなく、今ここにいると気づいたときに、権力を変えるための一歩が踏み出されるのである。」(37)すなわち、企業自身が権力過程の当事者であることに気づき、国連GCなどの企業の社会的責任をとることによって、グローバル・ガバナンスにおける権力は、主権国家一極集中型から脱皮するだろう。グローバル・ガバナンスにおける企業の社会的責任の政治的意義は、企業への権力の移行・分散プロセスとみることができるだろう。

おわりに

以上、国連グローバル・コンパクトの規範としての意義あるいは性質を検討した。最後に本章で国連GCを分析した三つの論点、すなわち規範論、主体論、責任論の観点から結論づけられる論点を記したい。

まず、規範論の観点からみた場合、グローバル・デモクラシーの文脈で次の三点を満たす可能性のあるものとして国連GCを位置づけることができる。それは、第一に、法律などの規範の成立プロセスにおける民主的契機を包含する可能性。第二に、今日の裁判員制度にみられるように、規範の司法的な判定プロセスの民主化の問題を考察する研究。第三に、規範の執行プロセスの民主化の問題である。その意味で国連GCはトランス・ナショナル・アドボカシー・ネットワークを超えたトランスナショナル・ノーム・クリエイティング・ネットワークと位置づけられる可能性を持ったトランスナショナル規範であるということができる。国連GCのネットワークは多様な参加主体間の対話のための公共空間を構成しており、ここでの絶えず生成、発展する規範の形成プロセスが示されている。

次に主体論の観点から考察すると、国連GCの参加主体には、アクターとされる企業のほかに、ステークホルダーに位置づけられるNGO、CSO、労働者、自治体、学術団体などが参加している。国連GCが企業の社会的責任の一種である限り、企業が主たる行為主体であることは否めないが、ステークホルダーにもアクターに近いアカウンタビリティーやトランスパレンシーが求められる。国連GCの活動が、このような多様なアクターの活動によって支えられていることから、マルチ・ステークホルダー・イニシアティブズ（MSIs　Multi Stakeholder Initiatives）と呼ばれている。(38) MSIsでは、企業も含めて多様なステークホルダーの主体性が語られている。さらに自らの主体性を認識し得ない行為主体の主体性（ownership）と責任感（commitment）を引き出すことも試みられている。一人ひとりの個々人が、自らが自らの主人であることがMSIsの基本理念である。(39) そのためにMSIsでは、国連GCの基本的な手法であるパートナーシップ（partnership）とローカルネットワーク（Local Network）を重視する。自らの自意識の目覚めていない人々を、ローカルネットワークの認識のもとに集めて集会を開き、お互いのパートナーシップの目覚めの中で、個々人の自覚を促す。その際に、国連GCが指摘する対話（Dialogue）が重要な役割を果たすという。主体性の自覚の薄い主体が、相互に対話を重ねることを通じて、主体性と責任感を獲得していく。グローバル・ガバナンスの文脈で考察した場合、このような個々の主体の主体性認識が、個々の主体の責任意識につながるという意味で、重要な要素であるといえよう。

最後に、責任論の観点から国連GCを観察してみよう。国連GCの実行をみると、ここに責任概念の多層化が見受けられる。日本語でひとくちに「責任」と呼ぶ概念も、TPO（時と場所と場合）によって「レスポンシビリティー（responsibility）」、「アカウンタビリティー（accountability）」、「コミットメント（commitment）」と、多様な用語が使われている。これらの用語は、同じ意味のいいかえではなく、文脈によって「責任」概念に関わる用語が異なるのである。国内では、法的責任、社会的責任、政治的責任、道義的責任など、「責任」概念もバラエティーに富むが、国際社会では、国際法上の「国際責任（国家責任）」なる議論は成立し得ても、「責任」概念の多層的な展開はみられなかったといえよう。グローバリゼーションの進行によって、情報も瞬時に地球上を飛び交い、多様でありながら間主観的に共有の規範理念を認識しうるようになった今日、グローバルな文脈における「責任」を認める必要性が出てきたということもできる。多様な行為主体が、それぞれのキャパシティーに応じて、それぞれの責任を負う。その意味でグローバルな文脈における「責任」概念も、権利と義務、あるいは違法行為責任のような点と線で結んだような二次元的解釈ではなく、レスポンシビリティーからコミットメントまで、グラデーションで幅を持って理解し観念していく必要があるだろう。

（1）国連GCの一〇原則の内容は以下の通りである。

人　権　企業は、

原則一：国際的に宣言されている人権の保護を支持、尊重し、

原則二：自らが人権侵害に加担しないよう確保すべきである。

労働基準　企業は、

原則三：組合結成の自由と団体交渉の権利の実効的な承認を支持し、

原則四：あらゆる形態の強制労働の撤廃を支持し、

原則五：児童労働の実効的な廃止を支持し、

原則六：雇用と職業における差別の撤廃を支持すべきである。

環　境　企業は、

原則七：環境上の課題に対する予防原則的アプローチを支持し、

原則八：環境に関するより大きな責任を率先して引き受け、

原則九：環境に優しい技術の開発と普及を奨励すべきである。

腐敗防止　企業は、

原則一〇：強要と贈収賄を含むあらゆる形態の腐敗の防止に取り組むべきである。

http://www.ungcjn.org/aboutgc/image/GC

（2）渡邊・土山編『グローバル・ガバナンス』東京大学出版会、二〇〇一年、四頁。

（3）The Report of the Commission on Global Governance (1995), *Our Global Neighbourhood*, Oxford University Press.

（4）Peter J. Katzenstein, ed., (1996), *The Culture of National Security : Norm and Identity in World Politics*, Columbia University Press, p. 5.

（5）二〇〇七年度の日本国際政治学会、トランスナショナル分科会、共通テーマ「国際社会における人道的規範―その意

義と限界」における質疑応答で、東京大学教授大沼保昭氏が発言した内容である。

（6）Robert W. Cox (1979), "Ideologies and the New International Economic Order : Reflections on some recent literature", *International Organization* Vol. 33, No. 2 (Spring), p. 279.

（7）Ernst B. Haas (1990), *When Knowledge is Power, Three Models of Change in International Organizations*, University of California Press.

（8）国連に様々なアイデアを提供する独立の国際委員会の「観念の力」を分析した研究として、Ramesh Thakur, Andrew F. Cooper, John English eds., (2000), *International Commissions and the Power of Ideas*, United Nations University Press. は非常に有益な研究書である。独立の国際委員会による規範形成には、たくさんの障壁や問題があることも事実である。しかしこのような委員会のグローバル・ガバナンスにおけるアイデア形成能力はある一定の評価を受けてしかるべきであろう。国連事務局、独立の国際委員会のようなアイデア形成能力を持つ学識経験者のパネルなどを、ブルー・リボン・パネル（Blue Ribbon Pannel）、エピステミック・コミュニティー（Epistemic Community）あるいはトランスナショナル・アドボカシー・ネットワーク（Transnational Advocacy Network）などの用語で説明する場合もある。かなり専門的能力を有するＮＧＯの提唱による規範形成などもこのジャンルに属すると思われる。

（9）コンストラクティヴィズムの理論の初期の研究としては、Nicholas Greenwood Onuf (1989), *World of our Making : Rules and Rule in Social Theory and International Relations*, University of South Carolina Press. Alexander Wendt (2001), *Social Theory of International Politics*, Cambridge University Press. がある。ヴェントは行為主体の主観を重視する。コンストラクティヴィズムの指摘する規範を集団的アイデンティティによるものとみることによって、規範の柔軟性を確保している。*Ibid*., p. 229.

（10）大矢根聡、山田高敬『グローバル社会の国際関係論』有斐閣コンパクト、二〇〇六年、七六―七七頁。

（11）Wendt, *op. cit*., pp. 160–161.

（12）ジョン・ラギーの研究書として、John Gerard Ruggie (2002), *Constructing World Polity : Essays on International*

Institutionalization, Routledge.　国連GCの立ち上げにブレインとしてかかわったゲオルグ・ケルとジョン・ラギーの論文として次のものが重要である。 Georg Kell & John Gerard Ruggie (1999), “Global markets and social legitimacy : the case for the ‘Global Compact’ ”, *Transnational corporations*. - 8 (3) Dec ([TD/]UNCTAD/ITE/IIT/12 [Vol. VIII, No. 3]) : [101]-120. John Gerard Ruggie (2001), “Global governance. net : the Global Compact as learning network”, *Global Governance*, vol. 7, no. 4, Oct.– Dec. : 371 – 378.

（13）　John Rawls (1999), *The Law of Peoples : with “The Idea of Public Reason Revisited”*, Harvard University Press.（ジョン・ロールズ著、中山竜一訳『万民の法』岩波書店、二〇〇六年。ロールズはリベラル・デモクラシーの理想的な発現形態として「公共的理性」を提唱する。

（14）　J・J／ルソー（著）、桑原武夫（翻訳）、前川貞次郎（翻訳）『社会契約論』岩波文庫、一九五四年。ここで注意しなければならないことは、ルソーはあくまで国家の中で国家と社会契約を結ぶうえでの一般意思であって、グローバルな文脈でこの問題を語ったわけではなかった。グローバルな規範を形成するうえでの一般意思が確認できたとして、参加主体が社会契約を結ぶ相手はいかなる主体であるかも、国連GCの文脈では考察が必要となる。政府なき統治を検討するうえでも、この点はどのように説明するか、今後の研究課題といえよう。政府なき統治については、James N. Rosenau & Ernst-Otto Czenpiel (1992), *Governance without government : order and change in world politics*, Cambridge University Press.

（15）　規範の心理的要件を考察するのは、決して珍しいことではない。伝統的な国際法学の方法論の分野でも国際慣習法の成立要件として、法的確信説や黙示的合意説などの心理的要件を議論する研究は続けられている。小寺彰、岩沢雄司、森田章夫『講義国際法』有斐閣、二〇〇四年、三七―四七頁。慣習国際法における無意識の次元まで議論する国際法学者もいる。田畑茂二郎『国際法Ⅰ』法律学全集五五、有斐閣、一九七六年、九八頁。

（16）　河合隼雄『ユング心理学入門』培風館、一九六七年。国連GCの文脈とは異なるが、国連の「スタンドアップ・テイクアクション（STAND UP TAKE ACTION）・キャンペーン」は、地球上の人々の集合無意識に働きかけるイベントとして効果的な方法ではないかと思われる。「世界の貧困問題解決を目指して二〇〇〇年に採択されたミレニアム開発目標（ＭＤＧｓ）。世界一八九カ国のリーダー達が「二〇一五年までに世界の貧困を半減すること」などを約束しました。しかし、開発途上国への資金援助や技術支援は進んでおらず、目標の達成は大変むずかしいと言われています。そのような状況の中、二〇〇六年に始まったグローバルアクションが〝スタンド・アップ（STAND UP）〟です。昨年は、世界各地で一億人以上の市民が貧困問題を解決するために「立ち上がり」（STAND UP）、その参加人数でギネス記録を更新。各種マスコミからも注目を集め、世界の貧困をなくすという強い声を各国のリーダー達に届けました。二〇〇九年は一〇月一六日（金）—一八日（日）の三日間にアクションを予定しています。」詳しくは次のサイトへ。http://www.standup2015.jp/basic/index.html

（17）http://www.unglobalcompact.org/ParticipantsAndStakeholders/index.html

（18）アカウンタビリティーの日本語訳として、「説明責任」「行為主体責任」などがあるが、後者の「行為主体責任」が国連ＧＣの文脈では妥当であろう。

（19）梅津光弘氏の講演会、「国連グローバル・コンパクトと『責任ある経営教育原則』」二〇〇七年一二月一五日、慶應義塾大学における質疑応答で、麗澤大学の梅田徹氏が加えたコメント。なお、この質疑応答を除く講演内容は、敬愛大学国際学会『国際研究』第二一号に掲載されている。

（20）http://www.unprme.org/　このＰＲＭＥは、ほぼ国連ＧＣ事務局のマヌエル・エスクデロ（Dr. Manuel Escudero）氏の発案と努力によって起草されたが、その内容は参加学術団体に開かれた。

（21）http://www.unglobalcompact.org/docs/news_events/8.1/Ceo_water_mandate.pdf

（22）http://www.unglobalcompact.org/docs/news_events/8.1/caring_for_climate.pdf

（23）国際法学でいうところの法主体性のことである。国連ＧＣのようなソフト・ローも法であるとするなら、法主体性と呼びうる。国連ＧＣは、規範であっても法ではないと考える場合には、規範主体性ということになる。

（24）筒井若水編『国際法辞典』有斐閣、一九九八年、一五三頁。

（25）国連ＧＣは、本当の意味では「企業の社会的責任」ではないという見方もある。国連ＧＣとＭＯＵ（了解覚書）を結んでいるISO（国際標準化機構：International Organization for Standardization）や、GRI（グローバル・リポーティング・イニシアティブ：Global Reporting Initiative）が本来のCSR（企業の社会的責任）であって、国連GCはそれらのCSRの上に傘をかけたような規範であるとの見解もある。

(26) ソフトローとしての企業の社会的責任について、神作裕之「ソフトローの『企業の社会的責任』論への拡張？　EUにおける動向」『ソフトロー研究』第四号、二〇〇五年。

(27) http://www.unglobalcompact.org/COP/Overview/index.html

(28) http://www.unic.or.jp/new/pr04-059.htm

(29) http://www.unglobalcompact.org/COP/non_communicating.html

(30) http://www.unglobalcompact.org/COP/inactives.html

(31) かなり大胆に除名を行うため、二〇〇七年七月のリーダーズサミットでは約一、〇〇〇社の企業が、国連GCの参加主体からはずされたとされる。

(32) 「合意は拘束する」と翻訳する場合もある。国際法学会編『国際関係法辞典』三省堂、二〇〇五年、七一〇頁。

(33) 庄司真理子「国際社会における行為主体の多様化—国連安保理経済制裁決議を通して」大賀哲、杉田米行編『国際社会の意義と限界—理論・思想・歴史』国際書院、二〇〇八年。

(34) *Official Document of the United Nations Security Council*, S/RES/1338, 15th Jan., 2002.

(35) 杉田敦『権力』岩波書店、一九頁。

(36) 同上書、二二頁。

(37) 同上書、一〇二頁。

(38) http://www.unglobalcompact.org/Issues/conflict_prevention/multi_stakeholder_initiatives.html

(39) これはノーム・チョムスキーが指摘する民主主義の理念にも共通するところであるが。「未来への提言　思想家　ノーム・チョムスキー〜真の民主主義を育てる〜」二〇〇八年八月三〇日(土)午後一〇時一〇分〜一一時　NHK　BS1放送。

第一〇章　国連事務局の改革

――国際公務員制度の進化か、退化か？――

内田孟男

はじめに

グローバル・ガバナンスを地球規模の諸問題に対処する思想、政策そして制度とするならば、そのアクターは国家、国際機構、市民社会、民間企業と多様である。なかでも国連をはじめとする国際機構は、まさにグローバル・ガバナンスでの役割をその存在理由とする。グローバル・ガバナンスという理念そのものが二〇世紀の最後の一〇年において登場したのであるから、国連設立当時は国連の役割もより謙虚なものとみなされていた。しかしながら冷戦の終結とともに、グローバル化が加速し、環境、貧困、感染症、国内紛争の頻発といった事態が顕著となり、人類共通のしかも緊急な問題として解決を迫っている。世界環境の変化に伴って、国連の役割も増加し複雑化することとなった。政府間機構としての国連には、総会や安全保障理事会といった政府の協議体と恒常的機関としての事務局がある。総会や安保理は国連の政策と活動を決定し、事務局はそれを遂行する。事務局は多くの場合、前者に対して政策決定に必要な情報と助言ないし代替案を提供する。

地球的規模の問題が複雑で多岐にわたるために、高度な科学的そして専門知識が要請される。事務局の任務はこのような挑戦に応えることである。そのためには地球的視野を持ち、狭い国益に拘束されない国際公務員制度、さらにはグローバルな公務員制度、が不可欠となっている。国連のスタッフは国際公務員制度の中核を形成しているといえる。この国際公務員制度は果たしてこのような挑戦に十分応えることができるのであろうか？

国連に長年勤務し、国際公務員制度に強い関心を抱いてきた、エールスキン・チェルダーズとブライアン・アークハルトは一九九四年に公表された『国連の再生』という報告書の中で、国際公務員制度の現状を次のように述べている。「国連憲章は国連公務員制度について適切にも厳格である。国際社会は最初の高い動機づけと質からの現行の低下を看過することはできない[1]」と。

国連事務局に対する評価は決して高くはない。グローバル・ガバナンスにおいて国連がその機能を十分に果たすには、有能で誠実な国際公務員制度が必須であり、現在ある事務局は改革され、強化されなくてはならないであろう。チェルダーズとアークハルトは国連事務局の問題を次のように指摘している。

「最も聡明で、最も献身的な人たちが国連事務局に残り、最善を尽くすという決意は今、崩れかかっている。国連で働くことは大きな特権であり、天職であり、他のいかなる職業とも異なった仕事であるという初期の感覚は、深刻な危機に瀕している。[2]」

このような国連事務局のありようは二一世紀に入って改善されたのであろうか？　それとも効率性、能率、誠実さにおいてさらなる下降線をたどっているのであろうか？　本章では国際公務員制度がどのように誕生し、変遷してきたのか、そしてその改革案はどのような政治的思惑によって促進され、阻害されてきたのかを検証する。結論として、国連の再生には国際公務員制度の再生が不可欠の要素であり、変化した世界環境にいかに対応すべきなのかを考察したい。

一　国際公務員制度の誕生と原則

国際公務員制度は国際連盟の設立によって誕生した。連盟規約は第六条において「事務総長一名並びに必要な事務官及び属員を置く」とし、その任命については「総会の過半数の同意を以って理事会が任命する」と規定していた。事務局の国際性については言及がなく、一九二〇年のバルフォアー報告によってその国際性と連盟のみに忠誠を尽くすという国際公務員の原則が打ち出され、初代事務総長であったエリック・ドゥルモンド卿(英)によって、加盟国から中立な行政制度が確立された。一九二二年のジェオルジ・ノーベルメイヤーの報告によって、連盟職員は加盟国の中で最高の処遇を享受している公務員制度と同等な処遇をすることが確認された。加盟国から独立した国際公務員制度は不可能であるとの批判もあったが、十数年にわたったドゥルモンド事務総長のもとで、画期的ともいわれた国際公務員制度は着実に発展してきた。第二代事務総長、ジョセフ・アベノル(仏)は、より政治的で母国に対する忠誠心を優先させたと評価されているが、連盟時代の国際公務員制度は貴重な遺産として、国際連合に継承される。(3)

国連憲章は事務局を組織の主要な一機関として位置づけている(第七条)。第一五章「事務局」は五つの条文から成り、事務総長の任命、役割、事務局の国際性、採用基準を明確にしている。事務総長は「安保理の勧告」に基づき

「総会が任命する」とあり、しかも安保理の拒否権が適用されるので、事務総長の任命には、常任理事国の発言権が決定的な意味合いを持つようになった。さらに、事務総長は単なる「行政職員の長」であるだけではなく、国際の平和と安全を脅かす事態が発生したと自らが判断した場合には、「安保理の注意を喚起することができる」(第九九条)とした、いわゆる政治的任務も課されている。ハマーショルド事務総長は一九六一年五月にオックスフォード大学における講演の中で、国際公務員制度について次の諸点を明らかにしている。(4)

① 能率、能力、誠実さと地理的配分に基づいて採用された職員から成る国際的機関である。

② それは、事務局の仕事について他の主要な機関に対して責任を有する事務総長によって統括される。

③ 第九八条は総会と安保理は事務総長に第九七条が公式に(verba formalia)に委託した以上のことを事務総長に委託している。これは第九九条によって明示的に与えられている政治的権威とは別のものである。

二　冷戦期の挑戦

国連はそのスタッフに関しては、憲章にみるように、連盟時代の経験からその国際性や中立性については明確な指針を持っていた。事務局はキャリアースタッフによって構成されることが想定され、一九四五年の準備会議においてその根拠は「事務局でキャリアーを続けることの保証がなければ、全ての国からの最も優秀な候補者は必然的に疎外されるし、彼らの出身国の利益を国際的利益に従属させることを十分に期待できない」からであるとされた。(5)国連は急速に多くのスタッフを採用する必要に迫られた。連盟時代には約七〇〇人しかいなかったスタッフ数に比べて、初代事務総長トリグブ・リーは約二、九〇〇名のスタッフを任命したといわれる。(6)国連憲章の「地理的配分」に対する配慮から、文化的・言語的にも多様なスタッフを抱えるなど、連盟時代の欧州中心主義からの脱皮が求められた。それは、当然能率的な行政に新たな課題をもたらした。(7)

それ以上に、国際公務員制度にとっての重大な挑戦は、一九五〇年代初頭のマカーシーズムによる、米国国籍の国連職員の共産主義に関するイデオロギー審査であった。中国を「失った」ことに対する反発と恐怖心は「非米活動」の告発の嵐を巻き起こし、国連もその渦中に巻き込まれた。リー事務総長は国連のホスト国である米国に対して譲歩を重ね、国連内に連邦捜査局（ＦＢＩ）の立ち入りを許可したり、米国人職員（臨時・恒久契約者）十数名を解雇する。これはハマーショルド事務総長時代にある程度の補償措置が取られたが、国際公務員制度に対する最初の挑戦であった。

共産主義国家は「国際公務員制度」そのものに対して懐疑的であり、自国から独立した国連職員に否定的な態度をとり続け、国際機関に派遣した自国民を短期間で本国に召還する措置をとっていた。国連における国際的で中立な公務員制度に対する不満は、ハマーショルド事務総長の国連コンゴ活動の指揮について表面化し、一九六〇年にフルシチョフ首相は、西側、東側、途上国の三名より成る事務総長制度、いわゆる「トロイカ」制度を提唱した。彼は中立的な国はあっても、中立的な人間はいないとの信念を披瀝している。このような考えは「国際公務員制度」の理念と真っ向から対立するものであったのはいうまでもない。ハマーショルド事務総長は前出のオックスフォード大学における講演で、事務総長が加盟国の間で対立が生じた場合には、何もしないで合意が生まれるまで待つのは事務総長の任務を放棄しているとし、次のように述べている。

「もし誠実さが法および真実を尊重することであるならば、そのような誠実さがある特定の利益と対立する状況に彼を追いやるとしたならば、その対立は彼の中立の証である。それは、中立を遵守することに失敗したのではない。この場合には、彼は国際公務員の義務に沿っているので、対立しているのではない。」[8]

トロイカ制度の提案は多くの賛成を得られず、ハマーショルドの事故死（一九九一年九月）によって、次第に沈静化していったが、ウ・タント事務総長の初期にはまだ余韻がくすぶっていたといえる。冷戦中にはソ連代表はいろいろな機会に、事務局職員にも恒久契約は適切ではないと繰り返し発言している。[9]しかしながら、一九八七年のソ連のゴルバチョフ首相の国連政策の転換によって、ソ連圏からのスタッフもより長期的な契約で勤務することが認められるようになる。一九九〇年一〇月に第五委員会で、ソ連代表は「われわれはソ連の専門家を派遣する実践において調整を行い、国連の利益が必要とする限り、彼らは事務局で勤務することができるし、そのうちのある者はキャリアー任命を有している」[10]と述べている。

三　任務の拡大

憲章第九八条には事務総長は総会や安保理によって「委託」された他の任務を遂行することが規定されている。事務局の任務の拡大は時代の要請に応じて拡大してきたが、憲章上の改正は一切なされてこなかった。新たな任務のうち、平和維持活動の指揮と、環境、貧困、そして人権といったグローバル・イッシューについて概観しておこう。

良く指摘されるように、冷戦終結後には平和維持活動はその数と複雑性の両面から大きな変遷を経てきている。いわゆる「伝統的」ＰＫＯに替わってより重要になった活動は「多次元的」ＰＫＯであり、それは主として国内紛争の調停、監視、和解、平和構築を行っている。二〇〇九年六月末現在、PKOは一五箇所で展開され、その他の平和活動は一七を数えている。参加要員は軍人、文民、ボランティアを含め一一万人を超え、年間予算額（二〇〇八年七月一日から二〇〇九年六月三〇日）はこれまでの記録を更新し、七一億ドルに達している。これは、国連の通常予算の約一八億ドルの三倍である。このような膨大な人員と予算を使う活動は憲章上に明文規則がない、安保理から「委託」された事務局の任務である。平和活動はその他に、東チモールで見られたように、「暫定行政」を行い、一時的に主権行為を代行する任務すら帯びている。

その他に、グローバル化に伴い、数々の地球規模の問題が顕在化し、なかでも環境と貧困問題は、憲章が採択された当時には想定されていなかった。これは事務局だけではなく、国連全体の課題であるが、加盟国の協議体である総会や安保理よりも、事務局に大きな負担となっている。これらの諸問題に対処すべく十分な財政的そしてスタッフの支援体制が整っていれば、それほど大きな問題ではないかも知れない。二一世紀に入ってミレニアム開発目標（MDGs）の採択とその実行のモニターリングは貧困撲滅を国連の最優先課題とし、国連の援助に期待が高まっている。人権問題も新たな人権理事会の設置により、世界の注目を集めているが、理事会活動と事務局の支援強化はこれからの課題であるといえる。しかし、現実には、任務拡大に伴う財源は極めて制限されており、副事務総長は人員の削減は既に限界まできており、任務の遂行そのものが危ぶまれていると警告を発している。(11) それでは、事務局の現状はどうなっているのであろうか？

表1　国連事務局スタッフ－任地、種類別（2007年6月30日現在）

（単位：人）

任地	専門職以上	一般職	合計
本部	5,465	5,788	11,253
地域委員会	989	1,631	2,620
平和活動	2,494	16,844	19,338
他の現地	835	403	1,238
裁判所	800	1,330	2,130
合計	10,583	25,996	36,579

（出所）UN, The Composition of the Secretariat : Report of the Secretary-General (A/62/315) より筆者作成。

四　事務局の現状

平和維持活動に従事する要員数は一〇万員を超えることをみてきた。それでは、国連とその補助機関を含めたスタッフ数はどうであろうか。二〇〇七年六月三〇日現在で、三六、五七九人である。[12] 専門職以上のスタッフは一〇、五八三人で二九％、サポート・スタッフである一般職は二五、九九六人で七一％である。両方のカテゴリーのスタッフは国際公務員であるが、当然、専門職のスタッフが活動の中心となる。全体のスタッフのうち三一％にあたる一一、二五三人は本部勤務で、残りの六九％は平和維持任務、各種裁判所勤務、地域委員会、その他の現地勤務である。[13] 表と図は、より詳しい事務局要員の分類と構成を示している。

国連職員の採用基準の一つに憲章第一〇一条に基づく、いわゆる「地理的配分」の原則がある。この原則に従って採用された職員の地域別比率は一九四六年と一九九四年とを比較すると大きく変化している。一九四六年ではアフリカ、アジア、中東からの出身者の合計は七・七％で、欧州と北米の合計は七九・七％であった。それがそれぞれ、一九九四年には三七・六％と四三・七％となっている。[14]

国連職員数はリー事務総長の初期からは、確かに一〇倍の三万人規模まで増加した。数々の補助機関が設置され、ニューヨーク本部以外の現地（フィールド）

図　国連事務局スタッフ－任地、種類別（2007年6月30日現在）

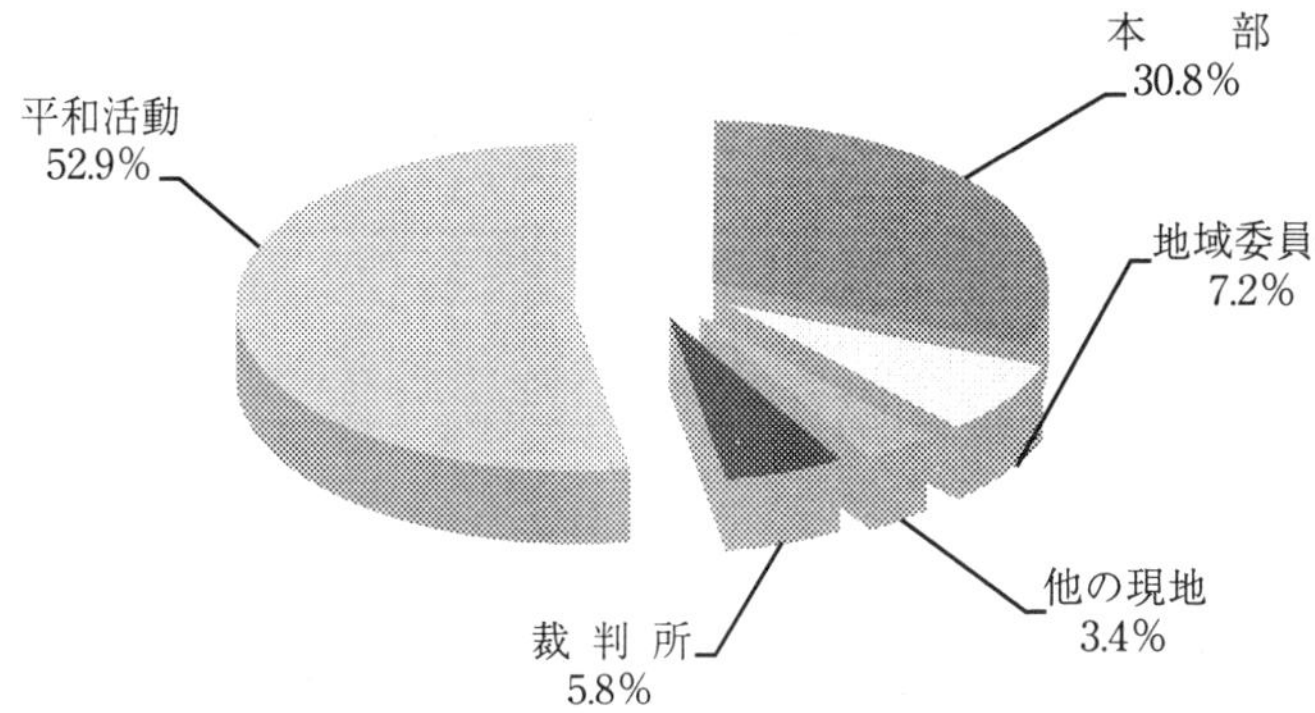

（出所）　UN, The Composition of the Secretariat : Report of the Secretary-General（A/62/315）より筆者作成。

勤務者は上記のように過半数を超えている。このことは、国連の活動がより現地指向の開発、環境、難民、平和構築へと軸足を移しつつある現状を反映しているといえる。

1　雇用の国際的競争力

ノーベルメイヤー原則は既に崩壊しているといえる。一九九八年に総会の第五委員会（行政・予算）において、事務総長代表と職員組合代表は、事務局における「勤務条件は悪化し続けている」と述べている。特に、事務総長は「退職よりも辞任が多く、特に若い専門職の者に多い」と指摘している。[15] 二〇〇三年には副事務総長がこの傾向が引き続いていることを確認している。フレシェット副事務総長は国連の給与基準よりも先進国の国家公務員のそれの方が高く、経済的メリットからは国際競争力を失っていると指摘している。[16] 国連システムのなかでも、給与等を共通にしている機関と、ブレトンウッズ機関とでも処遇に差異があり、後者の方が格段に優遇されている。さらに経済協力開発機構（ＯＥＣＤ）の給与体系の方が高い。ただ、途上国の水準は国連のそれを下回り、途上国の候補者にとってはいまだに魅力的な雇用条件を提供しているといえる。

2　キャリアー制度

雇用の重要な基準の一つにキャリアー制度がある。国連創設時にはほとんどのポストはキャリアーのためと考えられており、国際公務員としての中立性、独立性、誠実さはキャリアースタッフによってのみ確保されると考えられていた。上級幹部職員は短期間の任命となることは予定されており、後述の通りである。規則では五年以上好成績で勤務したものには恒久契約への権利があるが、実際の運用は一年、二年の短期契約者が大きな割合を占めていることである。ウ・タント事務総長は一九六五年にキャリアー任命と固定期間任命（通常二年間）の割合を三対一にしたい旨を説明している。[17] しかしながら、次第に短期雇用が増加し、恒久雇用は激減する。一九六六年から一九七五年にかけて、国連事務局の固定期間契約者は二九％から三五％へ増加している。[18] UNDPを除くすべての専門機関と計画・基金でも同様の傾向があった。一九九九年六月の時点では、約三分の二の通常予算によるスタッフは恒久契約を有し、特別予算でのスタッフは三分の一のみが恒久契約を結んでいる。[19] スタッフ全体では、四二・二％のスタッフが固定期間契約者である。ちなみに、二〇〇七年の三六、五七九名のうち一年未満の契約しか持たない者は、五、四三一人で全体の一五％を占めている。国連スタッフの二〇〇五年の調査においても、スタッフの動機づけを低下させる最大の理由は、キャリアーと昇進の展望が不在であることである。[20]

このような短期契約スタッフの増加に関して、アナン事務総長の次のような見解は、果たして国際公務員制度の原則と両立するのであろうか。彼はいう。「ハマーショルドは国連スタッフの大多数のものは恒久的任命を持つべきであり、国連内において彼らのすべてのキャリアーを形成することが期待されることを主張した。」続けて、アナンは「このような主張は彼の時代には適切であったかもしれない。国連の役割が拡大し、職員の過半数が現地での任務についている今日では、それほど適切ではない。このような展開はハマーショルドが歓迎した発展である。なぜなら、それは（国連が）静的な会議のモデルから、彼が強く信じた動的手段のモデルへと移行したことを反映するからである」と述べている。[21]

問題はまさしく、短期契約スタッフに憲章が規定する国際公務員の原則遵守を期待できるか否かである。スタッフの中には個人的に短期契約であれ、原則を尊重する者も確かにある。果たして制度として、二年という短期契約者にキャリアーに基づくスタッフと同水準の誠実さを担保することができるかが問われている。[22]

国家公務員の基本的な終身雇用と昇進制度は国連にはなく、いわゆるポスト制度は、ある特定のポジション（たとえば、専門職の四階級、P－4）で採用されると、そのポストに基本的には長期間止まるか、より高いポジションを目指して競争し獲得しなければならない。このような競争は大きなエネルギーを消費するだけではなく、精神的なストレスを引き起こすことも多い。ましてや、母国ではなく、言語や習慣の異なる場所においての勤務であるなら、なおさらであろう。

3　人事の政治化

事務総長は、加盟国によって任命されるが、その他のスタッフ全員が事務総長によって任命される。事務次長、事務次長補といった高級幹部は安保理の常任理事国、その他大口分担金拠出国から任命され、地理的配分の原則に基づき、アジア、アフリカ、中南米からも任命される。このことは国連が政府間機関であり、加盟国との意思疎通を円滑にするという意味ではある程度納得のいく措置であろう。いうまでもなく、任命された高級幹部が、自国から独立して、国連憲章に規定された国際公務員としての誠実さを厳守する限りであるが。問題は、その下の幹部職員（D-2、D-1）そして専門職（P-5）のレベルにまで、加盟国の干渉と圧力が掛かっていることである。たとえばデレクターのポストが空席となり、公募されても、専門職のP-5がその競争を勝ち取るのではなく、加盟国からの圧力でその政府役人や政府推薦の者が横滑りするケースがかなりあると考えられる。このような人事政策は、国際公務員をキャリアーとするスタッフにとっては、失望と落胆でしかない。一九八〇年刊行された国連研修調査研究所（UNITAR）の調査でも次のように指摘されている。

「キャリアー制度は、高級ポストのみならず上級専門職とデレクターレベルにまで、ますます外部者による補充によって、脅かされている。(23)」

UNITARの別の調査で、「態度調査——国連システムに関する外交官の見解」は「政府の政治的干渉によって国際公務員制度の独立はますます脅かされているか？」との質問には実に八三・七％が賛同している。(24)また、別の論者は事務局が直面する主な問題の第一に加盟国政府によるすべてのレベルでの任命と昇進に対する政治的圧力であると指摘している。(25)その圧力は地理的配分とメリットをいかに均衡させるかという問題とも関連している。

4　国連の威信とスタッフの能力と士気

国連創設時代には平和への理想に燃えた有能なスタッフが献身的な勤務を続けたが、彼らが辞めた後にはそのような理想へのコミットメントがないスタッフが多いという指摘がある。[26] 前出のＵＮＩＴＡＲの態度調査で、「スタッフの全体的業績は最近著しく低下しているか？」との問いには外交官の六八・三％がそうだと肯定している。[27] 調査は古いもので、同様な最近の調査結果はなく、客観的に比較することは困難である。しかし、そのような認識が外部の関係者にあるということは重要であり、関連した言説にも一理はあろう。

他方、現在でも国連に勤務するのは、経済的恩恵のみを求めているのではないことが調査で明らかとなっている。国連職員組合による二〇〇五年の調査によると、国連職員は国連で働くことへの動機として給与をあげている者はわずか六・二四％であり、自己の専門知識を活用できるから（二六・五七％）、活気があり満足のいく仕事であるから（二三・三四％）、国連の原則や憲章の理念に対する信念（九・四四％）をはるかに下回っていることが指摘されている。[28] この数字は一〇年前に行われた同様の調査結果と大差はない。スタッフの仕事への確信と情熱はほぼ普遍で、かなり定着していると考えられる。事務局職員の待遇が悪化しているにもかかわらず、職員の大多数は任務の意義に精神的な報酬と満足感を表明している。一方、職員組合は最近の事務局改革案に対してかなり批判的であり、後に検証するように、特にアナン事務総長の提案した二〇〇六年文書を拒否する決議を採択している。

五　事務局改革案の批判的分析

1　アナン事務総長の『国連の再生―改革のためのプログラム』

コフィー・アナン事務総長は一九九七年就任すると、同年七月には包括的な国連改革案を提示し、事務局改革は迅速に開始された。『国連の再生―改革のためのプログラム』は次の諸点を提案した。[29]

①　新たなリーダーシップと管理体制の設置
—副事務総長ポストの新設
—高級管理グループの設置
—執行委員会の強化
—政策決定の分権化と国連の一つの旗での調整
—戦略計画ユニットの設置

②　財政的能力の確保
③　一二の部局を五部局へ編成
④　管理文化の変革と一、〇〇〇のポスト削減と行政支出の三分の一の削減
⑤　人的資源の徹底した改革と訓練
⑥　持続可能な開発を国連の最優先課題とするための措置
⑦　事務局の規範的、政策的そして知識に基づく機能の強化
⑧　平和維持活動その他の現地活動をより迅速に展開する能力の改善
⑨　紛争後の平和構築に対する能力の強化
⑩　犯罪、麻薬、テロに対する国際的努力を高める
⑪　人権活動の強化
⑫　軍縮課題を推進する
⑬　人道支援への対応を高める

⑭　広報活動の効率化を促進する

⑮　総会等の改革に対して加盟国に勧告する

この改革案は包括的であり同時にかなり野心的な要素を含んでいる。しかし、事務局の改革については（①、③、そして④の一部）かなりの成果をあげることができた。一九九七年の総会は副事務総長のポストを承認し、[30] ルイーズ・フレッシェト（カナダ）が就任している。

2 「国際公務員制度の強化に関するパネル」

総会はこのアナン提案を検討するために「国際公務員制度の強化に関するパネル」を設置し、[31] パネルの報告書は二〇〇四年六月に公表された。[32] 報告書は一九の勧告を提示しているが、最初の九つの勧告は国際人事委員会の改善と強化に関するものである。パネル報告も国連職員の処遇について、国際競争力の不足と、その他の雇用条件が近年低下していることが、スタッフの士気と国連の業績に悪影響を与えることに憂慮を表明している。その上で、「主な加盟国、その他の国際および地域政府間機構の海外での勤務条件と競争力のある者にノーベルマイヤー原則の適用を優先課題としてレビューする」ことを勧告している。また、スタッフの仕事と生活とのバランス、能力向上・研修についても国際人事委員会および総会が留意をするよう勧告している。契約に関しては恒久と一時契約の慎重な配慮が必要なことを指摘し、「国連が設置された当時は主としてキャリアーの国際公務員によって事務局は構成されていたが、現在ではすでにそのような構成にはなっておらず、期限付き任命の方がより普通であり、一年未満の契約しか持たない臨時職員が拡大し続けている」[33]と述べている。スタッフの継続的学習は、国際公務員制度の価値と理念を含み、制度としての記憶が失われないようにすることが重要であると強調している。

報告書は「近代的でグローバルな国際公務員制度」の必要に応えるべく、活動上のそして行政的柔軟性が不可欠であるとし、国連機関間の職員の移動と危険地域における安全確保に対する措置についても勧告を行っている。

3　二〇〇五年の『成果文書』

二〇〇五年九月の世界サミットの『成果文書』は「事務局および管理改革」と題する一〇項目を含んでいる。主要な点は次の通りである。(34)

① 憲章の原則と目的に効果的に即して活動するためには能率的、効果的そして責任ある事務局が必要であることを認識し、事務総長の提案する諸政策を支持する

② 事務局の監査、管理の改善の必要性を強調する

③ 職員の行動の最高水準の重要性を再確認する

④ 国連システム全体の一貫性が、政策、現場での活動、人道支援、そして環境分野での活動で強化されるべきであることを強調する。

4　アナン事務総長の『国連に投資する―より強力な世界機構へ』

『成果文書』をうけて、アナン事務総長は二〇〇六年三月と八月に国連改革に関する報告書を提出する。最初の文書『国連に投資する―より強力な世界機構へ』は国連が設立されてから六〇年の間に世界情勢は大きく変わり、国連の活動も劇的に拡大した。国連事務局は根本的なオーバーホールを必要としているが、これまでなされてこなかった、と大胆な事務局改革を提唱する。(35) 彼は、以前の改革努力は国連の弱点の原因に正面から取り組むというよりも、症状

を問題としてきたと指摘する。報告書で、アナンは六つの分野における二三の提案を示している。それらは：

①　スタッフ
②　リーダーシップ
③　情報コミュニケーション技術
④　サービスを提供する
⑤　予算と財政
⑥　ガバナンス、である。

アナンによれば、改革は加盟国と事務局のパートナーシップによって初めて可能であるが、二つの要因がそれを脅かしていると指摘する。一つはかなり多くの加盟国が改革のプロセスから除外されていると感じて、合意が必要な行財政問題に対して支持を控え、他方分担金を多額に拠出する加盟国は同じ問題に対して、決定的役割を持つと感じており、両者の対立が、国連に対する共通のコミットメントを侵食している。二つ目は、行政の長としての事務総長と加盟国との分業が損なわれていることである。加盟国が機構の方針を決定し、事務総長がそれを実施するという分業体制が加盟国の干渉によって、破綻しかかっていると指摘している(36)。

最初の「スタッフ（people）」に関しては、現行の人材管理枠組みは安定的で主として本部に勤務する職員を対象に作られているが、現在では三万人のスタッフの過半数が現地勤務である。そのような変化に対応する人材管理が必要であると述べる。しかしながら、事務総長自身の自由が多数の、制限的、しかも矛盾した総会の指令によって困難な状況に置かれていると不満を表明している。その他、採用プロセスが遅く、地理的配分とジェンダーに関する改善も不十分であること、重要なポジションの空席が長引き業務の停滞を招いている、本部と現地との異なる手続きなどによる流動性の欠如、複雑な契約タイプ、学習・研修の軽視、内部裁判制度も遅く複雑で難しい、などを問題としてあげている。

アナンの展望は「事務局は真に統合され、現地指向の現業機構」にすることである。そのためには「国連の労働力は長期にわたる役割を果たすキャリアーの国際公務員の中核を有し、必要に応じて短期の間国連に加わり、去って行く他のスタッフによって補完される。中核の鍵となる部分は、緊急な平和維持と特別政治任務の必要に対応するスタッフである」とする。特に、平和維持と特別政治任務のために国際的に採用された二、五〇〇人のスタッフはこの能力の中心となる」という。また、本部と現地のスタッフを統合して一つのグローバル事務局が必要であると強調する。さらに、多様な契約システムを簡素化し、スタッフの流動化を図り、国連が必要とする機能に適合させる。そのためにアナンは四つの具体的な提案を示し、相互関連性を持つために、「パッケージ」（一括）として採択されなければならないという。(37)

第二点の「リーダーシップ」について、アナンは冷戦終結後のグローバル化は国連に質量とも複雑で多様な任務を課してきたことを指摘し、事務総長は世界の外交の長と同時に、国連の運営をしなくてはならない立場に置かれているると、その任務の変化を強調する。事務総長に直接報告する部署は二五にものぼり、副事務総長との分業は必ずしも明確ではなく、事務総長自身の責任の軽減にはなっていないという。したがって、副事務総長に部局の統括を委任し、自らは世界の緊急な問題に集中できる体制を構築すべきであると提案する。高級幹部はより厳格に選任され、研修の機会を強化する必要に言及している。(38)

事務局スタッフが問題とした具体的提案は、①早期退職スキーム、と②外注である。早期退職制度は新しいものではないが、その規模が、五〇〇名ないし一、〇〇〇名というもので、事務局の新たな任務に適材ではないと判断されたスタッフに不安を与えるものであった。また、②の外注についても、翻訳、編集、内部印刷、医療保険、情報技術、給与支払い、職員特典を含む広範囲な事業が対象として確定されている。

総会はアナン提案に対してかなり厳しい反応を示した。なかでも事務総長にスタッフ任命と移動の権限、予算審議の簡素化と迅速化については、総会の権限を損ねるものであると反発が強く、その他の提案についても事務総長により詳細な報告を求める決議を採択した。(39) 加盟国の中で、チリー、南アフリカ、スウェーデン、タイの四カ国は「四カ国イニシアティブ」（4N）を二〇〇五年頃から協議を開始し、多くの加盟国、事務局スタッフとも協議を続け、二〇〇七年九月には報告書を公表した。それは「ガバナンス」（加盟国）と「マネジメント」（事務局）の改善を実現するために、三二の提案を次の三項目のもとに行っている。

① 加盟国から事務局へ与えるマンデイト（指令）のレビュー、② 予算作成プロセスおよび③ 人事管理である。(40) この報告書は加盟国の懸念を考慮して、予算審議は加盟国すべてが参加することを強調しており、多くの支持を総会で得ている。事実、二〇〇八年四月に総会がマネジメント改革について議論した際も、上記の三点に沿って行われた。すなわち、① マンデイト作成の方法、実施、評価、② 計画と予算編成、そして人的資源の管理である。(41)

加盟国間でかなりの合意を得たこの報告書も、人的資源のマネジメントに関しては、重要だが、かなり技術的な諸点を再確認しているのみで、国際公務員制度そのものをどうするかについてはほとんど言及されていない。「長期的展望」と題するセクションにおいて報告書は、「われわれは二一世紀へ向けて国連の人事政策を長期的に内省する時期が来たと信じる」と述べ、次のように続けている。

「そのようなビジョンは二一世紀における国連の要請と複雑さのすべてを考慮して、将来の国際公務員制度は何を抱合すべきであるかについて検討しなくてはならない。そのビジョンは、他の大規模な機構に基づいた知識と経験そして良い慣行によって導かれなければならない。」[42]

バン・キムン事務総長は彼の最初の年次報告の中で、事務局改革について次のように述べている。

「われわれは多様で献身的なスタッフという最も大きな資産の途方もない潜在力を最大限に活用する必要がある。この重要な資産を十分に高めるためには、真に機動的で、多角機能的、責任ある、そしてキャリアー発展と研修に重点を置いたスタッフを構築する必要がある。このことは国連職員に本部と現地において、誠実さと倫理的行動の最高水準を求めることを意味している。」[43]

ここでは一般論が述べられているだけであるが、キャリアー制度[44]の維持は確認されていることに留意したい。[45]

六　改革への思惑

1　スタッフの抵抗

アナンの事務局改革は最初に改革の影響を直接受ける国連スタッフから強い抵抗と拒絶に遭う。報告書『国連に投資する』の公表前の二〇〇六年二月に五、〇〇〇名の会員を国連本部で擁する「国際スタッフ組合・協会調整委員会」（CCISUA）は改革提案が年金や職の安全といった既得のスタッフの権利と特権とを脅かすものとして、強い懸念

表2　機構改革に対するスタッフの対応

	2005	1995	2005－1995
肯定的	46.67	24.40	23.27
知らない	28.25	39.80	－11.55
影響はない	14.81	22.70	－7.89
否定的	9.27	13.10	－3.83

（出所）FISCA　2007年。

を決議によって表明している。[46] 報告書が公表されるやいなや、CCISUAはアナン提案を拒絶し事務総長に対し「不信任決議」を圧倒的多数で可決している。特に批判の対象となった提案はすでに言及したように：①翻訳その他を外注すること、そして②恒久契約の喪失と職の保障なしの本部と現地との流動性強化である。[47]

ただしここで留意しなくてはならないのは、二〇〇五年以前の国連改革と組織再編成に関してはー九九五年と比較してかなり積極的な評価を下している点である。「機構の現在行われている改革と組織再編成をどう考えるか？」との質問には次の統計が示されている。一九九五年の調査と比較して、改革や組織再編成について関心が高くなっていて、「知らない」と回答したものは一〇％以上減少している。[48]

2　米国の事務局に対する態度

二〇〇四年一二月米国議会は超党派の国連改革に関する報告書を六カ月以内に提出するよう求め、その報告書は二〇〇五年六月に『アメリカの国益と国連改革』として公表された。[49] 国連改革といっても、安保理改革など憲章の改正を伴う改革については対象とせず、現在の国連の効率化のための措置に限定している。報告書は総会や安保理が何をすべきか、そして米国は何を主張すべきかをかなり詳細に分析している。事務局の改革については、冷戦後その任務は拡大し、米国の要請によりある程度の改革は行われたものの、「多くの点で国連は変化に抵抗をしてきた」と結論し、次の諸点を改革の俎上に載せている。①監査、②管理システム、③政治化された予算とプログラム、そして、④職員である。

本論の焦点である④の事務局スタッフについては、アナン事務総長の提案した即時退職プログラムによって不要ないし重複したスタッフをすぐさま解雇することを強く主張している。そして新たな雇用者には恒久的契約は廃止し、地理的配分の考慮は能力の考慮の後になされるべきであるとする。[50] 特別の期間や任務にあたるべく、加盟国から無償のスタッフの出向を組織的に活用すべきであるとする。さらに事務総長の選考にあたって、米国は「管理能力」が最も基本的な基準であると主張すべきであると勧告している。国連事務局に対しては過剰なまでに膨張した官僚制度と位置づけ、職員の縮小、効率化、さらに地理的配分原則の見直し、キャリアー職員の廃止を勧告している。事務総長の選考基準にしても、管理能力を第一とするなど、事務局は単に加盟国の決定を遂行する行政機関とみなされていることは明らかである。報告書『国連に投資する』に対して、ボルトン米国国連大使はその主要な点を高く評価する発言をしていることも、この間の事情を裏づけているといえる。

3　途上国の危惧

途上国は国連改革に関しては、安保理改革、平和維持活動改革、社会経済発展における国連の役割についての改革に優先順位を置き、行政・管理改革は従属的なものと見なしている。[51]

途上国の事務局改革に対する認識と態度は米国のそれと対極にあるといえる。途上国は改革によって事務総長に権限を集中させることによって、事務総長に強い影響力を持つ先進国が途上国の利益をないがしろにするのではないかとの疑いを抱いている。総会での彼らの権限を安保理が侵食し、さらに予算編成権をも事務局改革の中で希薄にするのではないかと恐れているといえる。[52] 総会の第五委員会（行政・予算）は二〇〇六年四月二八日に一〇八―五〇―三の多数によって南アフリカ提案の決議案を採択し、アナン改革案を実質的に棚上げした。南アフリカのデミサニ・クマロは「G77と中国は国連における政策決定において平等の発言権があると信じている」と述べ、「この権利はこの機構に対する財政的貢献に依存するものではない」と付言している。(53)

国連の財務官を務めた経験を持つ高須幸雄国連大使は「途上国側は、先進国が実態上事務局をコントロールしているという理由で、事務局に権限を与えることについて非常に否定的です」と述べている。(54)

七　進化か、退化か？

1　二一世紀における国際公務員制度の位置づけ

グローバル化の進展は国家間の壁をさらに低くそして浸透性のものへと変えていくであろう。環境、人口、貧困、紛争といったグローバル・イッシュウは地球規模の対応を要求し続けるのは確かであろう。このことは国連というグローバル・ガバナンスのアクターの役割をより重要なものにする。そしてその事務局の果たす機能は人類の将来にとっても大きなインパクトと意義を持つであろう。国連勤務の経験を持ち、『国際官僚制度』（一九七五年）の著者であるトーマス・ウイスは一九八二年の論文において当時の政治的そして予算編成にかかわる加盟国の支配が事務局の機能を著しく制約していることを指摘して次のように結論している。

「伝統的パラダイムに準拠した国際公務員制度なしには、地球的利益についての合意を反映しようとする機構の政策策定をすることはほぼ不可能である。(55)」

二一世紀の現在においてこそ国連のグローバル・ガバナンスにおける役割を支える事務局の発展と強化がさらに必須となっているといえる。このような状況において、国連事務局の独立性、中立性、効率性、誠実さといった憲章に明記されている事務局の基準そのものが、加盟国政府の政治的圧力と干渉によって軽視され、事務局スタッフの能力の低下が議論されなくてはならないということは、歴史的皮肉としか考えられない。グローバル・ガバナンスにおいて中心的位置を占めるべき国連そして、多様なアクター間の活動を調整する役割を持つ国連事務局が信頼を確保できないでいる。

スタッフの処遇に関してもすでにノーベルメイヤー原則は侵食されており、労働市場での国連事務局の競争力は維持されなければならない。採用にあたっては、地球公共財提供のため献身的な有能な若者と専門家を優先すべきであり、担当事務局幹部のみならず第三者機関の研修を義務づけることも考慮されよう。

2　環境変化への適応

確かにアナン事務総長が指摘するように、国連事務局スタッフの過半数が本部ではなく現地で活動している実態は、国際公務員制度に対応を迫るものであろう。現地で開発、環境、人権、紛争といった特定のプロジェクトに専門家として短期間任務を遂行するスタッフの比率は増大するであろう。同時に、このような問題は決して短期間で解決する問題ではなく、二一世紀を通して地球社会が取り組まなければならない問題であろう。したがって、ある特定の環境で得られた知識と経験は他の状況においても有効であると考えられる。そうだとすれば、現地スタッフを短期間雇用契約者としてのみ扱うのではなく、恒久的人材のプールとして恒久契約の対象としても良いのではないか。特に、アナンが提案するように、本部と現地との流動性を高める政策をとるなら、なおさらである。

地球規模の問題の複雑性と相互関連性を考えると、国連事務局と外部の学界や研究機関との交流は必要不可欠であり、そのほかにも市民社会やビジネスとの協働もガバナンスの課題である。この点に関しては、アナンは市民社会や民間セクターとの協調を率先してリードしてきた。彼の事務総長としてのイニシアティブは高く評価されるべきである。二〇〇四年の国連と市民社会に関するカルドーソ報告とグローバル・コンパクトはその具体的事例であろう。

3　事務総長のリーダーシップ

ハマーショルドが事務総長としての高い評価を受けている一つの理由は、冷戦期において国際公務員制度の独立性に対する挑戦に敢然と立ち向かったからである。彼は一九五六年の第一次国連緊急軍、一九六〇年代前半の国連コンゴ作戦などの平和維持活動を組織・指揮したことに加え、ソ連のトロイカ制度提案から事務総長ポストそして国際公務員制度を信念と情熱をもって擁護した。アナンは増大する事務総長の任務を遂行するにあたり、事務総長は世界の主任外交官として専念し、事務局の管理は副事務総長へ委譲することを好んだといえる[56]。日常的な事務局管理は副事務総長に任せることが必要かつ望ましいといえる。同時に、主要機関の一つと憲章が規定する事務局の発展という根本的問題には、事務総長自らが強いリーダーシップを発揮しなければならない。すでに論じてきたように、アナンの改革提案は国際公務員制度の基本的理念にまでは踏み込んでいない。技術的な管理上の改革は必要であるが、事務局の任務を遂行する上で十分ではない。バン事務総長が、どこまで真剣に制度改革に取り組むのか、そして米国をはじめ独立した国際公務員制度に懐疑的な加盟国を説得し、支持を得ることができるのかを検証する必要があろう。

おわりに

前出のウイスは国際公務員制度が現実というより神話であると結論している。その理由は、「コータ（割り当て）制度、加盟国による採用と昇進についてのコントロール、外部の政治的風土、予算上のひも付き、機構の長の相対的に弱い地位、スタッフにおける増大する規模と異質性などは、理念化された国際公務員制度は現実というより神話である。」(57)

続けて彼は、現在の国際公務員制度が世界社会の利益を代弁する声として認識されるには三つの困難であるが可能な改革を提示している。その第一は、国際機構をその規模と管轄分野を削減することによってより柔軟にし、同時に活動を分権化することである。第二は、国際公務員による地球的利益に対するコミットメントを強化する措置を講ずることと、国家の代表も狭い国益概念を高次の人類益によって修正することである。第三には、競争力のある給与や恒久契約を再考し、給与よりも動機と熱意が重要であり、新しい思考を導入する必要があるとする。(58) その上で、ウイスは「伝統的なパラダイムから遠ざかろうとする動きを逆転させて、地球公務員制度を創出することが死活的に重要である」(59)とする。

確かに、クロードが論じた「第一の国連」たる事務局は「人類益」の代弁者たる役割を期待されているといえる。グローバルな問題に対処するための国連事務局の構成は「国際」すなわち、国家を中心としたスタッフの枠や地理的配分の原則を克服する必要があるのではないか。安保理非常任理事国の選出その他の機関においては地域配分の原則が守られており、冷戦後も東欧は一つの選出母体として健在である。最近の人権理事会の議席配分についても同様な手続きが適用されている。「第二の国連」たる加盟国の協議体においてもこのような原則は時代遅れといえる。事務局の構成もよりグローバルな視点から再構築される必要があるであろう。むろん多様な文化的、言語的代表性はある程度必要であるが、現在のように分担金の多寡による望ましい枠はあまりにも機械的であり、政府の介入と圧力とをもたらす伝統といえる。独立性を維持するためと、制度的記憶と迅速に緊急時に対応するためには一定のキャリアー公務員制度は確保されなければならないであろう。少なくとも二五％から三〇％のスタッフはキャリアーを保障されるべきではないか。

歴代事務総長、特にアナン事務総長による事務局改革案は、国際公務員制度の基本的原則を強化するものではないといえる。事務局の管理について効率と能率の面からの改革が中心となっており、加盟国の政治的圧力を跳ね返して、国際公務員制度の独立を擁護する姿勢が消極的であると思われる。エドワード・ニューマンはアナンの改革案について次のように述べているが、適切な評価と考えられる。

「これらの改革案は、国際公務員制度の規範な展望を確認するというよりも膨張し非効率な国際公務員制度を批判する人たちに対する融和のようにみえる。透明性、説明責任、能率は明らかに重要であるが、初期の理想主義が今日の議論にまったく欠けているのは興味深いことである。(60)」

国際公務員制度についての憲章第一五章に明記された原則は二一世紀の現在、少しもその価値を失ってはいない。

むしろこれらの原則の遵守と実施とが求められているのであるから、事務総長の強いコミットメントとリーダーシップが今日以上に死活的意義を持つことはないといえる。先に触れたように、二〇〇五年の国連スタッフの動機と士気の高さは国際公務員制度における希望といえる。大多数のスタッフは自らの任務に意義をみいだし、国連憲章の精神に強い共感を抱いているのである。多様で能力があり、高い動機を持つスタッフをいかに優れた国際公務員制度、否、地球公務員制度に取り込めるかが、国連関係者ないし利害関係者すべての課題といえる。

（1）Erskine Childers with Brian Urquhart (1994), *Renewing the United Nations System*, Dag Hammarskjold Foundation, p. 159.

（2）*Ibid.*, p. 164.

（3）国際公務員制度の発展については日本国連学会刊行の『グローバル・アクターとしての国連事務局』国際書院二〇〇二年の諸論文、特に次の二論文を参照されたい。Sumihiro Kuyama, "The International Civil Service : Origins, Principles and Composition," および田代空「国際公務員制度の現状と課題」。

（4）Dag Hammarskjold (30 May 1961), "The International Civil Servant in Law and in Fact".

（5）Houshang Ameri (1996), *Politics of Staffing the United Nations Secretariat*, Peter Lang, p. 333.

（6）Inis L. Claude, Jr., *Swords Into Plowshares : The Problems and Progress of International Organization*, 3rd ed., Random House, 1964, p. 178. Peter Lengyel　では国連事務局は一九四六年の四月から九月の間に三五〇人から三、〇〇〇人へと増加したと指摘している。Peter Lengyel, "Some Trends in the International civil Service", *International Organization*, Vol. 13, No. 4 (Autumn 1959), pp. 520–521.

（7）歴代事務総長の直面した事務局改革問題と上級幹部の任命については Thant Myint-U and Amy Scott, *The UN Secretariat: A Brief History (1945–2006)*, International Peace Academy, 2007　に詳しい。

（8）Hammerskjold, *op. cit.*

（9）　Cf. Theodor Meron (1977), *The United Nations Secretariat : The Rules and the Practice*, Lexington Books, pp. 28－34.

（10）　Ameri, *op. cit.*, p. 297.

（11）　フレッシェト副事務総長は元国際公務員協会での発言で、「われわれはこれ以上の人員カットは加盟国がわれわれに期待するサービスを提供する能力を重大に損ねる点にまで到達してしまった」と述べている。UN Press Release DSG/SM/52, 20 May 1999.

（12）　UN, *Investing in People : Report of the Secretary-General*（A/61/255, 9 August 2006., p. 95）.　この数字からＵＮＤＰとＵＮＰＳは除外されている。

（13）　UN, *Composition of the Secretariat: Report of the Secretary-General*, A/62/315, 31 August 2007.

（14）　Ameri, *op cit.*, p. 164.

（15）　UN Press Release GA/AB/

（16）　副事務総長は二〇〇三年七月一四日の国際人事委員会で「国連機関は国際労働市場においてもはや競争力を失っている、2 November 1998.」と述べている。Press Release DSG/SM/202ORG/1387, 14 July 2003.

（17）　Meron, *op. cit.*, p. 105.

（18）　Norman A. Graham & Robert S. Jordan, eds.(1980), *The International Civil Service : Changing Role and Concepts*, Pergamon Press.

（19）　UN, *Composition of the Secretariat : Report of the Secretary-General*（A/54/279）26 August 1999, pp. 19－20.

（20）　FISCA Council, UN Special, No. 660, March 2007.　その他の理由として、貧弱な管理、能力が適切に活用されていないとの感覚、過度の官僚主義、スタッフ相互間の仕事と特権とが平等でない、がそれぞれ一〇％以上をマークしている。

（21）　UN, Press Release, “Hammerskjold’s core ideas remain valid in new international context, Secretary-General explains in memorial lecture,” SG/SM/7941, 6 September 2001.

（22）　Childers　は前出の報告書の中で、キャリアー制度の必要性を確認すると同時に、七年から一〇年の勤務評定の後に恒久契約を締結することを勧告している。望ましくない者はこの機会に解雇することによって事務総長にも柔軟な人事政策が可能になると示唆している。一六五―一六六頁。

（23） Graham & Jordan, *op. cit.* p. 82.

（24） Thomas M. Franck, John P. Renninger, Vladislav B. Tikhomirov (1982), *An Attitude Survey : Diplomats' View on the United Nations System*, UNITAR, pp. 34－35.

（25） Ameri, *op. cit.*, p. 383.

（26） *Ibid.*, pp. 384－385.

（27） Thomas M. Franck, et al., *op. cit.*, pp. 34－35.

（28） UN Special, no. 660-March 2007（http://www.unspecial.org/Staff Pictures/report_p2b.html).

（29） UN, Renewing the United Nations : Programme for Reform（A/51/950, 14 July 1997).

（30） A/RES/52/12B, 9 January 1998.

（31） A/RES/57/285, 20 December 2002.

（32） UN, Report of the Panel on the Strengthening of the International civil Service（A/59/153, 25 June 2004).

（33） *Ibid.*, para.56.

（34） UN, *2005 World Summit Outcome*, A/RES/60/1, 24 October 2005, paragraphs 116-1-169.

（35） UN, *Investing in the United Nations : for a stronger Organization worldwide- Report of the Secretary-General*, A/60/692, 7 March 2006.

（36） *Ibid.*, paras. 15 & 16.

（37） *Ibid.*, paras. 20－31.

（38） *Ibid.*, paras. 32－46.

（39） A/RES/60/260, 16 May 2006. この決議を受けて二〇〇六年八月に公表されたのが『人間に投資する―事務総長報告』

であり、事務総長としてアナンの事務局に関する改革の最後の報告書である。

(40) The Four Nations Initiative, Towards a Compact : proposals for improved governance and management f the United Nations Secretariat, September 2007 (www.the4ni.org).

(41) UN, GA/10702, 8 April 2008 (http://www/un.org/News/Press/docs//2008/ga10702.doc.htm).

(42) *Ibid.*, p. 39.

(43) UN, *The Report of the Secretary-General on the Work of the Organization 2007* (A/62/1), 31 August 2007, para. 4.

(44) キャリアー発展とは国際人事委員会の定義では (a)国連システム内で個人がいかに自己のキャリアーを管理するか、(b)いかに国連が職員のキャリアー進歩のために機構を組織するかの二点に関連している。基本的には個人が教育と職業を探求し、選択し行動する生涯の過程であるとし、生涯にわたって国連に奉職することを意味している。(UN, Report of the International Civil Service Commission for the year 2007, p. ix.)

(45) 二〇〇八年度の第六三回総会に提出した年次報告の中で、事務総長は事務局改革についても七つのパラグラフにおいて論じているが、「結果主義の管理」、「現場と業務」、「スタッフの機動性」「情報技術」、「文書の配布」といった、事務局の能率と能力の向上についてのみ強調されている。国際公務員制度の強化に不可欠な「誠実さ」それに付随する、中立性と独立性については沈黙を守っている。新たな展望を欠くと言わざるを得ない。Cf. UN, Report of the Secretary-General on the Work of the Organization (A/63/1) paras. 117－123.

(46) CCISUA, CCISUA News, "Resolution on the Staff-Management Coordination Committee(SMCC) passed at CCISUA GA," 17 February 2006.

(47) CCISUA News, "CCISUA Member, UN Staff Union (New York) Approves No Confidence Vote in Secretary-General," March 10, 2006.

(48) FISCA, *op. cit.*

(49) United States Institute of Peace, *American Interests and UN Reform : Report of the Task Force on the United Nations*, 2005.

(50) *Ibid.*, pp. 53−55.

(51) South Centre (June 2005), "What un for the 21st Century? A New North-South Divide," p. 120.

(52) Warren Hoge (8 March 2006), "Annan Offers His Blueprint to Make the U.N. More Efficient", *The New York Times*.

(53) Warren Hoge (29 April 2006), "Third World Bloc thwarts U.N. Reform Plan," *The New York Times*.

(54) 明石康その他編『オーラルヒストリー　日本と国連の五〇年』ミネルバ書房、二〇〇八年、一四三頁。

(55) Thomas G. Weiss (Spring, 1982), "International Bureaucracy : The Myth and Reality of the International Civil Service," *International Affairs*, Vol. 58, No. 2, 298.

(56) UN, *Investing in the United Nations, op. cit.*, para. 32.

(57) Weiss, *op. cit.*, p. 301.

(58) *Ibid.*, pp. 301−305.

(59) *Ibid.*, p. 306.

(60) Edward Newman (July 2007), "The International Civil Service : Still a Viable Concept ?," *Global Society : Journal of Interdisciplinary International Relations*, Vol. 21, No. 3, p. 446.

あとがき

本書は二〇〇五年から二〇〇八年までの三年間に実施された、中央大学の政策文化総合研究所のプロジェクト「グローバリゼーションとガバナンス」の研究成果である。プロジェクト参加研究員は研究会や合宿等によってテーマに関連する個別の問題を確定し、調査研究を行い、討論と中間発表によって統一性のある学術書を出版することを心がけた。「グローバリゼーション」と「ガバナンス」という広義のそして複雑な課題にどこまで迫ることができたかは正直のところ心もとない。ただ参加者が共同研究をとおして、より複眼的で学際的な問題意識でそれぞれの選んだ論文テーマに臨んできたことは確かである。

ほぼ同じ時期に中央大学の社会科学研究所のプロジェクト「国際政治の理論と現実」プロジェクトが実施されており、参加メンバーも重複していた関係で、研究会や合宿も本プロジェクトと合同で開催することが多かった。社会科学研究所のプロジェクトのメンバーにも協力を謝したい。また、これら二つのプロジェクト参加者以外にも、外部から多くの講師を迎えて研究会を主催することができたのは啓蒙的であり刺激的でもあった。この場を借りて、講師として講演をお引き受けくださった諸先生に感謝を申し上げたい。

本学の研究所合同事務室の担当であった宮澤幸子氏と鈴木真子氏には三年間のプロジェクト執行中と出版に際しても大変お世話になった。プロジェクト参加者と執筆者を代表して謝意を表したい。これまでも中央大学出版部からは出版に関して貴重な助言と精緻な文章チェックをして頂いている。本叢書の編集担当の中島葉子氏には出版に際して、多くの問題に細心の注意をもって助けていただいた。お礼を申し上げたい。

二〇〇九年五月一五日

編著者　内田孟男

ま 行

や 行

ら 行

な　行

は　行

た　行

さ 行

か　行

索　引

あ　行

索　引

執筆者紹介（執筆順）

内《うち》田《だ》孟《たけ》男《お》　研究員・中央大学経済学部教授

滝《たき》田《た》賢《けん》治《じ》　研究員・中央大学法学部教授

高《たか》木《ぎ》　綾《あや》　客員研究員・二松学舎大学大学院非常勤講師

北《きた》村《むら》　治《おさむ》　客員研究員・(財)政治経済研究所主任研究員

上《うえ》原《はら》史《ふみ》子《こ》　東京女子大学・成蹊大学非常勤講師

星《ほし》野《の》　智《さとし》　研究員・中央大学法学部教授

磯《いそ》村《むら》早《さ》苗《なえ》　客員研究員・國學院大学法学部教授

都《つ》留《る》康《やす》子《こ》　客員研究員・東京学芸大学教授

望《もち》月《づき》康《やす》恵《え》　客員研究員・関西学院大学法学部教授

庄《しょう》司《じ》真理《まり》子《こ》　客員研究員・敬愛大学国際学部教授

地球社会の変容とガバナンス

中央大学政策文化総合研究所研究叢書 10

2010年 2月 10日　初版第1刷発行

編著者　内田孟男

発行者　中央大学出版部

代表者　玉造竹彦

〒192-0393　東京都八王子市東中野 742-1

発行所　中央大学出版部

http://www2.chuo-u.ac.jp/up/

電話 042(674)2351　FAX 042(674)2354

ニシキ印刷／三栄社

ISBN978-4-8057-1409-6